KÖNIGS FURT

Zum Buch & zur Autorin

Hinterher ist man immer schlauer – vor allem, wenn man ein Buch gelesen hat!

Tarot bietet jedesmal eine neue Begegnung! Immer wieder erfährt man Spannendes über sich und die Welt und natürlich über die Karten! Ich bin froh, daß mich das Tarot seit fast zwanzig Jahren so schön begleitet!

Also geht es weiter und fängt wieder von vorn oder zwischendurch an! In diesem Sinne wünsche ich Ihnen viel »Kelch-3«!

Renate Anraths, die bekannte Wahrsagerin aus München, studierte Theatergeschichte und Germanistik. Sie war Lehrerin und Schauspielerin, führte Regie und schrieb. Seit mehr als 20 Jahren ist Renate Anraths eine inspirierende und humorvolle Lebensberaterin – mit Tarot, der klassischen und esoterischen Astrologie sowie dem Stundenhoroskop für einzelne konkrete Fragen. Sie verbindet das Wahrsagen mit Wahrheitssuche, die zuverlässige Prognose mit der Klärung unbewußter Prozesse – psychologische Motive und spirituelle Suche. Ihre Bücher bringen das Tarot auf einen neuen Stand.

Das erste Buch »Tarot – dem Leben in die Karten schauen« stellt jede Karte als einen spirituellen Weg dar und macht die Vielschichtigkeit der Bedeutungen anhand der Zahlen- und Farbsymbolik transparent. Das Buch ist inzwischen ein Standardwerk. Es ist z.Zt. vergriffen und erscheint im demnächst in einer verbesserten Ausgabe.

In diesem Buch sorgen acht neue weibliche Karten für die längst fällige Gleichberechtigung. Das Buch erlaubt eine schnelle und präzise Antwort und Entscheidungshilfe.

Wenn Sie Interesse an einem Vortrag oder Seminar haben, wenden Sie sich bitte an den Verlag. Für eine Beratung wenden Sie sich bitte an Renate Anraths in München. Tel./Fax: 089 – 129 37 67 oder E-mail: RenateAnraths@aol.com

Renate Anraths

Das Anraths-Tarot

nach A. E. Waite

Die schnelle und zuverlässige Entscheidungshilfe
Mit Schlüsselbegriffen auf jeder Karte
Acht neue WEIBLICHE Karten
Antwort für alle Lebensbereiche

Königsfurt Tarot Bibliothek

Zum Dank & zum Geleit

Während ich das Leben einer schreibenden Eremitin genoß, strapazierte ich meine Umwelt, die mich verständnisvoll unterstützte. Ich bedanke mich bei meiner Mutter für ihr geduldiges Herz. Ein besonderes »Hvala« für Miso. Ihm stehen die Haare zu Berge, wenn er das Wort »schreiben« hört, weil er ahnt, daß wieder etwas dazwischen kommt und er anreisen darf! Es war nur Mamas Umzug, aber dafür im »passenden Moment«! Gott sei Dank sprangen Martin und Andi herbei! Ich danke Gudrun von Stein, Sonja und Erik van Slooten sowie Brigitte Zöller und natürlich Brigitte Werber, die mich mit allen Mitteln stützten. Doro munterte mich mit dem Rotstift auf und schmiß mich ins Schwimmbecken oder aus dem Konzept, damit ich nicht völlig baden ging. Micheline Funke und Branko ein herzliches »Merci« für die Fütterung auf dem abendlichen Balkon. Bei so vielen guten Hausgeistern kann man als »Eremitin« ganz gut überleben!

KTB 8
Königsfurt Tarot Bibliothek
Herausgegeben von Johannes Fiebig

Bibliographische Information der Deutschen Bibliothek

Die Deutsche Bibliothek verzeichnet diese Publikation in der Deutschen Nationalbibliografie; detaillierte bibliographische Daten sind im Internet über http://dnb.ddb.de abrufbar.

Originalausgabe
Krummwisch bei Kiel 2000

D-24796 Krummwisch
www.koenigsfurt.com
www.tarot-online.com

Umschlag & Satz: Stefan Hose, Götheby-Holm

Tarot-Karten: Idee & Konzept von Renate Anraths
Unter Verwendung der Tarot-Karten von A. E. Waite, © by Königsfurt Verlag
8 neue weibliche Tarot-Karten von Christian Leithäuser
Schlüsselwörter auf den Karten von Renate Anraths. Alle Rechte vorbehalten.

Druck und Bindung: Oldenbourg Taschenbuch, Monheim

Buch allein: ISBN 3-89875-686-6
Buch & Karten im Set: ISBN 3-89875-685-8

Auflage:	9.	8.	7.	6.	5.	4.
Jahr:	2009	2008	2007	2006	2005	2004

Inhaltsverzeichnis

Vorwort

Als ich für dieses Buch das Tarot befragte, regte die »III. Herrscherin« zu neuen Impulsen an. Sie bedeutet auch »Mutter« und tatsächlich bin ich Mama geworden – von acht reizenden Mädels! Nach zweijähriger Schwangerschaft sind sie da! Sie heißen »Dame« und »Maid« und sind die neuen WEIBLICHEN Tarot-Karten! Ihr Vater ist Christian Leithäuser, er hat sie gezeichnet. Oder ist er die Mama und ich der Papa, wer weiß?

Ich danke meinen Kurslingern, weil sie nicht pauken wollten. Immerhin brachte mich das auf die Idee, die Bedeutungen auf die Karten zu schreiben. An ihrem Ehrgeiz gepackt, setzten sie sich prompt auf den Hosenboden! Aber die Idee blieb! Auf die linke Seite, wo das Herz schlägt, kam der Begriff für Beziehung und auf die rechte Seite, dem klassischen Symbol für das Außen, kam die Bedeutung für die konkreten Dinge, für Beruf, Pläne etc. Die ersten Karten wurden provisorisch gedruckt und in der Beratung getestet. Es stellte sich heraus, daß mit dem Lesen die Antwort ins Herz fällt, spontane Fragen und spontanen Widerspruch auslöst – und das Beratungsgespräch gezielt am Thema entlang führt. Die Schlüsselbegriffe eignen sich nicht nur für die Prognose, sie sind für die Klärung psychologischer Themen verblüffend präzise. Formulieren Sie den Begriff als Frage – und warten Sie auf die Reaktion. Nach dem ersten »Nein, damit kann ich nichts anfangen« wiederholen Sie einfach das Wort! Lassen Sie sich Zeit! Es kann eine Weile dauern, bis der Aha-Moment kommt! Der Begriff ist der Schlüssel zu verschlossenen Erfahrungen und öffnet das Innere. Probieren Sie es aus!

Ich danke meinen Klienten für ihr aufmunterndes Feedback. Sie erprobten begeistert die neuen Karten und meldeten, daß sogar tarotunkundige Freundinnen spontan Karten legen konnten.

Einführung

»Tarot à la carte« – Sie haben die Wahl! Benutzen Sie die Tarotkarten wie eine Speisekarte oder einen Stadtplan. Wählen Sie die für Sie richtige Haltung und Entscheidung und den für Sie passenden Weg.

Das ist nicht so marktschreierisch und weltfremd, wie es klingen mag. Wir können kaum bestimmen, wer oder was auf uns zukommt, aber wir entscheiden, wie wir darauf reagieren. Nun haben neuere Forschungen ergeben, daß gerade Entscheidungsprozesse unbewußt ablaufen. Während wir hin und her überlegen, ist die Entscheidung längst gefällt. Die erste Reaktion gab den Ausschlag, ein Gefühl ... Hinterher sagt man: »Ich hab's gewußt!« Sind wir mit dem Ausgang unzufrieden, haben wir gegen besseres Wissen gehandelt. Warum tun wir das?

Gefühle aktivieren Erfahrungen, die man wiederholen oder vermeiden möchte. Sie gehören der Vergangenheit an und eignen sich daher nicht immer für die Gestaltung der Zukunft. Die innere Stimme ist weit mehr als ein Gefühl. Sie gibt reale Hinweise. Hier meldet sich das geistige Bewußtsein. Auf dieser Ebene wirken Einsicht und Überblick. Hier können wir in persönlichen Fragen frei entscheiden. Wenn wir die innere Stimme ignorieren, handeln wir gegen uns selbst. Aber wie kann man zuverlässig auf dieser Bewußtseinsebene landen – ohne im Gefühl abzutauchen? In einer Tiefenentspannung und Meditation bekommt das Ich Kontakt mit dem SELBST.

Tarot ist ein Bewußtseinsspiel mit »einfachen«, leicht verständlichen Bildern. Der Spielaufbau entspricht dem Leben in seinem Auf und Ab. Auf den Bildern ist nichts zufällig – alles ist symbolisch. Jede Farbe, jede Form und Zahl bedeutet eine bestimmte Eigenschaft und Haltung. Jede Karte zeigt eine Lebenshaltung, die einzelnen Symbole sind einzelne typische Verhaltensweisen und Fähigkeiten. Das Kartenbild stellt einen Weg als Prozeß dar, die einzelnen Symbole entsprechen den unterschiedlichen Etappen. Alles, was wir tun, ist ja eine Station auf unserem Lebensweg. Jede Änderung bewirkt einen Richtungswechsel – neue Stationen, neue Wege.

Tarot bietet Einblick in die Persönlichkeit. Wir sehen bewußte und unbewußte Motive, Blockaden und Begabungen. Die Vertiefung in das Kartenbild und seine Symbole weckt ein neues Verständnis zu sich selbst und dafür, wie Innen und Außen einander entsprechen.

Waite war Rosenkreuzer. Er gestaltete in Zusammenarbeit mit der Malerin Pamela Smith die Tarotkarten neu und bebilderte auch die Kleinen Arkana. Das war absolut neu! In früheren Spielen waren sie nur mit der Anzahl der Stäbe, Kelche etc. versehen. Das alte Marseiller Tarot sieht heute noch so aus.

Viele Details sind von den Rosenkreuzern geprägt. Bei ihnen gelten Symbole als »göttliche Bilder« – deren Botschaft sich nur durch Kontemplation und Meditation erschließt. Weil Symbole vieldeutig, aber nicht beliebig sind, wecken sie das Bedürfnis, in tiefere und andere Schichten vorzudringen.

Auch das Tarot zeigt jedes »beliebige« Erlebnis als eine Station auf dem Weg zu sich selbst. Das erkennen wir, wenn wir in Kontakt mit dem SELBST treten. Tarotkarten eignen sich auf wundersame Weise, die persönliche Entwicklung zu beobachten und einen Entscheidungsprozeß bewußt zu gestalten – obwohl es ein so wenig »bewußtes« Mittel ist.

Der Aufbau des Tarot

Geistige Haltung

22 Große Arkana
Geist – Seele – Psyche
Unterbewußtsein
Lebenseinstellung
Unbewußte Erwartung
Unbewußtes Motiv
Motiv = Ergebnis
Längere Phase

↓↑

Mensch

24 Hofkarten – Je 4
Könige – Männer
Königinnen – Frauen
Damen – junge Frauen
Ritter – junge Männer
Pagen – Buben
Maiden – Mädchen

↓↑

Erfahrungen Handlungen Erlebnisse

40 Kleine Arkana
Alltagsbereich
Handlung – Tat – Ereignis, Erlebnis
je
10 Stäbe – Ideen
10 Kelche – Gefühle,
10 Schwerter - Kämpfe
10 Münzen – Besitz, Beruf

Alles wirkt und alles wirkt zurück. Die Lebenseinstellung prägt das Handeln. Dessen Ergebnis und die damit verbundene Erfahrung ruft wiederum eine Haltung hervor – Ein Kreislauf ...

Tarot ist ein Spiel mit Symbolen

Die vielen Bedeutungen mögen auf den ersten Blick verwirren. Dennoch ist Tarot relativ einfach, weil nur wenige Bausteine miteinander kombiniert werden, vergleichbar den Buchstaben oder Noten. Da bestimmte Formen und Farben sowie Zahlen das gleiche bedeuten, blickt man schnell durch!

Das wichtigste Prinzip: Die vier Elemente bei den Großen Arkana und ihre Entsprechungen

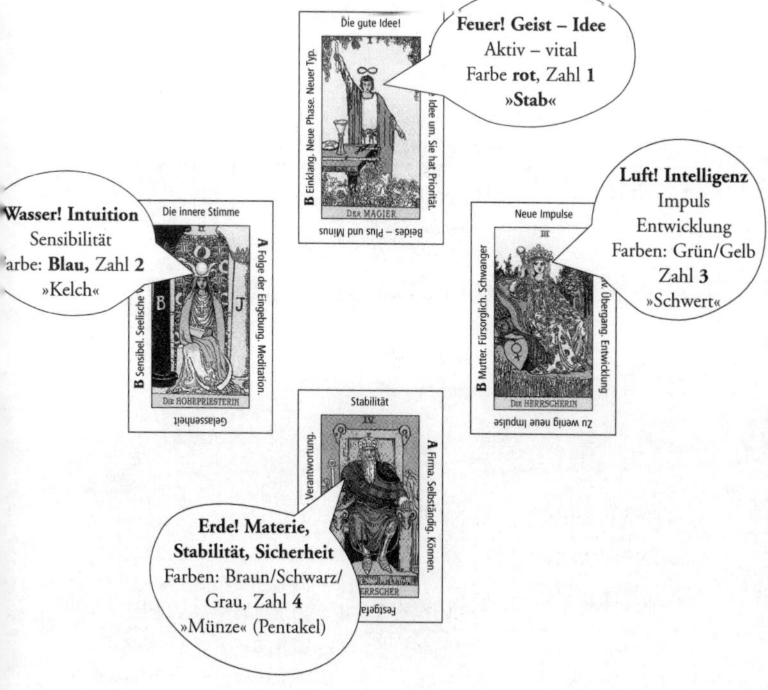

Bedeutung der vier Symbole - Elemente

1. Hofkarten: Typen, Temperament und Mentalität

Stab – Feuer	Kelch – Wasser	Schwert – Luft	Münz – Erde
Feurig, geistvoll, vital, unabhängig Bedürfnis nach Bewunderung	Gefühlsbetont, sensibel Bedürfnis nach Geborgenheit	Intellektuell, kritisch, aggressiv. Bedürfnis nach Anerkennung	Bodenständig, konkret, fleißig Bedürfnis nach Sicherheit

2. Kleine Arkana: Fähigkeiten und Erlebnisse

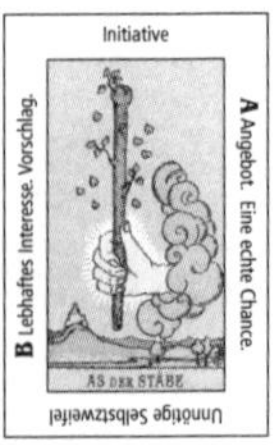

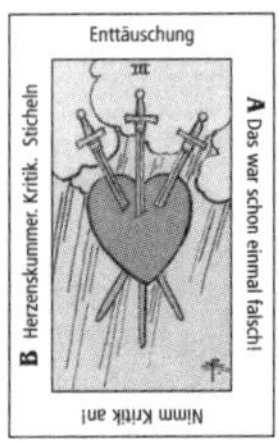

Stab – Feuer	Kelch – Wasser	Schwert – Luft	Münz – Erde
Ideen Willensstärke Pläne Lösung durch: Idee, Willenskraft	Beziehungen Gefühle, Liebe, Ängste, Trauer Lösung durch: Sensibilität	Kampferfahrung Schwierigkeiten Auseinandersetzung Lösung durch: Intelligenz	Konkrete Handlungen Absicherung Lösung durch: Konkretisierung

Die Zahl gibt das Leitmotiv an

Wer in der Nummer der Kleinen Arkana die dazugehörige Große Arkana sieht, versteht die Bedeutung und das Bild besser. Die Zahl gibt das geistige Leitmotiv und spirituelle Ziel an – ein optimaler Tip für die richtige Haltung!

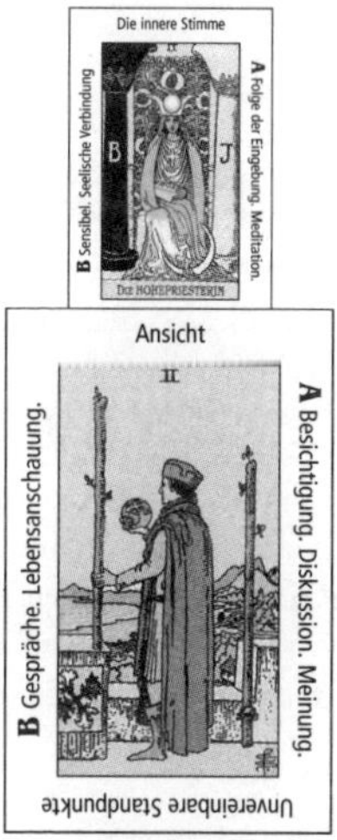

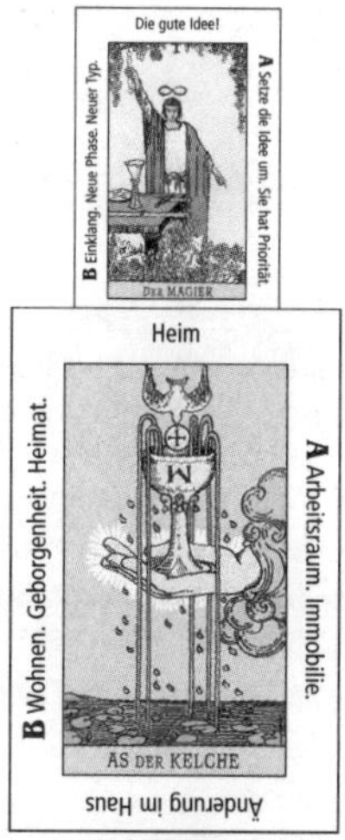

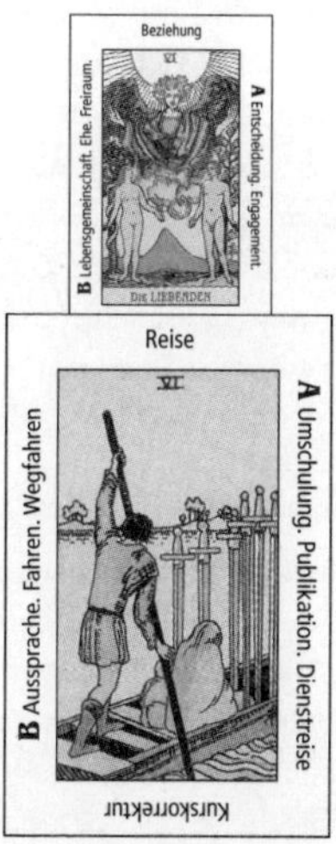

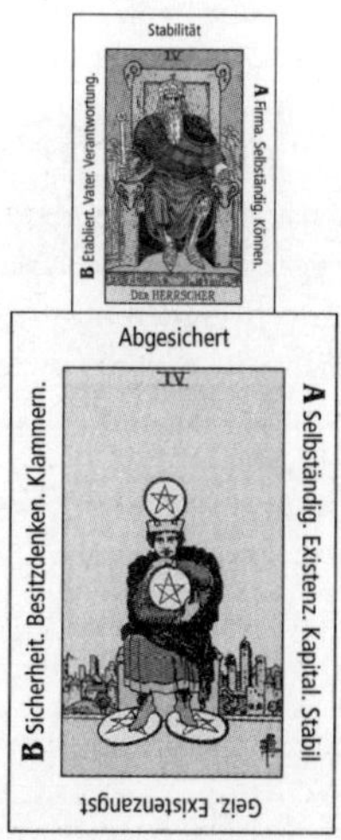

Neue Karten: »Dame« und »Maid«

Die Partnerinnen von Rittern und Pagen

Jetzt sind die Frauen im Tarot gleich stark vertreten. Tarot ist ein Spiel aus dem »Mittelalter«, da gab es neben zwölf Männern und Knaben

nur vier Königinnen. Mädchen und junge Frauen existierten nicht. Bis vor wenigen Jahren spielte die Frau nur eine relevante Rolle, wenn sie verheiratet war. Inzwischen ist es selbstverständlich, daß sie Karriere machen, eigenständig und kreativ sind.

Ich berate seit sechzehn Jahren auch junge Frauen. Sie fragen wie eh und je nach der Liebe, aber sie identifizieren sich immer weniger durch einen Mann. Wie kann man diese Entwicklung im Tarot berücksichtigen? Für eine »Königin« sind sie zu jung. Da hilft man sich, indem man die jungen Damen und Mädchen bei den Rittern und Pagen der weiblichen Elementen »Kelch« und »Münze« ausleiht. Schön und gut, aber wo bleiben die sensiblen jungen Männer und Knaben, die es gerade heute immer mehr gibt? Zudem hat man damit noch keine dynamischen und intellektuellen jungen Frauen und Mädchen aufzuweisen, und die gibt es doch heute zuhauf! Sie müßten die männlichen Symbole »Stab« und »Schwert« in der Hand halten, aber die kann man den Rittern und Pagen doch nicht auch noch wegnehmen ...

Also wurde es höchste Zeit, daß beide Geschlechter gleich stark vertreten sind! Im Frühling 1998 bereitete ich mich auf eine Sitzung mit einer jungen Frau vor und nahm spontan die Ritter aus einem anderen Tarotdeck und beschriftete sie mit »W«.[1] Das erste junge Weib war im Tarot geboren! Das »M« auf den Pagen folgte sogleich. Ich habe verschiedene Namen ausprobiert, bis sich die junge Reiterin als »Dame« und das Mädchen als »Maid« vorstellten. Die altertümlichen Namen passen zum königlichen Hof des alten Tarot. Aber ich nenne die »Maid« auch »Mädel«, weil das meiner süddeutschen Zunge leichter fällt.

Zwei Probejahre folgten. Da eine Sitzung mit der Analyse der Gegenwart beginnt und einiges aus der Vergangenheit zeigt, spricht man zunächst über bekannte Vorgänge und bekommt ein sofortiges Feedback! Ich war neugierig, wie sich die Ereignisbedeutungen von Ritter und Page bei der »Dame« und »Maid« bewährten. Ich war sicher, daß der Ritter oder Page einen Mann zeigen und die Dame oder Maid auf eine Frau verweisen würde.

Doch grau ist alle Theorie! Prompt kam eine Klientin, die in einer lesbischen Beziehung lebt. Als Antwort zogen wir »Kelch-Page«. Er lag

umgekehrt und kündigt eine vorübergehende Trennung an. Da konnte ich ja schlecht sagen, »er« trennt sich. Und die Rollenverteilung in männlich und weiblich, die man homosexuellen Paaren gern zuschreibt, haben die Karten noch nie betont.

Die Antwort mußte anders lauten. Der Page ist ein Junge und stellt somit das männliche Prinzip dar. Das bedeutet Aktivität. Die Trennung ging von ihr aus, sie wurde »aktiv«! Ich wollte es nicht glauben, weil sie gar so verzweifelt war. Aber sie nickte. Sie hatte Schluß gemacht und wollte jetzt wieder zurück. »Page der Kelche« tröstete sie und bald waren die beiden wieder versöhnt.

Wenige Tage später zog eine andere Klientin die »Kelch-Maid«, wieder umgekehrt liegend. Neben der Aufregung stand eine Trennung zur Debatte. Diesmal hat *er* – also der andere – sich zurückgezogen. Er wollte nachdenken. Sie sagte: »Was soll ich machen, ich muß es *annehmen*!« Mir ging ein Licht auf, was einer Hellseherin bekanntlich nie schaden kann: Die »Maid« ist weiblich und symbolisiert das »Empfangen« und Annehmen. Da kommen die Dinge auf einen zu. Deshalb ging es nicht von der Klientin aus, aber auch diese beiden kamen wieder zusammen – ohne daß sie viel dafür tat.

---

[1] Das Resultat war verblüffend, weil es um die Entscheidung für einen jungen Geschäftspartner ging. Das Tarot empfahl »Stab-W(eib)« mit »Münz-As«, weil »Stab-Ritter« umgekehrt lag und außerdem »Schwert-3« auf Fehler hinwies. Die Klientin erzählte mir ein Jahr später, daß sich »Stab-Ritter« als »Großmaul« erwiesen und sie eine junge Frau als Geschäftspartnerin bekommen hatte, mit der es »prima klappte«.

Tips für konkrete Prognosen bei »Ritter – Dame« und »Page – Maid«

Alle Ritter, Pagen, Damen und Maiden haben spezielle *Ereignisbedeutungen,* die man auf die jeweilige Partnerkarte übertragen kann. Sie können die Bedeutung vom »Ritter der Stäbe« und der »Dame der Stäbe« untereinander austauschen, weil sie der gleichen Symbolreihe angehören. Beim »Ritter der Stäbe« und der »Dame der Kelche« ginge es nicht, weil sie aus verschiedenen Symbolgruppen stammen.

Wenden Sie diese Faustregel an:

1. Ritter und Pagen sind *männlich*: Wenn Sie die Bedeutung der Dame oder Maid für Ritter oder Pagen übernehmen verschiebt sich die Aussage dahingehend, daß man *aktiv* etwas dafür tut bzw. tun muß(te).
2. Die Damen und Maiden sind *weiblich*: Übernehmen Sie die Bedeutung des entsprechenden Ritters oder Pagen, erfährt man, daß es *passiv* auf einen zukommt, daß man nichts dafür tun muß(te)!

Wer die Bedeutungen aus meinem Buch »Tarot – dem Leben in die Karten schauen« anwendet, lasse sich also nicht von den neuen Karten irritieren, sondern freue sich über die zusätzliche Aussage!

Bringen die jungen Damen alles durcheinander?

Natürlich, das haben junge Damen so an sich! Man gab mir zu bedenken, ob die neuen »Weiber« nicht die numerologische Struktur des Tarot stören würden. Nun, es gab schon mal ein Tarotspiel mit mehr als hundert Karten und irgendwann verliert jede Theorie an Bedeutung. Dennoch dachte ich darüber nach. Und siehe da – »Dame« und »Maid« werden gerade durch die Numerologie »legitimiert«.

Das bisherige Tarot umfaßt 78 Karten und das ergibt die Quersumme »15«[2]: Im Tarot ist das der »XV. Teufel«, das Symbol für Macht und Egoismus. So ist das Leben, wenn Männer dominieren – hört man auf die Numerologie des Tarot.

Das neue Spiel besteht aus 86 Karten und diese Quersumme lautet »14«[3] – die Karte der »XIV. Mäßigkeit« : Die richtige Mischung, Schönheit und Friede sind angesagt, wenn Männlein und Weiblein gleich stark vertreten sind – das behauptet auch die neue Numerologie des Tarot! Was also wäre jetzt zerstört?

---

[2] 78 = 7+8 = QS: 15 = »XV. Teufel«

[3] 86 = 8+6 = QS:14 = »XIV. Mäßigkeit«

Neu! – Schlüsselbegriffe bieten Überblick

Die Bedeutungen übersetzen das Bild in Sprache und bringen die Antwort auf den Punkt. »Was ist unser Problem? Wie passen wir zusammen? Wie kann ich mein Kind besser unterstützen?« Auch Fragen pragmatischer Art wollen beantwortet sein: »Soll ich die Wohnung nehmen? Was muß ich beachten? Kann ich den Vertrag unterschreiben?« Einfache Fragen werden kompliziert, wenn man den Überblick verliert. Beim Tarot passiert das, wenn man die Bedeutungen nicht parat hat und nur sieht, was man sehen will. Deshalb stehen jetzt Schlüsselbegriffe auf den Karten.

1. Der Begriff *über* der Karte ist die allgemeine Bedeutung.
   Schlagen Sie im Buch Ihre Antwortkarte auf und lesen Sie den *Text unter dem Bild.* Hier finden Sie die Bildbeschreibung und allgemeine psychologische Hinweise.
2. Manchmal liegt die Karte nach dem Mischen umgekehrt in der Auslage. Der Schlüsselbegriff *unter* dem Bild liegt dann oben – eine spezielle Bedeutung, die Sie *immer* berücksichtigen sollten!
3. **B** bedeutet **B**eziehungen.
   Die Schlüsselbegriffe auf der linken Kartenseite gelten für Beziehungen: für Liebe, Partnerschaft und Familie, für Freundschaft usw. Sie schlagen Ihre Antwortkarte im Buch auf und lesen unter Beziehungen nach. Dort finden Sie Antwort auf spezielle Fragen: **Zusammensein: ..., Problem: ..., Trennung: ..., Partnertyp: ..., Kind/Erziehung: ..., Reise/Urlaub: ... .**

4. A bedeutet Aktivitäten – Arbeit.
   Die Schlüsselbegriffe sind Formulierungshilfen für die Antwort auf Fragen, die Ihre Aktivitäten und den Arbeitsbereich betreffen. Was lösen die Begriffe auf der Karte aus?
   Suchen Sie dann Ihre Antwortkarte im Buch auf und lesen unter Aktivitäten – Arbeit nach. Dort finden Sie Antwort auf spezielle Fragen: **Situation: ..., Entscheidung: ..., Plan: ..., Mitarbeiter: ..., Jobsuche: ..., Berufswahl: ... .**
5. Kauf und Verkauf
   Sie möchten etwas kaufen und ziehen dafür eine Karte. Schlagen Sie Ihre Antwortkarte im Buch auf und lesen Sie auf der rechten Seite unter Kauf und Verkauf nach.
   Dort finden Sie Antworten auf spezielle Fragen aus diesem Bereich. Allgemeiner Tip als Schlüsselbegriff: **Auto/Gerät: ..., Immobilien: ..., Vertrag: ... .**
6. Gesundheit
   Diese Antworten bei **Behandlung: ..., Diagnose: ...** können und sollen den Arzt nicht ersetzen, sondern Ihnen helfen, gezielt Fragen zu stellen! Der Text bei **Psyche: ...** benennt Eigenschaften, die Sie jetzt gezielt beobachten und damit lösen können.

Sie können nur eine Karte ziehen oder eine Ihnen bekannte Auslage benutzen. Im praktischen Teil finden Sie, wie Sie die Stichworte als Auslage benutzen können. Dann wird es ganz transparent!

»Tarot – Leben à la carte« dient als Entscheidungshilfe – schnell, praktisch und unkompliziert. Nur – schnell und pragmatisch ist nicht alles! Wen dieses Buch dazu verführt, Tarot als Fast-Food zu gebrauchen, verpaßt die Botschaft des Tarot!

Beschreibung und Deutung der Grossen Arkana

Die Einstellung prägt unser Dasein.
Die Suche nach einer bewußten Haltung.

… offen … spontan … verrückt …

Spaziere unbekümmert durch die Welt und freue Dich einfach – das geht ganz leicht, wenn man ein offenes Herz hat und sich alles neugierig anschaut. In dieser Phase ist Spontaneität das A und O. Du willst frei und ungebunden sein, auch ein wenig närrisch und verrückt. Der Zufall, auch Chaos, regiert die Welt – Dich, Deine Frage und überhaupt! Möchtest Du ein bestimmtes Ergebnis erzielen, gibt die Zahl NULL eine klare Antwort: »Erwarte Null, erhoffe nix! Alles ist jetzt möglich, aber nichts geschieht konkret.«

Da ist es besser, Du nutzt die NULL als Lebensphilosophie. Das bedeutet weniger »Null Bock!« als Offenheit und Originalität. Und – den Sprung in die (innere!) Freiheit – wo NICHTS wirklich wichtig ist! Wirf geistige Fertiggerichte wie Konventionen und Konzepte über Bord! Leg Dir nicht gleich neue zu! Spiele mit den Dingen, als wüßtest Du nicht, was sie bedeuten! So wurden Chaplins Schnürsenkel zu leckeren Spaghettis - der Hunger wird gestillt, wenn wir uns von festen Bedeutungen lösen. Es könnte Deine Zeit der Anarchie sein! Ein fröhliches Leben mit witzigen Überraschungen. Denk aber daran, daß wahre Anarchisten ihre Freiheit auch anderen zugestehen!

Liegt der »0. Narr« umgekehrt – Wer durch Schlamperei immer wieder in Streß gerät, denke über den Unterschied zwischen einem dummen und einem weisen Narren nach. Ein weiser Narr *ist* offen und fröhlich und ist frei. Der dumme Narr *hält* sich alles offen und spielt den Witzbold. Er muß Freiheit *bekommen*, weil er nicht frei ist – und bleibt schnell in der Luft hängen.

Beziehungen

Schlüssel: Offenheit, unkonventionell. **Zusammensein:** Die guten »Narren« – Beziehung zeichnet sich durch Offenheit und Neugierde aus – dann freut man sich närrisch über den andern, über spontane oder ungewöhnliche Unternehmungen und Interessen. Das Glück liegt hier jenseits der üblichen Konventionen. (uk*): **Probleme** sind Schlamperei oder Verworrenheit. Oder - weil die Beteiligten so verschieden sind, als wäre jeder von einem anderen Stern. Man erlebt eine herrlich verrückte Zeit, später ist es dann zum Verrücktwerden! **Partnertyp:** Chaot, unkonventionell, spontan, fröhlich und witzig. (uk): Verworren und schlampig. **Kommt es zur Beziehung?** Die Antwort ist typisch: »Äh, na ja, null (!) Bock, es gibt so vieles, och, mal sehen...«. Die anfangs so euphorisch propagierte »offene Beziehung« entpuppt sich bald als Ausrede für Bindungsangst. Eine chaotische **Trennung**, man weiß nicht, woran man ist. **Kind:** Führen Sie es humorvoll, aber auch konsequent – damit es offen, aber nicht orientierungslos wird! Drücken Sie mal ein Auge zu! (uk): Klassenkasperl. Jugendliche in der »Null-Bock-Phase«. Unordentlich in der Schule. **Reise/ Urlaub:** Chaotisch. Auch: zum Karneval. (uk): Totales Chaos. Schlamperei.

Aktivitäten – Arbeit

Schlüssel: Chaos. Zufall. **Situation:** Verworren. Ein origineller **Plan** aus Zufall. Keine **Entscheidung** – sie bleibt offen. Chaotische **Verhandlung** ohne Ergebnis. Das Original unter den **Mitarbeitern:** Unkonventionell, überläßt viel dem Zufall. (uk): Schlampig auch verworren. Immer auf dem Sprung. **Jobsuche:** Chaotisch. Bringt nicht viel. Bleibt offen. **Beruf:** Hansdampf in allen Gassen. unkonventioneller Arbeitsplatz, z.B. in einem »Sponti-Betrieb«. **Medizin:** Zellforschung. Forschung: Chaostheorie. (uk): Der Sprung ins Ungewisse.

Kauf und Verkauf

Schlüssel: Zufall. Chaos. Schnuppern, nichts wird konkret! **Auto/Gerät/Immobilie:** Originell. **Immobilie:** Unterlagen sind unordentlich, unvollständig oder werden verschlampt. Schlampige Ausführung. Der **Vertrag** bleibt offen. Kein Abschluß.

Gesundheit

Unklare **Diagnose.** Verwirrung im **Alter.** (uk): **Psyche:** »aufgedreht« bis manische Tendenz. **Organ:** Die Zelle.

---

* uk = umgekehrte Lage

Neue Schritte!

Der Magier kündigt einen Neuanfang, eine neue Phase oder Lebensperiode an. Zu konkreten Fragen sagt er, das sei eine gute Idee! Am weitesten kommen wir mit der Lebensphilosophie des Magiers. Dafür orientieren wir uns am Bild und an der Bedeutung der Zahl »1«. Es geht darum, **EINS** zu **sein.** Das ist der Fall, wenn Wollen, Fühlen, Denken und Handeln in **Ein**klang mit dem geistigen Willen sind – und bleiben! Betrachte dazu die Symbole auf dem Tisch, zu welchen zieht es Dich hin?[1] Wo liegt Deine Stärke, wo Schwäche?

Die Arme bilden eine Linie von oben nach unten als Hinweis, daß die Absicht die Richtung und das Ergebnis bestimmt. Du willst Deine Idee gut umsetzen! Schau, was Du wirklich willst! Hör tiefer nach innen. Welches Gefühl, welcher Gedanke meldet sich? Das sind Deine unbewußten Motive. Verstärke die guten, bei negativen kläre die damit verbundenen Erlebnisse und löse Dich davon. »Programmiere« Dich: »Ich will ...« Sammle alle Kräfte auf diesen Punkt! Der Magier sagt, Du kannst das jetzt!

Liegt der »I. Magier« umgekehrt – Rosen und Lilien bezeichnen Gegensätze – von Licht und Schatten, Tag und Nacht, Leben und Tod. Wer in den Startlöchern hängt, fragt sich vergeblich, ob es positiv *oder* negativ ist. Es ist nämlich positiv *und* negativ – so, wie Tag *und* Nacht zusammen einen Tag ergeben!

---

[1] Stab = Wille, Kelch = Gefühl, Schwert = Denken und Auseinandersetzung, Münze = Materialien, Handlung. Siehe auch »Tarot – dem Leben in die Karten schauen«, S. 58.

Beziehungen

Schlüssel: Identität, »authentisch«. Neue Phase. Neuer Mann. **Zusammensein:** Man akzeptiert sich als starke Persönlichkeiten – selbstbewußt, authentisch.[2] Persönliche Stärke. Ich-Stärke. Auch: Neue Phase in Beziehung oder Beruf. Oder: Für eine Frau, die gebunden ist, wird ein anderer Partner angekündigt[3]. **Probleme:** (uk): Warum gegen den eigenen Willen handeln? Wem »zuliebe«? Früher oder später wird das zum Problem! **Trennung:** Es ist Zeit für einen Neuanfang! (uk): Noch ist man hin- und hergerissen. **Partnertyp:** Weiß, was er will, liebt alles Neue. Der ganz neue Typ von Mann. (uk): Bleibt im ersten Schritt stehen. **Wird es eine Beziehung?** Ja! **Kind:** Das Kind tut, was es will und lernt dabei, den Willen anderer zu berücksichtigen. Authentisches Verhalten. (uk): Es lernt, »Pro und Contra« zu unterscheiden, die Bedürfnisse von »Ich *und* Du«[4]. **Reise/Urlaub:** Start. Bringt Plan für einen neuen Schritt.

Aktivitäten – Arbeit

Schlüssel: »Das ist *die* Idee!« **Situation:** Neubeginn. Startphase. **Entscheidung /Plan:** Sehr gut! (uk): Hängt in den Startlöchern. **Mitarbeiter:** Topmanager. Spitzenkraft. (uk): Leicht überschätzt. **Jobsuche:** Sehr gut! Mach Dich auf den Weg! **Beruf:** Manager, Arzt. Führungskraft. Schauspieler. Auch: Zauberer.

Kauf und Verkauf

Schlüssel: Positiv! Unverzüglich! Neu! (uk): Mit Vor- und Nachteilen gut. **Auto- oder Gerät:** (uk): Startschwierigkeiten. **Immobilie:** Man fühlt sich dort wie neugeboren! Neubau[5]. **Vertrag:** Ja!!! (uk): Ist »trotzdem« gut!

Gesundheit

Diagnose/Behandlung: Professor oder bekannte Kapazität. Organ: Kopf.[6] **Psyche:** Finde heraus, was Du wirklich willst und tu es auch! Übungen: Konzentration, Focussieren, sich authentisch verhalten. Lust, Neues zu tun! Aktiv starten! (uk): Lasse Dich von Widersprüchen nicht gleich abhalten!

---

[2] Die Ich-Stärke bewirkt das Miteinander, Egoismus das Gegeneinander! (»XV. Teufel«)

[3] Das kann sehr viel später sein! Mit Beziehungskarten oder über »Kelch-König«, dem jetzigen Partner

[4] V.a. wichtig bei Kindern mit Widder und Marsbetonung.

[5] Stilbau oder schöner Altbau: »XIV. Mäßigkeit«. Schlichter Altbau: »IX. Eremit«

[6] Neben dem »XVI. TURM« die Migräne

Höre auf die innere Stimme

Die Hohepriesterin sitzt meditierend zwischen zwei Säulen. Die Schriftrolle TORA ist halb verborgen. Es ist das Buch Moses und das erste Gesetzbuch der Welt, das sie studiert. Die Hohepriesterin ist halb verschleiert, sie wendet den Blick nach innen. Die »II. Hohepriesterin« ist das Bild für »Liebe und Weisheit[7]« und Seelenkontakt. Er weckt die »All-Liebe« und das Bedürfnis, der Menschheit zu dienen (weißes Kreuz auf der Brust). Wissen und Intuition führen zu Weisheit und zur Erkenntnis, wie alles miteinander verbunden ist[8]. Die Mondphasen der »Hatha«-Krone zeigen, daß »Liebe und Weisheit« dem Auf und Ab der Gefühle nicht mehr unterworfen ist – es aber gut kennt! Beachte, wie das blaue Kleid über den Boden fließt. Lasse Deine Gefühle fließen und lasse sie los! Auch der Mond ist ein Symbol für Gefühle[9], seine Sichel ist gelb und öffnet sich hier nach oben. Richte Deine Gefühle neu aus. Wer Denken und Fühlen in Einklang bringt, denkt sensibel und empfindet vernünftig. Die »II. Hohepriesterin« sagt, Du kennst die Antwort intuitiv – setze Dich nur hin, lege die Hände in den Schoß und warte auf die innere Stimme!

Liegt die »II. Hohepriesterin« umgekehrt – Wer in Vorahnungen »zerfließt«, verwechselt Gefühl mit Intuition! Jetzt bildet das Kleid den oberen Bildrand: Lasse die Gefühle fließen – laß los!

---

[7] Siehe »Der Zweite Strahl der Liebe und Weisheit« in der Lehre der »Sieben Strahlen«.

[8] In Wirtschaft, Handel und Verkehr ist uns das selbstverständlich, der Rest kommt noch!

[9] Siehe Bildsymbole als Weg in »Tarot – dem Leben in die Karten schauen«, S. 91-94.

Beziehungen

Schlüssel: Seelenverwandt, einfühlsam. Meditieren. Vorahnung. Die neue Frau. **Zusammensein:** Tiefe Verbundenheit. Man lebt aufmerksam und liebevoll zusammen, auch in schweren Zeiten. Auch: Ein Mann, der noch gebunden ist, wird noch eine »zweite Frau« haben[10]. Esoterische Interessen. **Probleme:** (uk): Man spürt und verkündet (immer so) Vorahnungen, verwechselt aber Gefühl und Intuition. Eine menschliche **Trennung.** Folge der Intuition statt dem Rat vom Anwalt. **Partnertyp:** Sensibel und einfühlsam. Seelenverwandter Mensch. Eine Seele von Mensch! (uk): Freundlich, gelassen. **Wird es eine Beziehung?** Ja, wenn deine innere Stimme »Ja« sagt. Man fühlt sich vertraut. **Kind:** Sanft, intuitiv und einsichtig. Das Kind entdeckt die »Seele« und übt soziale Verhaltensweisen. Auch: Gesangsunterricht. (uk): Erziehung zur Freundlichkeit. **Reise/Urlaub:** Gut, lasse die Seele baumeln! Auch: Esoterische Reise.

Beziehungen

Schlüssel: Intuition, sozialer Dienst. Die **Situation** ist entspannt. Eine **Entscheidung** aus dem Bauch heraus. Meditiere, wenn es schnell gehen soll![11] Der **Plan** aus einer Eingebung heraus. Arbeite der Intuition folgend. **Mitarbeiter:** Sensibel, intuitiv, einfühlsam. **Jobsuche:** Für soziale und mediale, oder musikalische Tätigkeit. **Berufe:** Mediale Tätigkeit. Sozialer Dienst. (uk): Mag nicht mehr »dienen«. Auch: Gesang. (uk): Stimmbänder reichen nicht aus.

Aktivitäten – Arbeit

Schlüssel: »Aus dem Bauch heraus«. Treten Schwierigkeiten auf, werden sie behoben![12] **Auto oder Gerät:** Aufzeichnungsgerät. Antenne. Radio[13]. **Immobilie:** Vermittelt seelisches Wohlgefühl. **Vertrag:** Nimm ihn an, wenn Deine innere Stimme zustimmt! (uk): Dein Gefühl dazu ist stark, aber es stimmt nicht!

Gesundheit

Diagnose/Behandlung: Klassische Homöopathie. Tiefenentspannung. Geistheilen. **Organ:** Auge, Kehle. **Psyche:** (uk): Warum traust Du Deiner inneren Stimme nicht? Auch: Übe, freundlich und gelassen zu bleiben.

---

[10] Mit Beziehungskarten oder in der Nähe von »Kelch- Königin«, der jetzigen Partnerin

[11] Klingt absurd, aber hat sich bestens bewährt!

[12] Regel im alten Marseiller Tarot: Bei der »II. Hohepriesterin« wendet es sich zum Guten. Auch beim »V. Hierophanten«

[13] TV oder Film wäre der »XVIII. Mond«.

Lasse neue Impulse zu

Mutter« Natur lagert lässig auf ihrer Lichtung und schaut über das reifende Feld, hinter ihr Wald und Wasserfall. Sie sind Symbole für den Kreislauf des Lebens – Geburt, Leben und Tod. Für eine Frage oder Situation hilft das Naturverständnis, bzw. alles als natürliche »Entwicklung« zu sehen, als eine Folge von Impuls und Reaktion. Jedes Ding braucht seine Zeit.

Die Granatäpfel sind ein altes Zeichen für Fruchtbarkeit. Vielleicht wird man tatsächlich schwanger. Die »III. Herrscherin« ist Mutter (Natur). Kläre Deine Beziehung zu Deiner Mutter, welche Deiner Eigenschaften haben mit ihr zu tun? Mit einer konkreten Frage geht man noch »schwanger« und muß geduldig den »Zeitpunkt der Geburt« abwarten! Das Ergebnis zu erzwingen, käme einem Abbruch gleich.[14]

Bank und Kissen sind Bilder für Kreativität als geistige Fruchtbarkeit. ♀ Venus zeigt das Glück, wenn man das Material liebevoll bearbeitet und das »Baby« unter den eigenen Händen Gestalt annimmt. Sei offen für Anregungen! Jetzt kann ein (anderes) Hobby guttun, aber eigentlich ist die kreative Lebenshaltung gemeint, mit der wir die eigene Persönlichkeit formen und kreativ auf Einflüsse von außen reagieren ...

Liegt die »III. Herrscherin« umgekehrt – Lasse mehr Impulse zu! Was hat Deine Mutter damit zu tun? Auf den ersten Blick vielleicht nichts, aber ...

---

[14] Alle 3er Karten zeigen einen Prozeß als Entwicklungsstadium!

Beziehungen

Schlüssel: Mutter. Mütterlich. **Zusammensein:** Neue Impulse. Kreative Interessen! In der Familie: Mutter, Mutterschaft und die Mutterrolle. Wie versteht sich die Frau als Mutter? Als Mutter wahrgenommen. Auch: Schwangerschaft.[15] **Probleme:** (uk): Dahinter steckt ein Problem mit der Mutter.[16] **Trennung:** Ein vorübergehender Impuls. Auch: Statt sich zu trennen, wird die Frau schwanger. (uk): Die Kinder sind zu klein oder endlich alt genug. **Partnertyp:** Mütterlich. (uk): Mutterproblematik. **Wird es eine feste Beziehung?** Warte ab, es entwickelt sich erst! Auch: Man wird schwanger. **Kind:** Einfluß der Mutter. Ähnlichkeit mit der Mutter. Mutterrolle. Erziehung zur Kreativität. (uk): Das Kind muß lernen, die Entwicklung einzuschätzen. Andere Ernährung! **Reise/Urlaub:** Bringt neue Impulse. Kreativurlaub, flexible Gestaltung. (uk): Nachricht von der Mutter.

Aktivitäten – Arbeit

Schlüssel: Neue Impulse. Prozeß. Entwicklung. **Situation:** Übergangsphase. Neue Trends zeichnen sich ab. Es gibt keine **Entscheidung**, es muß noch reifen, bzw. sich herausstellen, ob es konkret wird[17]! Der **Plan** erhält weitere Impulse. Kreative Ausarbeitung. Strategie: Beobachte die Entwicklung, mögliche Auslöser und Reaktionen.[18] **Mitarbeiter:** Flexibel, kreativ. Braucht Anregung. (uk): Job zu wenig kreativ. Arbeitet, um sich zu ernähren. **Jobsuche:** Es ist nur ein Impuls. **Berufswahl:** Kreativ. »Mütterlicher« Beruf. Ernährung. Biologe/in. Entwicklungshilfe. Übergangsphase.

Kauf und Verkauf

Schlüssel: Alles noch in Entwicklung! **Auto oder Gerät:** Für den Übergang. **Immobilie:** Biologische Bauweise. Küche. (uk): Nähe von Feldern. **Vertrag:** Neue Punkte als Anregung. Vorübergehend gültig.

Gesundheit

Diagnose: (uk): Weibliche Organe. Magen. **Behandlung:** Ernährung. **Psyche:** Lasse neue Impulse zu. Lebe kreativ. (uk): Kläre die Beziehung zur Mutter.

---

[15] »III. Herrscherin« plus »Kelch-9«: Schwanger, das Baby wird kommen.

[16] Die Karte daneben zeigt, welche »Muster« von Mama stammen, indem man sie nachahmt oder ins Gegenteil verkehrt.

[17] Beim »0. Narr« und der »III. Herrscherin« gibt es keine Entscheidung!

[18] Wäre das Ergebnis wichtig, läge der »IV. Herrscher« da!

Stabil und sicher

Du sitzt jetzt so fest im Sattel wie dieser »IV. Herrscher« auf seinem Thron. Hinter ihm ein Gebirge aus Felsen und Steinen, »fest und unverbrüchlich«. Das sind Bilder für die Zahl »4« – sie ist das Symbol für Materie. Das ist, was man anfassen kann, was wir brauchen, um das Leben abzusichern.

Der »IV. Herrscher« ist Vater (Staat), vom dem sich das Kind (Volk) Sicherheit erwartet. Alles, was wir jetzt tun, zielt darauf ab. Was wir erreichen, trägt zur Sicherheit bei.

In dieser Phase sammeln wir Erfahrungen mit »Herrschen«. Es stellt sich die Frage, was das bedeutet: über andere herrschen (Rüstung), Aufgaben und Situationen beherrschen (Zepter mit dem Ring). Das eigene Reich, um frei schalten und walten zu können (Reichsapfel). All dies gibt Sicherheit – aber man erfährt, daß es nie *ganz* sicher ist, man kann alles verlieren. Bis wir erkennen, daß es nicht nur darum geht, Stabilität zu haben, sondern stabil zu sein! Das Ziel heißt dann: sich selbst beherrschen. So gewinnt man an Würde und ist einer führenden Position würdig (Bart und Kopf mit Krone). Wahre Herrscher sind bescheiden, weil sie wissen, daß man sich *immer* einen größeren Rahmen fügen muß – mächtigere Menschen und Bedingungen, Naturgesetze ...

Liegt der »IV. Herrscher« umgekehrt – Warum so selbstherrlich? Revierverhalten. Patriarchalisches Benehmen.

Beziehungen

Schlüssel: Vater. Stabilität. Establishment. **Zusammensein:** Eine stabile Beziehung! Der »Vater« spielt *die* zentrale Rolle. Vaterrolle. Frühkindliche Prägung durch den Vater. **Probleme:** (uk): Einer spielt den »King« und kommandiert andere herum. Hinter den Reaktionen steckt ein Vaterproblem.[19] **Trennung:** Die Beziehung stabilisiert sich wieder. (uk): Kleine Kinder bräuchten den Vater noch oder Kinder sind jetzt alt genug. **Partnertyp:** Bietet Sicherheit und die Schulter zum Anlehnen. (uk): Patriarchalische Einstellung. Festgefahren. **Kommt es zur Beziehung?** Ja. Auch: Ja, damit oder bis der Mann zum Vater wird. **Kind:** Das Kind braucht Stabilität. (uk): Das Kind und die problematische Vaterbeziehung (auch der Eltern). **Reise/Urlaub:** Sicherheit gewährleistet. Eventuell auftretende Schwierigkeiten werden beseitigt.

Aktivitäten – Arbeit

Schlüssel: Etablierung, wirtschaftliche Belange, Selbständigkeit. Stabilität. Das eigene »Imperium«. »Vater« Staat. Firma. **Entscheidung:** Sicher und gut. **Plan:** Realisierung. Gutes Ergebnis. Eventuelle Hindernisse werden beseitigt! **Mitarbeiter:** Könner. Selbständig. (uk): Selbstherrlich. **Jobsuche:** Klappt. Eigenständige Tätigkeit. **Berufswahl:** Wirtschaft, Bankwesen, BWL. Selbständigkeit. (uk): Führende Position, auch wenn man sich das noch nicht zutraut! Bei Künstlern o.ä.: Die staatlichen Stellen.

Kauf und Verkauf

Schlüssel: Sicher. Eigentum, Kapital. **Auto oder Gerät:** Staatskarosserie. **Immobilie:** Eigentum, das »eigene Reich«. Auch: Staatsbau. Unterstützung von Vater Staat. **Vertrag:** Abgesichert und gut.

Gesundheit

Schlüssel: Stabilisierung. Rücken. **Diagnose:** Abgesichert. (uk): Orthopädie: Rücken. Bandscheiben.[20] **Behandlung:** Stabilisiert das Befinden. **Psyche:** (uk): Was haben die Blockaden mit dem Vater zu tun? Sicherheitsbedürfnis – zu wenig oder zu stark ausgeprägt. Das kann der psychologische Hintergrund für Erkrankungen am Rücken oder den Bandscheiben sein.

---

[19] Die Karten daneben zeigen, welche Verhaltensweisen des Vaters man nachahmt, kompensiert oder ins Gegenteil verkehrt. Wie es auch sei – Papa hat damit zu tun ...

[20] Bei entsprechenden Fragen, oder neben Krankheitskarten oder -feldern.

Vertrauenswürdig

Die »kleinen« Schüler schauen zum »Hierophanten« auf, ihrem wahrhaft überragenden Lehrer. Wir sehen eine ideale Schule: Der Lehrer ist überlegen und vertrauenswürdig, die »kleinen« Schüler vertrauensvoll und konzentriert. Man fördert die unterschiedlichen Begabungen (Rosen, Lilien, gelbe »verzweigte Hosenträger«). Der Stab symbolisiert den »Atem, der die drei Welten verbindet«: Vertrauen und richtiges Atmen hängen zusammen ... Der ruhige Atem fördert das Lernen. Die Tonsur zeigt spirituell Suchende. Ein Hierophant führt in die Mysterien und Meditation ein: Er lehrt sie, daß »Glaube und Wissen«[21] eins sind. Im Volksmund heißt es: »Glauben heißt, nichts wissen!« Es bedeutet, daß die Glaubenssätze der Weltreligionen und die wissenschaftlichen Erkenntnisse einander im Prinzip entsprechen. Bei einer persönlichen Frage ist man Lehrer oder Schüler. Die Karte sagt, daß Vertrauen Dich weiterführt und daß hinter dem befragten Problem mangelndes Vertrauen steckt.

Der »V. Hierophant« antwortet scheinbar ausweichend: »Stelle lieber die richtige Frage, daraus ergibt sich die Antwort! Frage weiter ... solange ... bis Dir keine Frage mehr einfällt ... das ist Deine Antwort, des Pudels Kern!« Ein interessanter und langwieriger Prozeß, sich von Frage zu Frage zu »hangeln«. Wer die Geduld aufbringt, wird belohnt!

Liegt der »V. Hierophant« umgekehrt – fehlt das Vertrauen. Man weiß alles besser. Päpstlicher als der Papst. Besserwisser. Dogmatisch.

---

[21] Der »5. Strahl des konkreten Wissens« betont das Wissen bei der Zahl »5«.

Beziehungen

Schlüssel: Vertrauen. Glaubensfragen. Bildung. **Zusammensein:** Man vertraut sich gegenseitig. Kulturelle Interessen, Weiterbildung. In der Familie Oma oder Opa. (uk): Mangelndes Vertrauen ist das **Problem** dieser Beziehung. Auch: Bildungsunterschiede. Oder: Dogmatik. Einer weiß *alles* besser und gibt ungefragt bei jeder Kleinigkeit seinen Senf dazu! Selbst wenn man es besser weiß, signalisiert man damit, daß man anderen nichts zutraut! Wer hat das schon gern? **Trennung:** Gutachter. Gutachten. (uk): Kein Vertrauen mehr. Auch: Gutachten bringt nichts. **Partnertyp:** Lehrer. Vertrauenswürdig. Gebildet. (uk): Päpstlicher als der Papst. **Kommt es zur Beziehung?** Ja. Kirchliche Hochzeit[22]. **Kind:** Vertrauenswürdigkeit der Erwachsenen. Glaube an das Kind! Schulfragen. Weiterführende Schule wie z.B. Gymnasium. (uk): Gestörtes Vertrauen. Schulprobleme. Schulwechsel. **Reise/Urlaub:** Bildungsreise. Luftkurort. Auch: Reise zum Vatikan. Eine Reise zu oder mit den Großeltern.

Aktivitäten – Arbeit

Schlüssel: Beratung. Gutachten. Weiterbildung. **Entscheidung:** Lasse Dich kompetent beraten[23]! Glaubhaftes **Ergebnis.** Beim **Plan** sind noch Fragen offen! Qualifizierte **Mitarbeiter** mit Know-how! Berater. (uk): Haben von Schulung die Nase voll. **Jobsuche:** Weiterbildung. (uk): Defizit in puncto Ausbildung. **Berufswahl:** Lehrer/in. Seminar- oder Kursleiter. Atemschulung. Religion, Philosophie. Doktorarbeit bzw. Doktorvater, Kolloquium.

Kauf und Verkauf

Schlüssel: Gutachten! Stelle Fragen! (uk): Du stellst die falschen Fragen! **Auto- oder Gerät:** Gutachter bei gebrauchten Objekten! **Immobilie:** Wertschätzung durch Gutachter. (uk): Ungünstiges Gutachten. **Vertrag:** Gut. (uk): Du weißt nicht genug!

Gesundheit

Diagnose: Ärztliches Gutachten. (uk): Atemprobleme, Bronchialwege, Lunge. **Behandlung:** Atemtherapie. **Psyche:** (uk): Trau Dich zu vertrauen[24]. Oder: Übe, die richtige Frage zu stellen! Glaubensfragen, Vertrauenskrise.

---

[22] Siehe »XI. Gerechtigkeit«: die standesamtliche Hochzeit.

[23] »V. Hierophant«: fachkompetente Beratung, »II. Hohepriesterin«: mediale Beratung

[24] Vgl.: Vertrauen – sich trauen – Trauung ... Trausamkeit zu zweit ...

Meine Beziehung zu ...

Die Liebenden im Garten Eden – Paradise now? Im Privatleben ist Beziehung angesagt, bei pragmatischen Fragen eine Entscheidung. Wieso Beziehung oder Entscheidung? Die Beziehung ist eine Entscheidung! Nur der Moment der ersten Verliebtheit ist »zufällig«. Das Bild zeigt den Weg zur glücklichen Partnerschaft. Daß Adam und Eva nackt sind, gehört zum erotischen Teil jeder Beziehung, aber »Nacktsein« bedeutet hier, sich so zu zeigen, wie man ist. Wer sich offen zeigt, läßt Begegnung zu, wer sich verstellt, verhindert sie. Ein Berg symbolisiert die Nähe zu Gott, Liebe ist Sehnsucht nach EINS-SEIN. Man will verschmelzen, es soll ewig dauern, und wie oft wird jemand »vergöttert«! Diese beiden Liebenden wenden sich einander zu und breiten die Arme aus: »Sei mir willkommen!« Wie ist das bei uns, wenn wir uns nicht gerade in den Armen liegen?

Der Abstand zwischen beiden bedeutet Freiraum, nötig für jede Beziehung und Entscheidung. Adam und Eva lehnen an einem Baum, Symbol für den Lebensweg. Jeder ist anders, jeder hat eine andere Geschichte und ein anderes Ziel. Die Partnerschaft wird glücklich, wenn einer den anderen auf seinem Weg begleitet, mit Erfahrung (Schlange) und schöpferischer Kraft (flammende Blätter) ein. Jedes Paar sucht ein gemeinsames Ideal (Engel), dem man sich gemeinsam widmen kann. Denn das haben Beziehung, Entscheidung und Ideal gemeinsam – Engagement und Hingabe.

Liegen die »VI. Liebenden« umgekehrt – Beziehungsprobleme. Ende der Beziehung. Negative Entscheidung oder entscheidungsunfähig.

Beziehungen

Schlüssel: Beziehung und Ehe. **Zusammensein:** Der Wunsch nach einer engen Verbindung erfüllt sich[25]. Eine gute Beziehung, in der man sich Freiheit läßt. Das Paar im Freundeskreis. Die Suche nach einer gemeinsamen Aufgabe. (uk): **Problem:** Die Beziehung steckt in einer Krise. Auch: Einer von beiden kann sich nicht wirklich für die Beziehung entscheiden. **Trennung:** Die Beziehung bleibt bestehen[26]. (uk): Sie geht dem Ende entgegen. **Partnertyp:** Engagiert. Möchte in einer festen Beziehung leben. (uk): Hat Entscheidungsschwierigkeiten oder zieht solche Menschen an. **Kommt es zur Beziehung?** Aber ja!! (uk): Irgendwie ja, und dennoch nicht richtig, weil die Entscheidung ausbleibt. Auch: Erst müßte eine andere Verbindung gelöst werden. **Kind:** Beziehungs- und Liebesfähigkeit steht im Mittelpunkt. Beim Lernen das Engagement! **Reise/Urlaub:** Die Entscheidung ist schon gefallen. Mit Personenkarte – eine Beziehung im Urlaub. (uk): Man revidiert die Entscheidung.

Aktivitäten – Arbeit

Schlüssel: Entscheidung. Engagement. Beziehung zu... Menschen, Themen, Aufgaben. Es *ist* die Karte der **Entscheidung.** (uk): Entscheidung bleibt aus oder fällt schwach aus. **Plan:** Erfordert Engagement bei der Ausarbeitung. Er kommt unter die Leute. **Mitarbeiter:** Engagiert. Ist gern mit anderen zusammen. (uk): Idealistisch. **Jobsuche:** Positive Entscheidung. (uk): Abschlägiger Bescheid. **Berufswahl: Steht noch zur Entscheidung an.** Partnerberatung, Entscheidungshilfe. (uk): Ehrenamtliche Tätigkeit. Scheidungsberatung.

Kauf und Verkauf

Schlüssel: Kaufentscheidung. (uk): Entscheidung stimmt nicht oder bleibt aus. **Auto oder Gerät:** Richtig entschieden! Auch: Armfreiheit. **Immobilie:** Raumverteilung nach den Bedürfnissen für ein Paar. (uk): Man kann sich nicht entscheiden. Mietwohnung: Bescheid zugunsten von jemand anderem. **Vertrag:** Gut entschieden. (uk): Ungünstige Entscheidung.

Gesundheit

Ärztliche Entscheidung. Befund: (uk): Schulter-, Armprobleme, **Behandlung:** Paartherapie. **Psyche:** Beziehungs-, Entscheidungsprobleme.

---

[25] Neben dem »V. Hierophanten« wird eine kirchliche Hochzeit sichtbar, neben der »XI. Gerechtigkeit« die standesamtliche Heirat.

[26] Liegt allerdings »XI. Gerechtigkeit« oder »Schwert-As« daneben, kommt es später doch zur Scheidung.

Triumph!

Du löst Deine Frage oder Situation erfolgreich, im Beruf ist Karriere angesagt, in der Liebe eine Eroberung! In »Phase Sieben« entwickelt sich das Bedürfnis nach Bestätigung und Erfolg. Man macht Erfahrungen, was das für einen bedeutet. Tarotkarten sind wie Fotos im »Buch des Lebens«. Man sieht, wie Du stolz Deine Siege vorführst.[27]

Die Symbole zeigen erfolgversprechende Fähigkeiten. Eine weiße und schwarze Sphinx versuchen, den Wagen in ihre Richtung zu ziehen. Würde der Fahrer sie nicht lenken, würde der Wagen von der Bahn abkommen, ins Schleudern kommen oder zerreißen. Wenn es zu Beginn einer Sache Gegenkräfte gibt, behalte die Zügel in der Hand und nutze die Gegenkräfte als Motor, den Widerstand als Motivation! Der Wagen ist eine Maschine, Symbol für Technik und Tempo. Als Steuer fungiert der Magierstab, allerdings ist er hier blau: Echte Sieger sind willensstark und intuitiv und kommen so schnell zum Ziel. Der Baldachin ist mit Sternen übersät: Wir erobern immer neue Bereiche und Welten, bis hinauf zu den Sternen – dennoch bleiben wir Teil der kosmischen Ordnung, die wir nutzen können, aber nicht erfinden![28]

Liegt der »VII. Wagen« umgekehrt – Laß Dich nicht von Gegenkräften zerreißen. Du setzt Dich zwischen zwei Stühle!

---

[27] Die dafür nötige Entscheidungs- und Beziehungsfähigkeit findet man bei der Karte davor, den »VI. Liebenden«.

[28] Wie der »IV. Herrscher«, der sich in den größeren Rahmen fügt.

Beziehungen

Schlüssel: Eroberung. Karriere. **Zusammensein:** Der berufliche Erfolg im Mittelpunkt. Auch: Die Beziehung oder Freundschaft soll »gelingen!« Bei frisch Verliebten: Man will beim anderen ankommen. **Problem:** (uk): Eine Beziehung unter Erfolgsdruck. Was muß in der Beziehung »klappen«? Auch: Man setzt sich zwischen zwei Stühle. **Trennung:** Bringt das Leben wieder voran! Man setzt sie durch. (uk): Unnötige Retourkutsche. **Partnertyp:** Karrieretyp, erfolgsorientiert. (uk): Läßt sich schnell aus dem Konzept bringen. **Kommt es zur Beziehung?** Ja, aber man verliert bald das Interesse, wenn man sie oder ihn erobert hat. **Kind:** Erfolgserlebnisse. Auch: Kinderfahrzeug, Roller, Fahrrad etc. (uk): Wer oder was übt Erfolgsdruck aus oder lenkt das Kind ab? Auch: Angeber. **Reise/Urlaub:** Erfolgreich. Man mietet ein Fahrzeug. (uk): Gelingt nicht wie gewünscht. Autoprobleme.

Aktivitäten – Arbeit

Schlüssel: Es *ist* die Karte für Erfolg und Karriere. Tempo. **Situation:** Erfolgreich. Steile Karriere. **Entscheidung/Plan:** Erfolgreich. Zügig. **Verhandlung:** (uk): Setze Dich nicht zwischen alle Stühle! **Wettbewerb:** Sieger. **Streit:** (uk): Unnötiger Rechtsstreit. Ein Prozeß bringt nichts! **Mitarbeiter:** Profi, erfolgreich, erfolgsorientiert. (uk): Karrierist. Läßt sich von anderen vor den Karren spannen. Eigenwilliger Befehlsempfänger. **Jobsuche:** Erfolgreich! **Berufswahl:** Fahrzeuge. Karriere.

Kauf und Verkauf

Schlüssel: Erfolgreicher Kauf bzw. Verkauf. Sieger unter Anbietern oder Interessenten. (uk): Relativ erfolgreich. **Auto:** Auto[29] und Fahrzeug. **Gerät:** Erfolgreicher Typ oder eine berühmte Marke. (uk): Probleme am Auto. **Immobilie:** Alles klappt vorzüglich. (uk): Bei Unstimmigkeiten lohnt sich kein Prozeß. **Vertrag:** Sehr erfolgreich! (uk):

Gesundheit

Man besiegt die Störungen. (uk): Man achte auf die Sehnen und Muskeln. **Behandlung:** Erfolgreich. **Psychischer Hintergrund:** (uk): Welche Rolle spielt Erfolg in Deinem Leben? Wo ist er zu sehr, wo zu wenig betont?

---

[29] Karriere kommt von »carrus« (lat.: Wagen).

Toleranz und Verständnis

Was hat diese Frau an sich, daß der Löwe so friedlich seinen Kopf in ihre Hände legt? Sie ist ohne Furcht, und sie kann seine Reaktionen einschätzen. Angst würde das Raubtier wachrufen. Der Löwe ist ein klassisches und komplexes Symbol für Gott und die schöpferische Kraft, für Kreativität und den Körper. Tarotbilder sind wie Träume – jeder Teil des Bildes zeigt einen Aspekt der Persönlichkeit. Die Frau ist geistig stärker (weißes Kleid), der Löwe körperlich. Sie verläßt sich auf ihre Einsicht, er auf seine Instinkte. Stark ist, wer beides hat. Kläre also, was Dir wichtig ist und was vernachlässigt wurde: die geistige, die emotionale oder die körperliche Stärke.

Hast Du ein Verständnisproblem mit jemandem? Weil diese Person eine Dir fremde Wesensart und Ausdrucksweise hat? Vielleicht wortkarg? Trotzdem weißt Du, was gemeint ist. Schließlich verrät es die Körpersprache, die Mimik und Gestik. Die der anderen und auch die Deine. Immer! Du kannst sie wie ein Verhaltensforscher studieren. Immer wieder neu, von Fall zu Fall, denn bei jedem ist es anders. Dann siehst Du, ob Stirnrunzeln Ärger signalisiert oder Konzentration oder .... Diese Beobachtungen machen tolerant, weil schließlich jeder seine Stärken und Schwächen hat!

Liegt die »VIII. Kraft« umgekehrt – Wird der Körper vernachlässigt oder überbetont? Wer sich stark macht, zeigt Schwäche!

Beziehungen

Schlüssel: Verschiedene Wesensart. Selten: Haustier. **Zusammensein:** Man muß nach dem Motto leben: Jeder nach seiner Art. Eine so unterschiedliche Mentalität wie hier erfordert viel Verständnis und Toleranz. **Problem:** (uk): Man wartet vergeblich auf bestimmte Worte oder Sätze und versucht, sie zu erzwingen. Lösung: Achte auf die Signale – Du verstehst sehr gut, was Dein Gegenüber will! **Trennung:** Man hat die Kraft dazu. Auch: Weil man sich mag, aber doch mit der anderen Art nicht glücklich wird. **Partnertyp:** Zieht konträre Typen an. (uk): Macht sich stärker, als er ist. **Kommt es zur Beziehung?** Ja, aber man muß bereit sein, jedem seine Art zu lassen. **Kind:** Das Kind lernt Toleranz und Verständnis für alles, was fremd ist. Auch: Umgang mit Tieren. (uk): Es hilft nichts, dem Kind alles aus der Nase zu ziehen. **Reise/Urlaub:** Begegnung mit neuen Menschen. Man kommt gestärkt zurück. (uk): Mangelnde Toleranz. Tu was für Deinen Körper!

Aktivitäten – Arbeit

Schlüssel: Stärke. Abwarten. **Situation:** Man steht stark da. **Entscheidung** oder **Plan:** Es gelingt - aber erst nach einer Weile! **Verhandlung:** Indirekte Information. **Wettbewerb:** Kräfte messen. **Mitarbeiter:** Tolerant und stark. (uk): »Kraftmeier«. **Jobsuche:** Klappt nach einiger Zeit. **Berufswahl:** Körperarbeit wie Massage, Reiki, auch Kinesiologie, Chiropraktiker u.ä.

Kauf und Verkauf

Schlüssel: Stark und gut. **Auto:** Der starke bzw. stärkere Motor. **Gerät:** multifunktional. **Immobilie:** Gut. Toleranzfragen in der Nachbarschaft. Auch: (uk): Probleme mit oder wegen Haustieren. **Vertrag:** Okay! (uk): Man kann es nicht erzwingen.

Gesundheit

Schlüssel: Kraft. Herz. Muskel. Psychosomatik. Krafttraining. (uk): Muskel. Herzbeschwerden bei einem starken Herz[30]. **Behandlung:** Massage. Feldenkrais etc. Gelenk einrenken. **Psyche:** (uk): Intoleranz.[31] Man glaubt, sich stärker geben zu müssen, als man ist und wird dadurch schwächer.

---

[30] Bei Herzkrankheit zeigt der »XVI. Turm« dagegen das schwache Herz an.

[31] Intoleranz gegen Ausländer oder Fremde: »XI. Welt« und »VIII. Kraft« (uk).

Ruhe

Ein Eremit zieht sich von der Welt zurück, um sie zu verstehen. Schweigen und Meditation, Ruhe und Askese prägen das Leben des »Alten«. Die Karte führt nur in den seltensten Fällen in ein Kloster oder in die Einöde! Sie zeigt jedoch an, daß eine Situation oder Frage in Ruhe beleuchtet sein will. Zieh Dich vom Trubel zurück, und sei es nur für ein Wochenende. Die Lampe ist ein Symbol für das Licht im Kopf bei der Meditation. Nimm die Lampe als Impuls, Dein Inneres zu beleuchten, untersuche die verborgenen Gänge in Deinem ‚Herzkammerl', und Du findest Deinen Weg. Wer sich diese Ruhe gönnt, kommt sehr schnell zum Ziel![32] Menschen im Streß empfiehlt der Eremit einfach nur Ruhe und mehr Schlaf!

Im Zusammenleben thematisiert der »IX. Eremit« das Alleinsein und Zurückgezogenheit, auch das Alter. Manchmal ist man Single, manchmal wird man es bald oder man fühlt sich in der Beziehung allein. Die Botschaft des »IX. Eremiten« lautet, daß man *immer* allein ist. Kläre auch für Deine Beziehungsfähigkeit, ob Du gut allein sein kannst oder ob Du Angst davor hast!

Liegt der »IX. Eremit« umgekehrt – Wer sich abkapselt, wird einsam und kalt. Angst vor dem Alleinsein. Altersprobleme.

[32] Bei der »II. Hohepriesterin« geht es um die intuitive Eingebung, beim »IX. Eremit« ist es die meditative, kontemplative Suche!

Beziehungen

Schlüssel: Alleinsein. Alter. **Zusammensein:** Ruhe und Besonnenheit prägen das Miteinander. Schweigen wird als wohltuend empfunden. Auch: Fragen, die mit Alter zu tun haben. Keine Probleme wegen des Altersunterschieds zu erwarten. **Probleme:** (uk): Einsamkeit in der Beziehung. Einer zieht sich (eigenbrötlerisch) zurück, der andere leidet unter dem Schweigen und fühlt sich allein gelassen. Auch: Problem wegen des Altersunterschieds. **Trennung:** Das Alleinsein wird Dir gut tun! Nimm es positiv an. **Partnertyp:** Ruhig, ist gern allein. Der ältere Partner. (uk): »Cool«. Auch: Einsam, kapselt sich ab oder fühlt sich einsam. Eigenbrötler. **Kommt es zur Beziehung?** Man bleibt allein. **Kind:** Das Kind braucht Ruhe. Das altkluge Kind. (uk): Wechsel der Altersstufe. Das einsame Kind. **Reise/Urlaub:** Singleurlaub. Am besten fährt man allein. Schweigeurlaub, z.B. Vipassana. (uk): Kapsle Dich nicht ab! Achte auf das passende Alter!

Aktivitäten – Arbeit

Schlüssel: Zurückziehen. Pensionierung. Klugheit. **Entscheidung/Plan:** Wird zurückgezogen. Bleibt auf sich beruhen. **Verhandlung:** Jemand zieht sich zurück. **Mitarbeiter:** Arbeitet allein. Auf der Suche. Pension/Rente. (uk): Kühl. **Jobsuche:** Suche! Noch auf der Suche. **Berufswahl:** Apotheker/in, Naturheilkunde, Heilpraktiker/in, Pflanzenkunde.

Kauf und Verkauf

Schlüssel: Suche. **Auto/Gerät:** Der ruhige Lauf. Das alte Auto. Untersuche es gründlich! **Immobilie:** Ruhig gelegen. Auch: Betreutes Wohnen. Wohnung für Senioren geeignet.[33] (uk): Nicht mehr so ruhig oder zu ruhig! **Vertrag:** Zieht man zurück. (uk): Bleibt erst mal so liegen.

Gesundheit

Altersbedingte Erscheinungen. Ruhe ist das beste Heilmittel. Frührente[34]. (uk): Probleme am Schenkel. **Behandlung:** Naturheilkunde[35]. Apotheker. Heilpraktiker. **Psyche:** (uk): Einsamkeit. Sich abkapseln. Emotionale Kälte.

---

[33] Plus »Kelch-As«: Betreutes Wohnen. ... mit »XI. Gerechtigkeit«: Altersheim

[34] Bei entsprechender Fragestellung, neben Münzkarten oder auf Berufsfeldern

[35] Vgl.: Klassische Homöopathie: »II. Hohepriesterin«. Allopathie/Chemie: »XV. Teufel« (Weil er die »Materie« symbolisiert. Es wird also nichts verteufelt!)

Es ist, wie es ist … aber warum ist es so?

In vielen Mythen wird das Schicksal als Rad dargestellt. Ein Kreislauf, kein »tragischer« Moment. Im universalen Rhythmus[36]: Tageszeiten, Jahreszeiten, Jugend, Alter, Glück und Unglück. Jeder will ein gutes Schicksal *haben*: mit Besitz (Stier), Selbstbewußtsein (Löwe), Macht (Adler) und Freunden sowie einer guten Beziehung zum »Himmel« (Engel/Wassermann). Im Horoskop bilden diese vier Zeichen das Krisenkreuz, den Weg der Prüfungen.

Die aktuelle Situation oder Frage ist - wie sie ist. Man kann sie nicht ändern, sich lediglich anders verhalten. Anubis, eine ägyptische Gottheit der westlichen Wüste, geleitet die Seelen durch die Unterwelt: Er bringt alte Wunden hoch – damit sie sterben können. Das Ungeheuer Typhon mit dem Schlangenkörper wird von Zeus in den Tartaros geworfen. Wirf von Dir, was Dir schadet! Deine Frage erfordert die Lösung von alten Mustern, sonst geht das Drama (griech.: Handlung) so weiter. Auch »Karma« bedeutet »Tat«. Das Ziel ist hier der »Ausstieg aus dem Rad der Wiedergeburt«.

Begrüße also jede Situation als gute Gelegenheit, anders als »damals« zu handeln – um die Wiederholung zu beenden (Sphinx).

Liegt das »X. Rad des Schicksals« umgekehrt – Erkenne Dein Motiv, statt Dich gegen den Lauf der Dinge zu stemmen.

[36] Acht Speichen: »8« ist die Gotteszahl, die Speichen für Zyklus und Rhythmus.

Beziehungen

Schlüssel: Man erlebt ähnliche Situationen mehrmals. **Zusammensein:** Man spürt eine geradezu schicksalhafte Verbundenheit[37]. **Problem:** Man steckt in einer Geschichte, bei der man das Steuer nicht in der Hand hat. Aber man könnte anders reagieren, indem man nicht den alten Gefühlsmustern folgt. Lösung: Erinnere Dich, wann hast Du schon mal so empfunden, wie hast Du »damals« reagiert und wie jetzt? **Trennung:** Akzeptiere, daß es so ist. (uk): Es ist leider so. **Partnertyp:** Nimmt die Dinge, wie sie kommen. (uk): Schicksalsergeben. Immer wieder eine Talfahrt. **Kommt es zur Beziehung?** Ja, mit karmischen Aufgaben. Das bedeutet nicht unbedingt, daß man mit der Person karmisch verbunden ist, aber sicherlich mit dieser Mentalität. (uk): Nein. **Kind:** Die Karten beim »Schicksalsrad« verraten, daß und wie das Kind jetzt für die Zukunft geprägt wird! Auch: Tagesablauf. Zeiteinteilung. (uk): Nicht kindgemäßer Tagesablauf. Das Thema überfordert das Kind. **Reise/Urlaub:** Prägende Erlebnisse. (uk): Man kann den Ablauf leider nicht mitbestimmen.

Aktivitäten – Arbeit

Schlüssel: Fakten. Ablauf. **Situation:** Firmenstruktur klären. **Entscheidung/Plan:** Läuft vollautomatisch ab – zugunsten der fragenden Person. (uk): Negativer Verlauf. **Verhandlung:** Komm auf den Punkt! (uk): Steuere nicht dagegen, aber stell Dich anders auf die Sachlage ein! **Mitarbeiter:** Routiniert. Fließbandarbeit. (uk): Ohne eigene Initiative. Lebensprobleme. **Berufe:** Programmierer. Lebenshilfe.

Kauf und Verkauf

Schlüssel: Automatik. Sachverhalt. Dauer. (uk): Ungünstig. **Auto/Gerät:** Automatik, Steuer. (uk): Rad. Routine. Programm. **Immobilie:** Günstiger Verlauf. (uk): Paßt nicht zu einem oder ist unmöglich. **Vertrag:** »Mache Nägel mit Köpfen!« (uk): Nein – er würde sich nachteilig auswirken.

Gesundheit

Verlauf. (uk): Knie, Zahn, rheumatische Beschwerden[38]. **Behandlung:** Routine. (uk): Routine macht passiv! **Psyche:** Aufarbeitung alter Themen.

---

[37] Siehe Aspekte mit dem Mondknoten im Partnerhoroskop!

[38] Siehe dazu die Saturn-Auslösungen und -Konstellationen im Horoskop.

Das Gesetz von Ursache und Wirkung

Die »Gerechtigkeit« wacht vor den Säulen wie »Justitia« vor dem Amtsgericht darüber, daß es gerecht zugeht. Sie nimmt die Haltung der »II. Hohepriesterin« ein und trägt den Mantel des »I. Magiers«: Weisheit und »reine Absicht« sind also Merkmale von Gerechtigkeit, der weiße Schuh fügt das neutrale Vorgehen dazu. Mit der Waage werden alle Seiten erwogen, mit dem Schwert wird das Urteil gefällt.[1] Die Klinge ist blau, um das Mitgefühl zu betonen. Wahre Gerechtigkeit läßt Gnade walten! Der gelbe Hintergrund zeigt, daß das alles letztendlich ein Gesetz der Vernunft ist.

Beim »X. Rad des Schicksals« sahen wir das Auf und Ab des Lebens und wie sich alles wiederholt. Bei der »XI. Gerechtigkeit« erkennen wir, warum das so ist: Alles geschieht nach dem Gesetz von Ursache und Wirkung – auch wenn das weit auseinander liegt. Untersuche Deine Situation unter diesem Gesichtspunkt, wie sich eins aus dem andern ergibt – konsequent und logisch. So wirst Du der Sache, den beteiligten Personen und Dir selbst gerecht.

In dieser Phase spürt man die Vorschriften empfindlicher als sonst – Paragraphen und Bürokratie, die Normen, Konventionen und Spielregeln im Alltag. Prüfe, welche überholt sind, dann fühlst Du Dich wieder wohler!

Liegt die »XI. Gerechtigkeit« umgekehrt – Ungerechtigkeit. Einseitige Spielregeln. Vorurteil.

---

[1] Auch die Sphinx über dem »X. Rad des Schicksals« hält das Schwert hoch.

Beziehungen

Schlüssel: Gerechtigkeit, Konsequenz . Gesellschaft. **Zusammensein:** Man ist gerecht zueinander. Normen prägen den Alltag. Konventionell. Soziales Prestige. Offiziell. **Probleme:** Man geht die Dinge zu formal an und will alles richtig machen. (uk): Ungerechtigkeit. Vorurteile. Man kommt mit den Spielregeln und Normen nicht mehr klar. Man will konsequent sein und schafft es nicht. Lösung: Verwerfe unnötige Normen. **Trennung:** Offiziell. Scheidung. Scheidungsprozeß. (uk): Scheidung zieht sich hin. **Partnertyp:** Korrekt. Konsequent. Gerecht. Klare Urteile. (uk): Inkonsequent. Vorurteile. Ungerecht. Stellt Regeln auf, die nur für andere gelten. **Kommt es zur Beziehung?** Ja, man heiratet vor dem Standesamt[2]. (uk): Nicht offiziell! **Kind:** Spielregeln. (uk): Erlebt Unge-rechtigkeit und Vorurteile. Inkonsequente Erziehung. **Reise/Urlaub:** Bürokratie. Ausweis. Reisepaß[3]. Zoll. (uk): Probleme auf Behörde. Auch: Andere Länder, andere Sitten!

Aktivitäten – Arbeit

Schlüssel: Behörde, Bürokratie. **Situation:** Regelungen. Firmensatzung. **Entscheidung:** Offiziell. Beglaubigung. (uk): Ungerecht. **Plan:** Gesetze berücksichtigen! (uk): Gegen Vorschrift! **Verhandlung:** Läuft gerecht und konsequent ab! (uk): Ungerecht! Gegen die Vorschrift! **Prozeß:** Man bekommt Recht. (uk): Verurteilung. **Mitarbeiter:** Beamte. Bei Behörde oder Institut tätig. Jurist o.ä. (uk): Will nicht bei Behörde arbeiten. Ungerecht behandelt. **Berufe:** Versicherung. Jura, Rechtspfleger.

Kauf und Verkauf

Schlüssel: Vertrag. »Mit Brief und Siegel«. (uk): Ungesetzlich. **Auto/Gerät:** Garantie. (uk): TÜV abgelaufen. **Immobilie:** Eintragung ins Grundbuch. Lasse Zustand und Vereinbarung schriftlich bestätigen! (uk): Poche auf die offizielle Bestätigung. Man umgeht eine Behörde – Vorsicht! **Vertrag:** Beim Notar. Offizielle Vertragsformulare. (uk): Enthält Ungerechtigkeit.

Gesundheit

(uk): Hüfte. **Behandlung:** Krankenkasse. Hilfsmittel: Rollstuhl. (uk): Probleme mit Kasse. **Psychothemen:** (uk): Vorurteile und Ungerechtigkeit. Inkonsequenz. Harte Urteile. Normenbewußtsein. Rollenverhalten.

---

[2] Vgl.: Die kirchliche Hochzeit kündigt der »V. Hierophant« an.

[3] Vor allem neben »XXI – Welt«

Krise – Zeit der Prüfung

Manchmal weiß man nicht mehr, wo einem der Kopf steht. Alles ist verdreht. Man sieht vieles mit anderen Augen. Typische Krisenmerkmale. Deshalb hängt der Kerl mit dem Kopf nach unten. Er kann gut lächeln, er hat die Schwerkraft überwunden. Jede Krise entsteht übrigens, *weil* sich der Schwerpunkt verlagert hat und sie geht zu Ende, wenn der neue gefunden ist.

Bist Du handlungsunfähig? Das vertieft die Krise! Besser Du schaltest um auf »Krisenmanagement«. Die Karte zeigt Dir, wie das geht. Die Arme sind hinter dem Rücken verschränkt, weil man ein Problem verstehen muß, bevor man handelt. Daß die Füße oben sind, bedeutet, daß jeder Schritt im Gehirn entsteht.[4] Prüfe Deine Vorgehensweise. Lasse den Kopf nicht hängen, sondern durchleuchte die Situation, damit Dir ein Licht aufgeht (»Heiligenschein« – Erleuchtung)! Kläre die Geschichte und woher das Problem wirklich stammt (Stamm). Beziehe in Deine Überlegungen auch Deine Abstammung ein, wie Du von deinem Werdegang geprägt bist und wie Du Dich davon abheben kannst.

Was ist Dir nicht mehr wichtig, was hast Du lange genug gemacht? Häufig wollen sich Talente entfalten, auch wenn man sie noch nicht sieht! Diese Prozesse finden regelmäßig statt – in der Umwelt, bei Dir, bei mir...

Liegt der »XII. Gehängter« umgekehrt – Vogel-Strauß-Politik. Laß den Kopf nicht hängen! Das löst das Problem nicht.

---

[4] Das weiß man auch aus der Gehirnforschung.

Beziehungen

Schlüssel: Beziehungskrise. **Zusammensein:** Gestaltet sich schwierig. Eine kritische Phase. Oder: Jemand ist krank. Auch: Jemand ist immer krank. Einer ist immer krank! Dauerkrise. **Probleme:** Es *ist* die Karte für Probleme! Die Ursache als auch die Lösung liegt in einer neuen Sichtweise! Man sieht vieles anders. Manchmal, weil schmerzhafte Dinge geschehen sind, manchmal, weil man sich einfach weiter entwickelt hat. Wenn man sich fremd wird. (uk): Man will die Krise nicht wahrhaben und verdrängt sie. **Trennung:** Schwierige Phase! Problematischer Verlauf. (uk): Verlängerung der Krise. **Partnertyp:** Problematisch. Steckt (öfter) in einer Krise. (uk): Verdrängt Probleme. Steckt den Kopf in den Sand. Kippt um. **Kommt es zur Beziehung?** Besser nicht! Bereite Dich auf Leid vor. Der tiefere Sinn wäre eine neue Haltung, aber gäbe es dafür nicht bessere Wege als eine neue Liebe? **Kind:** Krisen. Schwierigkeit. Prüfung. Test. (uk): Prüfungsangst. Durch die Prüfung fallen. **Reise/Urlaub:** Probleme. Erkrankung. (uk): Neben der »XXI. Welt«: Krisengebiet.

Aktivitäten – Arbeit

Schlüssel: Schwierigkeiten. Berufskrise. **Situation:** Kritische Lage. Auch: Betriebsprüfung[5]. Krisenstab[6]. **Entscheidung:** Problematisch. (uk): Erhöhte Schwierigkeiten. **Plan:** Schwierig. Prüfung. Test. **Mitarbeiter:** Schwierig oder krank. **Jobsuche:** Test. (uk): Fällt beim Test durch. **Berufswahl:** Medizin. Krankenschwester. Tester. Prüfer. (uk): Prüfungsangst.

Kauf und Verkauf

Schlüssel: Schwierigkeiten. **Kaufverhalten:** Einer kippt um. **Auto/Gerät:** Test! (uk): Hält einer kritischen Prüfung nicht stand. **Immobilie:** Schwierigkeiten. Mängel. Neben »Schwert-8«: Sehr ungesund! (uk): Vertuschte Mängel! **Vertrag:** Nein.

Gesundheit

Es *ist* die Karte für Krise und Krankheit. (uk): Bei Gesundheit weist sie auf Erkrankung hin. Sonst auf das Ende der Krankheit. Neben »Schwert–9« oder »-10«: Schwierig, dauert länger. **Behandlung:** Schwierig. Strecken durch Aufhängen. (uk): Keine Heilung. **Psyche:** Umgang mit Krisen, Krisenbewältigung. (uk): Prüfungsangst.

---

[5] Neben »XI. Gerechtigkeit«, »Schwert-As« , »-König« oder »-Königin«

[6] Neben »Stab-König« oder »Stab-Königin« o.ä.

Endgültige Veränderung

Der Tod kommt von links in das Bild geritten – aus der geistigen in die sichtbare Welt. Er schwenkt die Fahne der Unsterblichkeit. Seine schwarze Rüstung bedeutet, daß nur der Körper stirbt, der Schimmel symbolisiert den unsterblichen Geist. Wir sehen, wie verschieden das Todeserlebnis sein kann: Der Betroffene liegt auf der Erde, das Kind schaut verständnislos zu, die Frau wendet sich trauernd ab, sie will den Verlust nicht wahrhaben. Der Kirchenfürst drückt betend sein religiöses Einverständnis aus, denn im Hintergrund leuchtet die Sonne zwischen den Toren – der Tod als Schritt ins Licht.

In dieser Lebensphase setzt Du Dich damit auseinander, daß etwas zu Ende geht, sei es privat oder beruflich. Welche Figur fällt Dir spontan ins Auge? Sie zeigt Deine Rolle. Ob Du die Veränderung wünschst oder befürchtest– sie steht auf jeden Fall an. Jeder Abschied tut weh, deshalb ist der Schmerz normal und kein Zeichen dafür, daß es weitergehen soll! Wäre es so, hättest Du eine andere Karte gezogen! Sieh den Tod als Metamorphose: Die Larve muß sterben, damit der Schmetterling ausschlüpfen kann! Lasse das Ende zu, damit sich das neue Licht zeigen kann! Wie die Sonne im Hintergrund!

Liegt der »XIII. Tod« umgekehrt – Das Ende verdrängen heißt, eine Larve künstlich am Leben erhalten!

Beziehungen

Schlüssel: Ende der Beziehung. **Zusammensein:** Die Beziehung steht vor dem Aus. Man schiebt es vor sich her. Später erkennt man, daß es eigentlich jetzt zu Ende ging. In **Veränderung** steckt das »Ende« – es ist offenkundig, daß man so nicht weitermachen kann. Das gilt für alle Beziehungen. **Probleme:** Beide (!) müßten sich so grundlegend verändern, daß es eine ganz andere Beziehung ergibt! Das gelingt aber selten! (uk): Man verdrängt das Ende oder den Gedanken daran, weil es weh tut. Aber das gehört dazu! **Trennung:** Endgültig. **Partnertyp:** Steht immer wieder vor dem Aus. Ist von einem Todesfall geprägt. (uk): Mag sich nicht wirklich verändern. Kann ein Todeserlebnis nicht überwinden. **Kommt es zur Beziehung?** Nein. Es ist aus. **Kind:** Das Kind stellt Fragen nach dem Tode. (uk): Das Leben des Kindes ändert sich grundlegend. **Reise/Urlaub:** Nicht empfehlenswert.

Aktivitäten – Arbeit

Schlüssel: Aus. Ende. **Situation:** Die Firma oder das Projekt ist am Ende. Die **Entscheidung** bringt das Ende. **Plan:** Aus. Es geht nicht weiter. **Mitarbeiter:** Er/sie hört endgültig auf. (uk): Schiebt den Ausstieg vor sich her. Auch: Todesfall im Kollegenkreis oder bei den Angehörigen. **Jobsuche:** Nein. Sehr selten bedeutet es die grundlegende Änderung im positiven Sinne. Wenn jemand lange arbeitslos war, wird auch das zu Ende sein. **Berufswahl:** Legt den alten Beruf ab. Hospizarbeit, Arbeit in einem Bestattungsunternehmen o.ä.

Kauf und Verkauf

Schlüssel: Das Ende vor oder nach dem (Ver-) Kauf. **Auto/Gerät:** Endgültig kaputt. Auch: Nicht-reparaturfähiges Teil. **Immobilie:** Man läßt es endgültig. (uk): Bestimmte Pläne oder Teile werden nicht realisiert. **Vertrag:** Nein. (uk): Endgültiges Aus. Vertrag nur im Zusammenhang mit einem Todesfall positiv.

Gesundheit

Es *ist* die Karte für das Ende, aber gehe flexibel mit dem Begriff um: Bei der Zahnbehandlung ist ein Zahn nicht zu retten, ein Nerv ist tot oder wird »getötet« ... **Behandlung:** Zu Ende. Hört auf, bevor sie beginnt. **Psyche:** Todeserfahrung und -angst. Kläre, warum Du einen Verlust wie einen Tod erlebst. (uk): Lasse endgültige Veränderungen zu! [7]

---

[7] Krebs entsteht ja, wenn alte Zellen nicht mehr absterben, sondern weiter wachsen.

Harmonie

Ein Engel erwartet Dich am See. Hier betreten wir eine andere Daseinsform. Menschen, die klinisch tot waren[8], berichten, daß sie von einem Engel[9] abgeholt wurden, der ihr Leben wie einen Film zeigte. Auch wir ziehen Bilanz, wenn etwas zu Ende ging. Wir lassen Revue passieren und ordnen es in unsere Biographie ein. Die englische Karte heißt »Temperance«, das bedeutet »Mischung«. Die »Wasser des Lebens« werden gemischt.

Wer diese Karte zieht, ist nicht unbedingt ein Engel! Man setzt sich eher damit auseinander, ob es Engel gibt. Auf jeden Fall spielen Harmonie, Schönheit und Friede die Hauptrolle. Das Bild zeigt, welche Eigenschaften dahin führen: Das weiße Gewand ist Symbol für ein »reines Wesen«. Der rechte Fuß im Wasser, der linke auf der Erde: Sei Dir über das Motiv Deiner Schritte klar. Kannst Du es offen zeigen? Sei konkret und wenn nötig, fahre auch zweigleisig. Die Kelche motivieren zur richtigen Mischung, nicht zu viel und nicht zu wenig! Die Karte der Schönheit ist asymmetrisch gestaltet, das gibt der Harmonie Dynamik. Wie stehst Du zu Ebenmaß, wie zu Unregelmäßigkeit? Sie macht das Gesicht schön! Das Zeichen auf der Stirn ist die Sonne – ein heiteres Gemüt gehört zu einem friedlichen Leben!

Liegt die »XIV. Mäßigkeit« umgekehrt – Scheinharmonie. Mißverständnis.

---

8 Es ist die Karte nach dem »XIII. Tod«.

9 Wie der im einzelnen aussieht, entspricht häufig der jeweiligen Kultur.

Beziehungen

Schlüssel: Harmonie. **Zusammensein:** Harmonisch und wohltemperiert. In der Liebe nicht besonders leidenschaftlich, dafür angenehm. Lebensmotto: Friede, Freude, Eierkuchen! **Probleme:** (uk): Man rettet sich aus Konfliktangst in eine Scheinharmonie. Auch: Es ist nur ein Mißverständnis. **Trennung:** Friedlich. Gegenseitiges Einverständnis. Auch: Der Friede danach. (uk): Es ist ein Mißverständnis! **Partnertyp:** Friedlich. Ästhet. Bequem. Legt Wert auf guten Stil. (uk): Harmoniesüchtig. Bewertet Mißverständnisse zu hoch. Geht den Weg des geringsten Widerstands. **Kommt es zur Beziehung?** Ja, es wird eine harmonische Beziehung. **Kind:** Musische Interessen. Auch: Das Kind geht Anforderungen aus dem Weg und macht es sich gern »angenehm«. Stilfragen in der Pubertät. Malkurse. (uk): Kläre ein Mißverständnis, damit das Kind lernt, es nicht so tragisch zu nehmen. **Reise/Urlaub:** Angenehm. Kunstreise. (uk): Unnötige Mißverständnisse trüben die Stimmung.

Aktivitäten – Arbeit

Schlüssel: Ausgeglichen. **Situation:** Es plätschert so dahin. **Entscheidung:** Angenehm. Friedlich. **Plan:** Ausgewogen. Gestaltungsfragen. **Verhandlung:** Harmonisches Gesprächsklima. (uk): Mißverständnis! Unangemessene Reaktion. **Mitarbeiter:** Friedliebend. Musisch. Oder: Geht Anstrengungen aus dem Weg. (uk): Nimmt Mißverständnisse zu schwer. **Jobsuche:** Verläuft angenehm. **Berufswahl:** Ästhetik: Kunst, Kosmetik, Mode, Galerie. Kunsttherapie. Farbberatung oder Aromatherapeut. Malerei.

Kauf und Verkauf

Schlüssel: Design. Einigung. **Auto/Gerät:** Die Optik gibt den Ausschlag. **Immobilie:** Das edle Gebäude. Ästhetische Fragen. Der stilvolle Bau. (uk): Es gibt ein Mißverständnis. Anderer Geschmack. **Vertrag:** Annehmbar für beide Seiten. (uk): Beinhaltet ein Mißverständnis. Auch wenn man es nicht herausfindet, ist der Vertrag akzeptabel.

Gesundheit

(uk): Nierenbeschwerden, Hautprobleme. **Behandlung:** Wasserbehandlung, Aroma- oder Farbtherapie, Falun Gong. Kunsttherapie. **Psychothemen:** Wie und wo äußert sich das Harmoniebedürfnis und Konfliktangst? Wie gehe ich mit Mißverständnissen um? Bedeutet »angemessenes Verhalten« für mich Anpassung oder der Situation entsprechend zu reagieren?

Hier geht es teuflisch zu

Der Teufel hockt auf seinem hohen Roß, Pardon!, auf dem Podest und schaut selbstzufrieden über ein Paar hinweg, das brav in seinen Ketten bleibt. Der schwarze Hintergrund, die Farben und tierischen Attribute sind Symbole für die Fixierung auf das Äußere, auf »Materie«. In Beziehungen spielt oft Sex und Leidenschaft die Hauptrolle – als körperlicher Akt[10]. Die Beeren bedeuten Fruchtbarkeit und die Flammen Zeugungskraft.

Wer sich im Teufel erkennt, will Oberwasser haben und übergeht die Bedürfnisse anderer. Haben, nehmen, Profit! Powern! Mit Gewalt alles durchsetzen! Immer kontra sein! Auf Teufel komm raus! Die leise Variante heißt Manipulation: Man erreicht damit, daß andere etwas tun, was sie von sich aus nicht machen würden! Auch das ist Mißbrauch! Die Lösung heißt *Integration*: Frage Dich einfach, ob Du Dich und andere integrierst, ob ihr Euch in schwachen Momenten stützt oder ausnützt oder verspottet oder....

Liegt der »XV. Teufel« umgekehrt – Wer sich in den beiden unten sieht, ist Opfer. Wie heißen die Ketten? Machtlos heißt die Macht los sein! Wo hättest Du sie gern? Was macht abhängig, untergeordnet und fremdbestimmt? (Köpfe an den Beinen des Teufels). Welche Zwänge haben die Kindheit geprägt? In dieser Ohnmacht fühlt man sich nicht »zuhause«, weil sie glücklich macht, sondern weil sie vertraut ist! Nimm Deine Interessen wahr, und das böse Spiel hört auf!

---

[10] Erotik und Liebe finden wir bei den »VI. Liebenden«, aber der Sex des »XV. Teufels« gehört auch im Tarot dazu! Die Quersumme der Zahl »15« ist nämlich »6«.

Beziehungen

Schlüssel: Macht. **Zusammensein:** In der Liebe dominieren Sex und Leidenschaft, später auch Machtkämpfe. Egoismus und Machtgebaren auch unter Freunden. Wut aufeinander. **Probleme:** (uk): Rücksichtslosigkeit. Ohnmacht. Abhängigkeit. Zwang – von der leisen Manipulation bis zur offenen Unterdrückung. Sexualproblem. Oft ist man sexuell abhängig. Oft war der Sex nicht befriedigend, und genau deshalb kommt man nicht los. Warum? Weil man (unbewußt) den alten Hunger stillen möchte. Das funktioniert aber nicht! Auch: Sucht wie Alkohol. **Trennung:** Wut, Haß. **Partnertyp:** Egoistisch. Zyniker. Rechthaberisch. (uk): Rücksichtslos. Destruktiv. Eifersüchtig. **Kommt es zur Beziehung?** Es wird eine Haßliebe. **Kind:** Das Kind als kleiner Satansbraten. Konsequenz und Verständnis sind ein gutes Mittel gegen die Wut und den pampigen Ton. (uk): Das Kind wird rücksichtslos. Bekommt es zu wenig Aufmerksamkeit oder zuviel? **Reise/Urlaub:** (uk): Eine heiße Leidenschaft, mehr nicht! Auch: Wut.

Aktivitäten – Arbeit

Schlüssel: Powern. Konkurrenz. Harte Kämpfe. **Situation:** Bedrohliche Konkurrenz. Ungute Absicht. Methoden »unter der Gürtellinie«. **Entscheidung:** Löst Wut aus. Einen **Plan** durchboxen. Man erlebt »böse« Überraschungen. **Wettbewerb:** Konkurrenz ist stärker![11] **Gewinn:** Profit, Reibach. **Mitarbeiter:** Dominant. (uk): Machtbesessen. Prüfe, ob Sucht eine Rolle spielt! **Berufe:** Chemiker/in. Urologe/in etc.

Kauf und Verkauf

Schlüssel: Böses Blut. Ärger. Profit bei Verkauf. **Auto:** Benzinleitung. Auspuff. (uk): Kriminell bei Gebrauchtwagen! **Gerät:** Plastikteile. Schmorende Kabel. **Immobilie:** Knallharte Bedingungen. (uk): Chemische Baumaterialien. Auch: Kriminelle Methoden. **Vertrag:** Macht böses Blut. (uk): Mißbrauch.

Gesundheit

(uk): Galle, Leber, Darm. Blase. **Behandlung:** Mit chemischen Medikamenten. Einnahme von Antibiotika empfohlen. **Psyche:** Die Haltung zu Egoismus und Machtfragen klären. Wo sind sie über- und wo unterbetont? Woher kommen sie?[12]

---

[11] Der »XV. Teufel« kündigt die Konkurrenz häufig an, wenn sie noch nicht da ist!

[12] Beachte dafür die nebenliegenden Karten!

Der Blitz schlägt ein ...

Früher hielt man Blitz und Donner für den Wutausbruch eines Gottes. Heute wissen wir es besser! Beim Gewitter entlädt sich die elektrisch aufgeladene Atmosphäre. Wer seine Situation verstehen will, denke darüber nach! Daß es ein Donnerwetter geben und man auf die Schnauze fallen kann, sieht man hier unmißverständlich. Wachtürme wurden auf Berge gebaut, um die Feinde rechtzeitig zu erspähen. Aber wie sieht der konstruktive Rat beim Turm aus?

Betrachte den Turm als Lebensgebäude, den Fels als sicheres Fundament. Der Turm ragt hoch auf – Stein für Stein baut man alles auf. Es funktioniert bestens und geht lange gut. Dann beginnt es drinnen zu schwelen, kleine Flammen schlagen aus den Fenstern. Nenne Dein Unbehagen beim Namen! Was ist erstarrt? Worauf hast Du Lust? Der Turm hat drei Fenster, weil neue Impulse nötig wären! Seine Fenster sind schwarz – weil man auf eine die Lösung von außen wartet und das verdüstert das Gemüt. Bist Du unruhig? Panisch? Witterst Du überall Katastrophen? Die Implosion ist der Vorläufer der Explosion. Der »Turm« behält sich immer eine Überraschung vor[13]! Wer aktiv sein Denken umstrukturiert, hat dafür eine blitzartige Erkenntnis, die eine Befreiung vom veralteten System bewirkt. (Krone). Das Sinn der »Katharsis«.

Liegt der »XVI. Turm« umgekehrt – kracht es nicht ganz so arg! Man hält am erstarrten System fest – wie lange kann das gutgehen?

[13] Beachte beim »XVI. Turm« immer die Uranusaspekte und vor allem -auslösungen!

Beziehungen

Schlüssel: Bruch. Krach. **Zusammensein:** Dinge platzen, bevor sie richtig entstehen. In einer festen Beziehung oder Freundschaft stehen beim Turm die Zeichen auf Sturm. Kräche oder Panikmache strapazieren den Alltag. **Probleme:** (uk): Die Strukturen sind erstarrt. Man hält daran fest und gerät in Panik. Die Lösung wäre eine sofortige Umstrukturierung – dann wird der Umbruch kein Einbruch – sondern ein Aufbruch! **Trennung:** Der Turm bestätigt den Bruch. Auch von saftigen Krächen begleitet. **Partnertyp:** Katastrophentyp, hektisch, panisch. (uk): »Borderliner«. Erstarrt vor Angst bei anstehenden Veränderungen. **Kommt es zur Beziehung?** Nein, es platzt. Das **Kind** in der Umbruchphase – im Elternhaus, der Schule o.ä.. Kräche in der Pubertät. (uk): Es wird aus dem bisherigen Rahmen katapultiert und braucht jetzt ganz besonders Halt und Verständnis. Ein »Unfall« stellt sich als nicht so schlimm heraus. **Reise/Urlaub:** Krach. Auch: Unfall.

Aktivitäten – Arbeit

Schlüssel: Einbruch, Konkurs.[14] **Situation:** Bröckelig. Skandal. Einbruch. Konkurs. **Verhandlung:** Krach. **Entscheidung/Plan:** Es platzt! **Gewinn:** Der totale Einbruch! **Mitarbeiter:** Jähzornig. Panikmacher. (uk): Fliegt schnell wieder raus. **Jobsuche/Berufswahl:** Man bricht immer wieder ab oder fliegt raus. Branche: Elektriker o.ä.. Katastrophenschutz.

Kauf und Verkauf

Schlüssel: Es platzt. Auch: Kaputte Objekte. **Auto/Gerät:** Elektrische Teile, Elektronik, Kurzschluß. **Immobilie:** Abbruch, Bruch. Hagelschaden. Auch: Lärm, Krach, z.B. von der Straße[15]. **Mieter: Krach,** Rauswurf. (uk): Spannungsfehler. Beachte Funkturm oder Strommast in der Nähe. Blitzableiter. **Vertrag:** Platzt oder führt zu Krach. (uk): Platzt vorerst.

Gesundheit

Bruch. Schilddrüse. Herzinfarkt[16]. Abbruch der **Behandlung.** Elektrobehandlung. **Psyche:** Panik. Angst vor Umbruch bzw. Katastrophen. Warum werden immer wieder alle Brücken abgebrochen?[17]

---

[14] Die Karte taucht auch für einen kriminellen Einbruch auf.

[15] Lärmursache: »Schwert-6« – Straße, Hofkarten – Menschen, Nachbarschaft

[16] Vgl. die »VIII. Kraft« , die ein starkes Herz anzeigt.

[17] Die Karten daneben geben darüber nähere Informationen!

Optimismus

Eine nackte Frau kniet am See und schüttet ihre Krüge mit dem Wasser des Lebens aus, in den See und auf die Wiese. Im Gewässer geht es in seinem Element auf, in der Erde versickert es, sorgt aber für das Wachstum der Pflanzen! Daß sich alles fügt, daß alles Sinn macht – davon sind Optimisten überzeugt.

Zieht man den »Stern« , darf man hoffen! Wünsche werden erfüllt. Über die Gegenwart sagt er aus, daß es sich nach einer schweren Zeit wieder lichtet.

Das Bild zeigt die typischen Eigenschaften eines wahren Optimisten. Die Frau kniet, sie ist bescheiden (Pessimisten sind stolz!). Ihre Nacktheit symbolisiert Selbsterkenntnis. Sie zeigt sich offen und unbefangen, ohne Attitüden![18] Die Hoffnung wird als Frau dargestellt, weil sie »empfängt« und immer wieder neues Leben hervorbringt. Optimisten nehmen das Leben an und machen das Beste daraus! Vögel gelten als Stimme Gottes. Singe, dann bekommst Du gute Laune und bist eins mit dieser Welt! Vom Himmel strahlen »Sieben heilige Planeten« und ihr Fixstern. Was hat Astrologie mit Hoffnung zu tun? Die Aspekte zeigen das Leben als Wandel von guten und »schlechten« und wieder guten Aspekten. Nichts bleibt, wie es ist! Das ist meine Hoffnung, sagt Frau »Stern« optimistisch.

Liegt der »XVII. Stern« umgekehrt – Leichte Arroganz. Gebremster Optimismus. Überblick.

[18] Siehe dazu die »VI. Liebenden«. (Beim »XV. Teufel« wird man bloßgestellt.)

Beziehungen

Schlüssel: Optimismus. Hoffnung. **Zusammensein:** Man strahlt Zuversicht aus und geht sein Leben optimistisch an. Bei Schwierigkeiten muntert man sich auf. Überzeugung, daß sich alles wieder fügt. So schnell gibt man die Hoffnung nicht auf! **Probleme:** (uk): Wer nicht loslassen kann, ist nicht optimistisch, da hält man »die Krüge aufrecht«. Arroganz. Überheblichkeit. **Trennung:** Sie bringt wieder Hoffnung ins Leben! Der Wunsch erfüllt sich – ob man sich trennen will oder nicht. (uk): Kalkuliere langfristige Bedürfnisse ein! **Partnertyp:** Optimist. (uk): Nett, aber überheblich! Hat ein Faible für arrogante Typen! **Kommt es zur Beziehung?** Ja! **Kind:** Optimistisch. Erziehung zum Optimismus. (uk): Von wem lernt das Kind Arroganz? Mach dem Kind mehr Hoffnung! **Reise/Urlaub:** Ganz nach Wunsch! Flugzeug.

Aktivitäten – Arbeit

Schlüssel: Langfristiger Erfolg.[19] **Verhandlung:** Die Hoffnung wird bestätigt. Man verschafft sich Überblick. (uk): Arroganter Ton! **Entscheidung/Plan:** Die Hoffnung erfüllt sich. Auch: Erfolg, der lange anhält. **Gewinn:** Auf lange Dauer. Die langfristige Geldanlage. **Mitarbeiter:** Optimistisch. Der »Star«. (uk): Erfaßt alles so schnell, daß andere nicht mitkommen. Die Begeisterung wird als Arroganz ausgelegt. **Jobsuche:** Berechtigte Hoffnung. **Beruf:** Steile Karriere. Branche: Astrologie. Astronomie. Vogelkunde.

Kauf und Verkauf

Schlüssel: Wünsche werden erfüllt. **Auto/Gerät:** Topmodell. Es stillt einen lang gehegten Wunsch. **Immobilie:** Macht froh und optimistisch. Blick auf den Himmel. **Vertrag:** Ja. (uk): Erfüllt nicht alle Wünsche, ist dennoch gut.

Gesundheit

Man schöpft wieder Hoffnung. Bei tödlicher Krankheit denkt man über »Unsterblichkeit« nach. **Behandlung:** Vielversprechend. **Psyche:** (uk): Hast Du den schnelleren Durchblick? Lasse andere mehr zum Zuge kommen, sie sind ja nicht dumm, nur langsamer! Was das mit Optimismus zu tun hat? Optimisten glauben an andere! Und jeder will mal an der Reihe sein – auch Du, auch andere! Und dann mag man sich!

---

[19] Vgl. dazu den kurzfristigen Erfolg beim »VII. Wagen«.

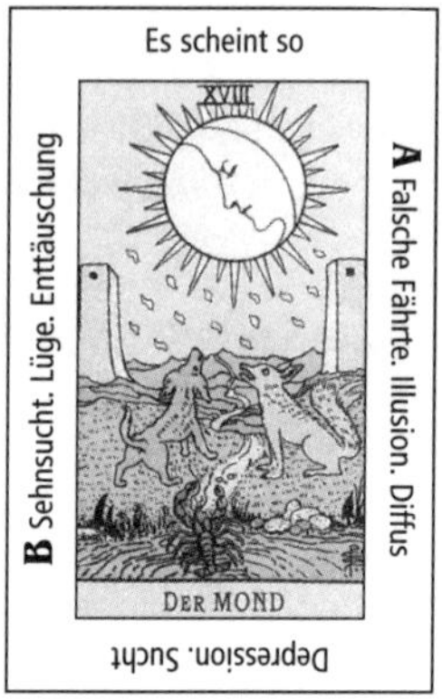

Traumwelt

Faszination einer Vollmondnacht, das scheint eine vielversprechende Karte zu sein! Wir werden sehen! Das Licht des Mondes ist schön, aber diffus. Da kann man sich alles vorstellen! Außerdem ändert er sich dauernd – nimmt zu, nimmt ab. Strahlender Vollmond, dann zappenduster. Und - er hat kein eigenes Licht, er spiegelt die Sonne. Aber wen kümmert das in einer Vollmondnacht?

All seine Eigenschaften beschreiben die aktuelle Frage oder Situation. Da gibt es eine Sehnsucht – und eine Schicht tiefer die Angst. Also zieht man den Traum der Realität vor. Sei sicher: Der Schein trügt!

Die Stimmung ist labil, man pendelt zwischen »himmelhoch jauchzend« und »zu Tode betrübt«. »Plötzlich« ist nichts mehr so, wie man glaubte. Nur wer sich täuscht, kann getäuscht werden! Die Enttäuschung ist das Ende der Täuschung. Deshalb kriecht der Krebs aus dem Wasser. Alle beide bedeuten Gefühle und Geborgenheit. Jede Illusion beginnt damit, daß man auf den Zusammenhang verzichtet. Die Traumwelt hinter den Türmen lockt, der Weg liegt (noch) offen vor ihm. Ein Stück weiter jaulen Hund (Furcht) und Wolf (Wut). Illusionen rufen Angst und Wut hervor – aber diese sind selbst Einbildung und leer! Wie alles, was wir nicht mit hinüber nehmen können, lehrt der Buddhismus. Das bedeutet nicht, daß die leer und schnöde ist, wie man in der Depression glaubt! Darüber zu philosophieren ist die seelische Hausaufgabe bei Mondschein!

Liegt der »XVIII. Mond« umgekehrt – verliert man den Zusammenhang, weil man hinter einer Illusion her ist. Depressionen. Bewußte Täuschungsmanöver. Auch Sucht.

Beziehungen

Schlüssel: Enttäuschung. **Zusammensein:** Eine junge Liebe beginnt »zu schön, um wahr zu sein«! Das stimmt, sie wird auch nicht wahr! Auch bei Paar und in anderen Beziehungen wird mehr oder weniger deutlich, daß etwas nicht stimmt. Mond-Beziehungen kennen das Pendeln zwischen Melancholie und Euphorie, zwischen Träumen und Enttäuschung. **Probleme:** (uk): Einer von beiden lebt in einer Scheinwelt, ist melancholisch veranlagt oder hat eine depressive Phase[20]. **Trennung:** Schmerzlich. »Da fiel es mir wie Schuppen von den Augen!« (uk): Lüge, Täuschung. **Partnertyp:** Labil. Weltfremd. (uk) Depressiv, oft suchtgefährdet. **Kommt es zur Beziehung?** Nein. Es ist nur ein Film. **Kind:** Diffus. Kind ist verträumt. Labiler Erziehungsstil. Eine klare, liebevolle Haltung könnte die depressive Neigung mindern. (uk): Schwierige Pubertät, labil bis depressiv. Flüchtet sich in ... Jugendliche/r weiß nicht, was er/sie will. Achte auf Drogen! Sucht kommt aus unerfüllter Sehnsucht. **Reise/Urlaub:** Die blanke Enttäuschung! Auch: In den Norden.

Aktivitäten – Arbeit

Schlüssel: Falsche Fährte. Täuschung. Auch: Scheinfirma. **Situation:** Man täuscht sich. (uk): Absichtliche Täuschung. **Aussage:** Es ist gelogen! (uk): Fakten werden verschleiert! **Entscheidung:** Enttäuschung. **Plan:** Falsche Einschätzung. (uk): Ein falscher Film! **Mitarbeiter:** Weltfremd. Diffus. Melancholisch. (uk): Labil. Depressiv. Enttäuscht. **Jobsuche:** Man handelt sich eine Enttäuschung ein. **Berufswahl:** Kältetechnologie. Film, Foto, Beleuchter, Lampen, Licht.

Kauf und Verkauf

Schlüssel: Der Schein trügt! **Auto:** Scheinwerfer. Licht. **Gerät:** Fehlerhaft. **Immobilie:** Es klappt nicht oder man wird damit unglücklich. Nordseite. Dunkel. (uk): Vorsicht! **Vertrag:** Nein!! (uk): Bewußte Täuschung!

Gesundheit

Melancholie. Allergie. (uk): Depression, auch Sucht[21]. **Behandlung:** Traum-, Hypnose-Therapie. **Psyche:** Angst. Therapie ratsam bei Depression, Sucht.

---

[20] Siehe dazu die Neptunaspekte im Horoskop.

[21] Die »XVIII. Mond-Sucht« verrät die Sehnsucht nach einer »heilen Welt«, die »XV. Teufel-Sucht« das Bedürfnis nach Stärke. Liegen sie nebeneinander, handelt es sich um eine schwere Suchtproblematik, z.B. mit Alkohol *und* Tabletten.

Lebensfreude

Eine sonnige Zeit liegt vor Dir, die Situation entwickelt sich ausgesprochen erfreulich. Wer diese Karte zieht, *hat* Glück und Erfolg. Etwas *macht* uns glücklich. Wir strahlen über alle Backen, freuen uns wie ein Kind und blühen regelrecht auf – solange es gut geht. Nur das? Das Bild zeigt einen Weg, »immer« glücklich zu *sein*: Was ich habe, kann einfach gehen, was ich *bin*, ändert sich nur, wenn ich es zulasse. Jede Tarotkarte bietet sich als Rollenspiel an. Spiele »Sonne«! Stell Dich in die Sonne und spüre bewußt, wie sich das anfühlt. Dann schau, bei wem Du ähnlich empfindest und – ob man sich bei Dir so fühlen kann. Sie strahlt übrigens für alle, für arm und reich, gut und böse...!

Die Symbole des Bildes sind »Glücksbausteine«: Ein Kind kennt keine Vergangenheit und Zukunft, es lebt im Augenblick. Naive Menschen sind zufriedener! Hinter der Mauer wachsen vier Sonnenblumen[22], innen und außen ist es schön! Die Mauer sagt nicht, daß wir »mauern« sollen, aber daß man sich auch mal abgrenzen muß, um offen aufeinander zuzugehen, um »Ich« zu bleiben. Pferde gelten als Götterboten, ein Schimmel ist auch auf einer anderen Karte, beim »XIII. Tod«: Der Glückliche weiß, alles wandelt sich! Die rote Standarte weht durch das ganze Bild – wie die Wärme der Sonne, die unsere Welt durchflutet.

Liegt die »XIX. Sonne« umgekehrt – zeigt der Schimmel den Wandel des Glücks an. Etwas geht – zum Glück. Auch, wenn man das jetzt nicht so sieht!

---

[22] Vier: 4 = Stabilität und »Körper, Materie«. Die Sonne läßt »es« wachsen.

Beziehungen

Schlüssel: Glück. Kind. **Zusammensein:** Eine glückliche Beziehung oder Freundschaft. Beim jungen Paar Freude über ein Kind. »Ja« auf die Frage, ob man ein Kind bekommt. Bei älteren Paaren Heiterkeit und Gesundheit. Ein vitales Leben. **Probleme:** (uk): Man kann Glück nicht annehmen. Oder: Das Glück ändert sich, sei deswegen nicht »bange«. **Trennung:** Man wird wieder glücklich! **Partnertyp:** Ein sonniges Wesen, heiter und unkompliziert. (uk): Geht fort, bevor das Glück geht. **Kommt es zur Beziehung?** Ja. Auch: Man bekommt sehr schnell ein Baby. **Kind:** Heiter. Das Kind gibt und braucht Wärme und spielerische Heiterkeit. Es ist ein wahrer Sonnenschein! (uk): Achte auf die Ernährung. Was bremst seine Vitalität? (uk): **Reise/Urlaub:** Schön! Auch: In ein sonniges, heißes Land.[23]

Aktivitäten – Arbeit

Schlüssel: Erfolg. Wahrheit. **Situation:** Höchst erfreulich. (uk): Die Glückssträhne läßt ein wenig nach, aber nur wenig! **Verhandlung:** Heiterkeit. Erfreuliche Ergebnisse. Informationen entsprechen der Wahrheit.[24] **Entscheidung/Plan:** Stimmt und bringt Glück. **Aussage:** Es ist wahr! **Mitarbeiter:** Heiter, vital und aktiv! (uk): Gut, aber findet woanders sein Glück. **Branche:** Wärmetechnologie, Heizung, Solartechnik.

Kauf und Verkauf

Schlüssel: Sehr gut! Man wird mit dem Objekt glücklich! **Auto/Gerät:** (uk): Heizung, Klimaanlage. **Immobilie:** Die sonnige Wohnung. Auch: Spielplatz. Kinderfreundlich. Auch: Man lebt gern darin. (uk): **Vertrag:** Ja!! (uk): Minuspunkte sind unerheblich!

Gesundheit

Gesundheit. (uk): Man ist gesund, aber nicht so vital wie sonst. Die **Behandlung** heilt. Wärmetherapie. Die heilende Kraft der Sonne.[25] Eine Psychotherapie ist nicht nötig, man schafft das auch allein! Befragt man jedoch die Karten nach dem Erfolg einer Therapie, kündigt sie volle Lebensfreude an!

---

[23] Liegt neben einer Person die »XXI. Welt« mit der »XIX. Sonne«, handelt es sich um einen Ausländer aus dem Süden.

[24] Beim »Mond« wäre das anders.

[25] Liegt »Schwert-8« daneben, meide man das Solarium!

Wandlung

Die Karte stellt das »Jüngste Gericht« dar. Vielleicht beschäftigst Du Dich damit, ob es eine Auferstehung gibt, wie und ob das Leben nach dem Tode weitergeht.

Die Figuren erheben sich aus ihrem Grab, von der Posaune des Engels gerufen. Die Karte verspricht Veränderung im Sinne einer »Erlösung«. Es wandelt sich zum Guten! Wer eine schlimme Zeit hatte, ist davon erlöst oder kann bald aufatmen. Steckst Du in einer »abgestorbenen« Situation und fühlst Dich lebendig begraben? Das kommt immer wieder vor. Dann folge dem Ruf: »Steh auf, steig aus deinem Grab!« Dazu gehören auch alte, nicht mehr taugliche Muster und Gewohnheiten – steig aus! Frage Dich, ob der »Engel« Dich aufrufen könnte, so oder so zu *sein*!

Es kommen Hinweise, in welche Richtung Du Dich wenden kannst! Wer die persönliche Entwicklung nicht vernachlässigt, verlängert die wohltuende Phase. Die Erfahrung, daß alles wieder gut wird, ist nicht zufällig, auch wenn es so scheint. Nach jedem Winter kommt der Frühling! Früher oder später, aber er kommt. Darüber freuen wir uns jedes Jahr, als wäre es das erste Mal.

Es lehrt uns, daß sich früher oder später alles richtet (!). Also richte Dich auf – und sei bereit...

Liegt das »XX. Jüngste Gericht« umgekehrt - geht es darum, aus alten Verhältnissen auszusteigen. Bei beruflicher Veränderung neigt man dazu, nicht mehr an sich zu arbeiten.

Beziehungen

Schlüssel: Positive Wandlung. Aufatmen. **Zusammensein:** Die Beziehung bessert und wandelt sich im Lauf der Jahre. Auch: Eine berufliche Veränderung prägt die Perspektiven. **Probleme:** Mit Problemen geht man geduldig um, weil man fest daran glaubt, daß es sich wieder richtet. Danach kann man es vergessen! (uk): Zweifel, daß es »wieder gut« wird – sie machen darauf aufmerksam, daß man in einer Beziehung prinzipiell daran glauben muß, sonst will man bei jeder Schwierigkeit aussteigen! **Trennung:** Bewirkt eine angenehme Veränderung, manchmal auch beruflich. (uk): Lasse sie zu! Steige aus, wenn Du Dich lebendig begraben fühlst. **Partnertyp:** Braucht immer wieder eine Veränderung im Leben. Versöhnlich. (uk) Steigt bei Stillstand friedlich aus. **Kommt es zur Beziehung?** Wenn diese Beziehung den Ausstieg aus jetziger Lebensform bedeutet. Meist kommt es anders, aber gut! **Kind:** Es verandert sich erfreulich. (uk): Erleichterung durch einen Situationswechsel, anderen Schultyp oder Ausbildungsform. **Reise/Urlaub:** Man macht es anders als geplant, aber es wird schön! Auch: Erholungsurlaub. **Jahreszeit:** Frühling.

Aktivitäten – Arbeit

Schlüssel: Positive Veränderung. Neuer Beruf[26]. **Situation:** Die Lage wandelt sich zum Guten. Man wird gerufen ... (uk): Ausstieg, wo es sich nicht mehr lohnt. **Entscheidung/Plan:** Zieht positive Veränderungen nach sich. Erleichtert aufatmen. Es wird neu aufgenommen. **Mitarbeiter:** Verändert den Arbeitsplatz positiv. (uk): Berufswechsel. Erholung. **Jobsuche:** Neuer Beruf. Gute Konditionen. **Berufswahl:** Ein neuer Beruf. Ruf an Lehrstuhl oder Position. Musik: Blasinstrument. Recycling.

Kauf und Verkauf

Schlüssel: Es entwickelt sich anders. **Auto/Gerät:** Der gewandelte Typ. (uk): Das alte wird aufgemöbelt. **Immobilie:** Wird positiv geändert. Gut für die berufliche Laufbahn. **Vertrag:** Ja!! Fällt noch besser aus!.

Gesundheit

Regenerierung. Erholung. Erlösung. **Behandlung:** Gut. Auch: »Reha«. Nachdenken über Seele oder Seelenwanderung. **Psyche:** Schöpfe Kraft aus der Beobachtung, daß sich das Leben *immer wieder* erneuert, so wie der Frühling den Lauf der Jahreszeiten.

---

[26] »Münz-8«: Andere Stelle im alten Beruf, »XX. Gericht«: Neuer Beruf.

Die Welt – das bin ich!

Wir sind auf der Welt, wo immer wir sind und solange wir leben. Auch wenn wir unter Welt die fernen Länder und Orte verstehen. Geh dorthin, suche neue Lebensorte, sagt diese Karte, wenn wir eine Antwort suchen. Irgendwie ist jetzt immer der Ort wichtig. Die eins in der Zahl »XXI« sagt dazu, daß wir immer an dem Ort sind, der zu uns paßt[27] und solange er zu uns paßt! Verändern wir uns, ändert sich die Umgebung oder wir kommen an neue Orte. Horizonterweiterung ist angesagt! Die Welt als tanzende Frau. Alles wiegt und bewegt sich, Pflanzen und Tiere, Gewässer, Menschen, Maschinen. Der Kranz ist fünffach geflochten: Wissen und Glaube (5) prägen die Entwicklung (grün) - Chaos oder Ordnung auf elliptischen Bahnen.

Der Stier symbolisiert Besitz, der Löwe Selbstbewußtsein, der Adler Macht. Der Engel ist der Wassermann und regiert Gruppen und Freundschaft. Was ist Dir in der Welt, wo bist Du für sie wichtig? Versuche überall unbefangen sein, als wärst Du allein! Beobachte, was sich ändert, wenn Du Dich beobachtet fühlst! Tanze! Im Tanz öffnet sich der Schleier und führt Dich in andere, unendliche Welten ...

Liegt die »XXI. Welt« umgekehrt – ist man mit seiner Umgebung unzufrieden. Ein anderer Ort spielt eine Rolle.

[27] Die Zahl »1« in der »21« bedeutet Identität. Die Welt ist immer anders (20) und immer gleich (1).

Beziehungen

Schlüssel: Wo? Woher? Wohin? Raus! Weltoffen und tolerant. **Zusammensein:** Manche reisen gerne. Tapetenwechsel am Wochenende. Fremdsprachen. Aus-land. Beziehung zu oder mit Ausländer. Interesse an fremden Sitten. **Probleme:** (uk): Man fühlt sich am falschen Platz. Die unpassende Umgebung. Suche neue Bereiche auf. Bei Partnern aus einer fremden Welt: Ist das ein Problem oder nur eine Waffe im Streit? **Trennung:** Die Welt steht Dir offen! (uk): Ortswechsel. Besitz im Ausland ist ungeklärt[28]. **Partnertyp:** Weltoffen. Ausländer/in oder aus einem anderen Bundesland.[29] Oder: Lebt woanders. (uk) Ändert den Wohnort (oft wegen der Beziehung). **Kommt es zur Beziehung?** Zunächst sieht es so aus, aber ... beide ziehen jeder in seine Welt hinaus. **Kind:** Außenkontakte. Die Welt erkunden. Weltoffen. (uk): Ortswechsel. Auch: Unterstütze das Kind, unbefangen zu sein, egal, wo es ist! **Reise/Urlaub:** In ein anderes Land. Grenzort.

Aktivitäten – Arbeit

Schlüssel: Wo? International. Erfolg! Ortswechsel. **Situation:** Erfolgreich. Der Ort, das Land spielt eine Rolle. (uk): Verlagerung an einen anderen Ort.[30] **Entscheidung/Plan:** Erfolgreich. Je nach Thema: »Welterfolg«. **Mitarbeiter:** Ausländer. Internationale Erfahrung. Gut. Aufenthaltserlaubnis. (uk): Ortswechsel. **Jobsuche:** Bei internationaler Firma. **Berufswahl:** Auslandsreisen oder -aufenthalt, »auf Montage«. Fremdsprachen.

Kauf und Verkauf

Schlüssel: International. Sehr Erfolgreich! (uk): recht erfolgreich! **Auto/Gerät:** Ausländisches Produkt. (uk): Garantieprobleme wegen Ausland. **Immobilie:** Wo? anderer Ort oder Ausland. Auch: Beste Lage. Ergebnis: Optimal! (uk): Anderer Ort wäre besser! **Vertrag:** Ja!! Erfolgreich!

Gesundheit

Behandlung: Sehr gut! Im Ausland oder an der Landesgrenze. (uk): Der Ort ist nicht optimal! **Psyche:** (uk): Auch: Wer sich *immer* am falschen Ort fühlt, entwertet sich selbst! Woher kommt das?

---

[28] »Kelch-As« bzw. »Kelch-6« neben der »XXI. Welt«: Haus bzw. Grundstück im Ausland.

[29] Wichtig ist die andere Mentalität, z.B. Bayern – Preußen – Sachsen - Rheinländer etc..

[30] In ein anderes Bundesland, weiter weg oder Ausland! »Kelch-6« : Vorort, anderer Stadtteil, »Schwert-6« : Nahegelegener Ort.

Beschreibung und Deutung der Hofkarten

Menschen, Typen, Mentalität

Der Lebenskünstler

Ein faszinierender Mann – davon ist auch er überzeugt! An Selbstbewußtsein mangelt es ihm wahrhaftig nicht! Warum auch? Bei ihm ist immer was los! Er unterhält jede Runde mit seinen Einfällen, ist beliebt und flirtet nach allen Seiten. Er besticht durch Esprit, lebhaftes Interesse und enorme Willensstärke. Zwei Löwen[1] zieren den Thron – er besitzt Führerqualität, ist schöpferisch und kann weise sein, aber auch ichbezogen. Salamander hüten unterirdische Feuer, einer kringelt sich zum Kreis – in diesem Mann brodelt Leidenschaft, es geht immer ums Ganze. Das kann umfassende Einsicht sein, aber auch die Forderung nach totaler Bewunderung für alles, was er tut, tat und tun wird – egal, wie toll es in Wirklichkeit ist. Jeder erwachsene Mann heißt im Tarot »König«, aber er nimmt das wörtlich. Deshalb empfindet er Desinteresse als Majestätsbeleidigung. Ein menschlich reifer »König der Stäbe« kann sich integrieren und andere beachten und würdigen. Er wird für seine Phantasie und sein Temperament dann nicht nur bewundert, sondern auch geliebt.

Liegt der »König der Stäbe« umgekehrt – Der unreife Typ benutzt andere als malerischen Hintergrund für seine Herrlichkeit! Er merkt gar nicht, daß er alle damit nervt, weil er nur um sich selbst kreist. Falls das bei Dir so ist und Du den »Stab-König« ziehst, dann ... siehe oben!

[1] Löwe: Selbstbewußtsein, Kreativität, Erotik. (An-) Zahl »2«: Intuition, Weisheit.

Beziehungen

Schlüssel: Der interessante Mann. **Zusammensein:** Amüsant. Interessiert. Ein Showmaster, er zieht die Aufmerksamkeit auf sich. Erwartet Beifall. In der Euphorie trägt er die Dame seines Herzens auf Händen – aber dann muß sie es tun! **Probleme:** Er langweilt sich schnell. Er nimmt sich alle Freiheit und beachtet andere kaum! (uk): Die anderen »spielen« die Nebenrolle. Der Rivale eines Mannes.[2] **Trennung:** Wegen eines anderen Mannes. Man lernt jemanden kennen und ist fasziniert. (uk): Nicht wegen eines anderen, weil man nicht mit ihm zusammenbleibt. **Partnertyp:** Interessant. Amüsant. Flirtet gern. (uk): Theatralisch. Eingebildet. Aufschneider. **Kommt es zur Beziehung?** Frau: Ja, wenn es der interessante und lebhafte Mann ist. Er ist nicht der »Mann des Lebens«, aber das weiß man erst hinterher. Mann: Sie wird ihm Hörner aufsetzen. **Kind:** Er ist selbst noch ein Kind und deshalb herzlich zu Kindern und ein guter Spielkamerad. Als Vater ist er eitel. *Seine* Kinder müssen toll sein, sie sind sein Hofstaat! **Reise/Urlaub**: Bekanntschaft mit interessantem Mann. (uk): Urlaub mit dem Rivalen. Oder: Er fährt nicht mit. Flirtet anderweitig.

Aktivitäten – Arbeit

Schlüssel: Manager. Spitzenkraft. (uk): Wichtigtuer. **Situation/Plan:** Ein Mann gibt den Ton an. (uk): Mann als Konkurrent. **Entscheidung:** Gut. **Wann?** (uk): Jetzt. **Mitarbeiter:** Qualifiziert. Führungskraft. Kompetent. (uk): Viele Worte, wenig Taten! **Jobsuche:** (uk): Ein Rivale bekommt die Stelle. **Berufswahl:** Künstler, kreativer Beruf, Manager, Oberarzt.

Kauf und Verkauf

Schlüssel: Interessanter Käufer oder Verkäufer. (uk): Jetzt ist es günstig. **Auto/ Gerät:** Manager oder zweiter Chef. (uk): Der Verkäufer übertreibt. **Immobilie**: Immobilienhändler.[3] **Kredit**: Ein Mann unterstützt Deinen Antrag. **Vertrag**: Gut. (uk): Wähle den richtigen Zeitpunkt!

Gesundheit

Oberarzt, Professor[4]. **Behandlung:** (uk): Suche einen anderen Arzt. **Termin**: Jetzt!

---

[2] Neben ... »Kelch 7«: Heimliche Liebe, »Schwert-2«: Untreue, »Münz-5«: Ehebruch.

[3] Vgl. »Stab-Ritter/Dame«: Agenten und Makler. »Münz-König/Königin«: Besitzer.

[4] Vgl. »I. Magier«: Spezialist, berühmt für diese Methode.

Die lebenslustige Frau

Eine aparte Frau, deren »königliches« Auftreten alle Augen auf sich zieht. Sie hält Hof, flirtet nach allen Seiten und plaudert. Sie übertreibt ungeniert! Eine fröhliche Frau, die selbstbewußt und herzlich auf andere zugeht!

Ob Künstlerin oder »nur« Lebenskünstlerin, Phantasie und Liebe sind ihr Lebenselexier. Deshalb sind Löwe, Sonnenblume und Sphinx auf dem Thron zweifach vertreten. Sie raten ihr zu liebevoller Weisheit. Aber das offensive Vorgehen fällt ihr leichter. Die Sonnenblumen in der Hand zeigen, daß sie freudig und temperamentvoll handelt und Heiterkeit verbreitet. Die dritte Sonnenblume bedeutet Lebensfreude als kreatives Potential. Die Sphinx ist ein Sonnengott. »Königin der Stäbe« ist heißblütig und verteilt ihre Gunst wie die Sonne ihr Licht – sie strahlt und verdüstert sich, gewährt und entzieht nach Belieben. Wie wichtig ihr Liebe ist, würde Majestät nie zugeben. Obwohl sie alles tut, um zu imponieren, weil sie Liebe mit Bewunderung verwechselt.

Die schwarze Katze zeigt ihre andere Seite, ihre spirituelle Begabung und magische Kraft. Zumindest will sie mysteriös wirken. Dann schnurrt sie wie eine Katze, wenn man ihr schmeichelt und fährt die Krallen aus, wenn ihr etwas nicht paßt. Die »Königin der Stäbe« muß lernen, andere zu beachten und zu achten –dann gewinnt sie wirklich Freunde und an wahrer Größe!

Liegt die »Königin der Stäbe« umgekehrt – ist sie abwesend oder sie verhält sich theatralisch und spielt die große Madame.

Beziehungen

Schlüssel: Interessant und interessiert. Vital. **Zusammensein:** Bei der »Königin der Stäbe« wird es nicht langweilig. Temperamentvoll breitet sie alles aus – Freud und Leid. »Selbstverständlich« tut man alles für sie! **Problem:** (uk): Die exaltierte Diva. Dominant. Spielt sich in den Vordergrund. Alles muß »toll« sein! **Trennung:** SIE[5] blüht auf. ER bekommt eine neue Frau. (uk): Die neue Partnerin ist nicht (mehr) in Sicht. **Partnerin:** Das »Alphaweibchen«, dynamisch und lebenslustig. Sie liebt die Freiheit! Wer sie ihr läßt, bei dem bleibt sie gern. (uk): Dominant, selbstherrlich. Dramatisiert alles! **Kommt es zur Beziehung?** Frage des Mannes: Ja, wenn es eine interessante, lebhafte Frau ist. Sonst wird es bald so eine sein. Frage einer Frau: Sie wird eine Rivalin haben. **Kind:** Das Kind braucht die fröhliche Mutter. Sie verwöhnt die Kinder königlich. Auch: Vergnügte Tante oder Bekannte. **Reise/Urlaub:** Bekanntschaft mit einer faszinierenden Frau. (uk): Sie fährt nicht mit. Sie wendet sich ab. Sie spielt sich vor anderen auf.

Aktivitäten – Arbeit

Schlüssel: Weibliche Führungskraft. Unternehmerin. **Zeit:** Bald! **Situation:** Eine Frau führt Regie. (uk): Konkurrenzbestie. **Plan:** Sie bringt gute Ideen ein. (uk): Wird bald aufgegriffen. **Mitarbeiterin:** Voller Elan. Kreativ. Innovativ. Interessant. (uk): Diva. Auch: Die interessante Mitarbeiterin geht weg. (uk): **Jobsuche:** Die Rivalin bekommt die Stelle. **Berufswahl:** Künstlerin. Kreative Berufe, Managerin, Oberärztin etc.

Kauf und Verkauf

Interessante Käuferin oder Verkäuferin. Kauf wegen einer Frau. **Auto/Gerät:** Verhandlung mit weiblicher Führungskraft. (uk): Die Frau übertreibt. **Immobilie:** Die Immobilienhändlerin.[6] **Kredit** oder **Vertrag:** Gut. Eine Frau ist wichtig. (uk): Sie steigt aus. Zeit: Demnächst!

Gesundheit

Oberärztin, Professorin[7]. (uk): Die Fachärztin. **Termin:** Ziemlich bald! Der Termin wird Dir vorgeschlagen. Er ist gut.

---

[5] Sie ist die befragte Frau, »ER« der befragte Mann.

[6] Vgl. »Stab-Ritter/Dame«: Agenten und Makler. »Münz-König/Königin«: Besitzer.

[7] Vgl. »I. Magier«: Der Spezialist, berühmt für diese Methode.

Die fröhliche Amazone

Die »Dame der Stäbe« ist eine außerordentlich selbstbewußte junge Frau. Ihr strahlendes Auftreten wirkt umwerfend, und sie weiß das einzusetzen. Sie prescht vor, um nur ja die Erste zu sein! Eine feurige und eigenwillige junge Frau – im Beruf und in der Liebe. Die »Dame der Stäbe« ist eine moderne Amazone – rassig, jung, emanzipiert und sexy. Man gewinnt ihre Sympathie mit Komplimenten. Sie will hören, wie toll sie ist und wie toll sie alles macht! Dann packt sie alles mit Begeisterung und voller Phantasie an, originell und witzig. Wenn sie selbständig agieren kann, ist sie besser. Sie steigt die Karriereleiter oft rapide hoch und schätzt einen extravaganten Lebensstil. Scheu vor größeren Aufgaben ist ihr fast unbekannt. Wenn sie Talent mit Erfahrung verwechselt, überschätzt sie ihre Kompetenz. Da sie jung und meistens attraktiv ist, drücken die anderen ein Auge zu. Sie bringt das Kunststück fertig, gleichzeitig naiv, offen und raffiniert zu sein. Sie ist gutmütig, aber ichbezogen und verwöhnt, weil Männer (und Frauen) sie umschwirren – wie Motten das Licht!

Liegt die »Stab-Dame« umgekehrt – fühlt sie sich seltsam schwach, weil es an Bewunderung fehlt. Sie macht sich interessant und wird so anspruchsvoll – als müßte die Welt ihr zu Füßen liegen. Wenn das bei Dir so ist, dann komm einfach auf die Füße! Wer sie als Eigenschaft oder als Tip deutet, stelle Ansprüche!

Beziehungen

Schlüssel: Die junge selbstbewußte Frau. Vamp. Amazone. **Kommt es zur Beziehung?** Ja, wenn es die feurige junge Frau ist. Wenn nicht, kommt sie bald. **Zusammensein:** Sie bringt Schwung in die Beziehung, steckt voller Unternehmungslust und braucht einen aufgeschlossenen Partner. Eifersucht nervt sie – obwohl sie selbst keineswegs frei davon ist. Besonders gern geht sie allein oder mit anderen aus. **Problem:** (uk): Wenn sie zu ruhig lebt, fühlt sie sich eigenartig gelähmt und weiß nicht warum. **Trennung:** (uk): Jemand schaltet sich ein und bringt Unterstützung. **Partnertyp:** Eine interessante junge Frau, fröhlich, voller Elan und emanzipiert. (uk): Macht Szenen, kann aber bei anderen gut vermitteln. **Kind:** Die erwachsene Tochter oder Verwandte, mit der man viel Spaß hat. Bis ca. 30 Jahre alt. (uk): Die exaltierte Tochter oder Verwandte. **Reise/Urlaub:** Kontakt mit einer fröhlichen jungen Frau. (uk): Eine weitere Person kommt dazu.

Beruf

Schlüssel: Jungmanagerin. Trainee. **Situation:** Aufschwung. (uk): Stelle Ansprüche! **Entscheidung/Plan:** Eine junge Frau trägt Ideen bei. (uk): Eine dritte Person kommt dazu, das ist gut. **Wann?** Nicht so schnell, wie es aussieht und nicht so langsam, wie man befürchtet. **Kollegin:** Arbeitet begeistert und kreativ, sammelt noch Berufserfahrung. (uk): Überschätzt sich in einigen Punkten. (uk): **Jobsuche:** Man bekommt etwas vermittelt. **Beruf:** Maklerin, Agentin, Vermittlerin. Jungmanagerin. Junge Künstlerin.

Kauf und Verkauf

Schlüssel: Gut. Man bekommt etwas zugespielt. **Auto, Gerät** oder **Haus:** Kauf über Vertreterin. (auch uk):) **Immobilie**: Wohnungsmaklerin. **Kredit** oder **Vertrag**: Vertreterin. Jemand vermittelt für Dich.[8]

Gesundheit

Befinden gut. Stetige Besserung. **Behandlung:** Jemand vermittelt Dir die richtige Ärztin oder die passende Behandlungsmethode. (uk): Stelle mehr Ansprüche bei der Behandlung! **Psyche:** Setze Dich mit Deinen Ansprüchen auseinander – das exaltierte Verhalten nach außen zeigt nur, daß es welche gibt, die Du nicht zu stellen wagst! Aber es sind andere, als Du denkst!

---

[8] Die »-Dame« ist Symbol für »passiv« und sagt, daß es auf einen zukommt. (Frauen empfangen, Männer zeugen.)

Ein stürmischer junger Mann

Im vollen Galopp kommt er an, und eh man sich's versieht, ist er schon wieder weg! Er sucht das Abenteuer und ist neugierig, was das Leben ihm zu bieten hat! Er ist jung, er ist auf dem Weg, nicht am Ziel! (Pyramiden). Der flammende Federbusch und die Salamander verraten feuriges Temperament. Den Stab trägt er als Zeichen für seine guten Ideen und geistige Kapazität.

Nicht nur in der Liebe spielt er den fröhlichen Draufgänger. Wenn er sich verliebt, dann stürmisch. Daß man ihn verwöhnt, schmeichelt seiner Eitelkeit. Wer aber alles für ihn tut, wird ihm bald langweilig. Die kalte Schulter reizt ihn mehr! An eine feste Bindung denkt er nicht, auf diesem Ohr ist er taub! Da schwingt er sich, bevor es kompliziert wird, lieber wieder in den Sattel! Im Beruf heißt sein Motto: Wer wagt, gewinnt! Er bringt ohne Scheu seine Ideen ein und rückt oft in eine Position auf, für die er noch zu jung ist. In der Firma stöhnt das Personal, nur in der Chefetage hält man ihm die Stange. Kluge »Ritter der Stäbe« sind lernbereit und kooperativ und dank ihrer Munterkeit sehr beliebt.

Liegt der »Ritter der Stäbe« umgekehrt – ist der junge Mann nicht dabei oder schwingt große Reden. Rasche Veränderung. Schalte einen Mann ein, er kann vermitteln.

Beziehungen

Schlüssel: Vitaler junger Mann. **Zusammensein:** Er ist vielseitig interessiert, und hat die besten Ideen, wie man sich eine schöne Zeit machen kann. **Problem:** (uk): Er arrangiert sich lieber oder »zieht Leine«. Einen Konflikt auszutragen ist ihm zu langweilig. **Trennung:** Er möchte noch viel erleben und ist noch nicht für eine feste Bindung bereit. (uk): Ein guter Freund könnte zwischen Euch vermitteln. Auch: Ehebrater. **Partnertyp:** Ein interessanter junger Mann, fröhlich und voller Elan. (uk): Zieht sich elegant aus der Schlinge und schiebt jemand anders vor. **Kommt es zur Beziehung?** Ja, für einige Zeit. Falls er der junge lebhafte Mann ist, ansonsten kommt bald so einer. **Kind:** Man läßt eine dritte Person vermitteln. Der größere Sohn oder Verwandte, Cousin etc., bis ca. 30 Jahre alt. **Reise/Urlaub:** Reiseleiter. Unternehmungslustiger Mann. (uk): Ein Mann stößt dazu.

Aktivitäten – Arbeit

Schlüssel: Jungmanager. **Situation:** Ein junger Mann bestimmt die Szene. (uk): Lasse einen Mann vermitteln. **Entscheidung/Plan:** Ein junger Mann trägt gute Ideen bei. (uk): Man sollte eine dritte Person dazu holen. **Wann?** Nicht so schnell, wie es aussieht. **Mitarbeiter:** Der junge ambitionierte Kollege muß noch Erfahrung sammeln. (uk): **Jobsuche:** Erfolg, weil sich jemand einschaltet. **Berufe:** Makler, Agent, Vermittler. Jungmanager. Junger Künstler.

Kauf und Verkauf

Schlüssel: Agent. Schalte eine andere Person ein. **Auto, Gerät** oder **Haus:** Kauf über Makler oder Agent. **Immobilie:** Wohnungsmakler. **Kredit** oder **Vertrag:** Günstiger mit Vertreter o.ä.. Oder: Ziehe jemanden hinzu.[9]

Gesundheit

Neuer Schwung. Ein junger Mann hat Beschwerden. Behandlung: Schnelle Resultate, aber noch nicht endgültig.

[9] »Stab-Ritter« weist darauf hin, daß man selbst aktiv werden muß.

Ein fröhlicher Junge

Der »Page der Stäbe« schaut putzmunter in die Gegend, mit seiner kleinen Hutfeder eifert er dem »Ritter der Stäbe« nach. Dieser Junge amüsiert seine Umgebung vom ersten Tage an. Er ist ihr Sonnenschein, lebhaft und originell. Als Page gehört man zum Fußvolk des Hofstaats. Daher muß er zu Fuß gehen, deswegen ist sein Gewand jugendlich kurz! Am Stab sieht man seine Talente: Phantasie, Entschlossenheit und Neugierde. Ein fröhliches Naturell und vor allem Selbständigkeit zeichnen ihn aus. Er wächst in das Leben hinein und muß lernen, was er später für eine führende Position braucht. (Die Pyramiden liegen greifbar nah.) Er lebt in einer Phantasiewelt und spielt täglich verschiedene Rollen, das macht ihm Spaß. So formt er seine Identität.

Schon als Kind braucht er Freiheit und Freiraum. Man muß seinen Freiheitsdrang akzeptieren, ihm aber auch Grenzen setzen. Sonst tanzt er allen auf der Nase herum und dirigiert sie mit seinem Stab herum.

Deute den »Pagen der Stäbe« als temperamentvollen Jungen oder naiven Charakterzug. Am Königshof ist er der Kurier – deshalb deutet ein »Page der Stäbe« Botschaften, gute Angebote und sozialen Aufstieg an.

Liegt der »Page der Stäbe« umgekehrt – soll der Junge Erfolgserlebnisse haben, aber er muß auch etwas dafür tun! Dosiere das Lob, nicht zu viel und nicht zu wenig, sonst wird er ein Angeber! Diesen Begriff kann man auch für Erwachsene oder für einen Charakterzug anwenden.

Beziehungen

Schlüssel: Lebhafter Junge. **Zusammensein:** Es geht munter zu. Es geht aufwärts! Der lebhafte Junge unter den Geschwistern. Neben Hofkarten für Erwachsene deren lebhafter Sohn. **Problem:** (uk): Kopf hoch! Es wird bald besser! Der Junge ist hyperaktiv. Auch: Naive Problemlösung. Eigenlob. **Trennung:** Wenn Kinder da sind, klärt man Fragen wegen des lebhaften Jungen. Sonst: Man trennt sich vorläufig nicht, weil es wieder besser klappt. (uk): Pseudogünstiges Angebot. **Partnertyp:** Ein sehr (!!) knabenhafter Geliebter. (uk): Kindisch und »kess«. **Kommt es zur Beziehung?** Neben den »VI. Liebenden« bedeutet er einen »Heiratsantrag«. Sonst bleibt es beim Angebot. Auch: Neben »IV. Herrscher« oder »III. Herrscherin« kündigt sich ein Kind (Bub) an.[10] Meist zieht man es allein groß. **Kind:** Der lebhafte und spontane Junge.[11] Er braucht eine spielerische und kreative Erziehung. (uk): Der Bub macht Theater und braucht eine fröhliche, aber starke Führung! **Reise/Urlaub**: Sonderangebot!

Aktivitäten – Arbeit

Schlüssel: Aufstieg. Es geht (wieder) voran! Auch: Schnelle Nachricht. **Entscheidung:** Man erzielt oder gibt ein günstiges Angebot. **Plan:** Gut, steckt aber noch in den Kinderschuhen. **Kollege:** Kreativer, junger Kollege oder Lehrling. (uk): **Arbeitsstelle oder Jobsuche:** Sozialer Aufstieg. Eine Treppe höher auf der Karriereleiter. **Beruf:** Bote. Lehre für kreative Berufe.

Kauf und Verkauf

Schlüssel: Sonderangebot! Preisnachlaß. **Auto, Gerät** oder **Haus:** Suche das Sonderangebot, selbst da, wo es normalerweise keines gibt![12] **Kredit:** Es gibt ein günstigeres Angebot, aber Du mußt Dich selbst darum kümmern. **Ergebnis:** Es gibt bessere Konditionen. **Vertrag:** Da ist noch mehr drin!

Gesundheit

Es geht aufwärts! **Behandlungsmethode:** Vielversprechend, steckt aber noch in den Kinderschuhen. **Psyche:** Was bedeutet: Das muntere Kind? Hast Du es als Kind nicht ausgelebt? Spielst Du es oder tanzt Dir ein solches auf der Nase herum?

---

[10] Das muß nicht unbedingt von diesem Mann sein!

[11] In seinem Horoskop fällt die Feuerbetonung auf.

[12] Dieser Tip hat sich bisher immer (!) bewährt.

Ein kesses Mädel

Schon als Baby plappert sie fröhlich vor sich hin und quatscht jeden an. In Berlin heißt sie »Kesse Göre«. Das rote Kleid mit dem wehenden Tuch verrät ihre Fröhlichkeit. Sie ist voller Einfälle und verspielt. Sie weiß, wann man ihr applaudiert. Aber sie hat ein großes Herz und möchte, daß alle lustig sind. Wenn man traurig ist, bringt sie einen schnell wieder zum Lachen. Die Kleine ist eine große Schauspielerin. Sie sollte Theaterspiele aufführen – oder sie macht Szenen. Sie ist einfach umwerfend! Auch wenn sie traurig oder wütend ist, dann schmeißt sie sich eben hin – und tobt! Am besten reagiert man gar nicht, weder positiv noch negativ. Denn bei ihr wirkt jede Reaktion wie ein Verstärker! Sie sollte in einer Umgebung aufwachsen, in der Aufmerksamkeit gerecht verteilt wird. Bekommt sie zuwenig oder wird verwöhnt, wird sie sich mit allen Mitteln interessant machen. Als Teenager zieht sie früh los (grüne Stiefel). Sie ist offen und unbefangen und flirtet herum. Das ist keine leichte Zeit, weil sie sich überschätzt und alles (!!) erleben will. Ihr starker Freiheitsdrang braucht tolerante Eltern und eine aufmerksame Führung, aber sie weiß, wie man sie um den Finger wickelt. In ihrer Pubertät braucht man nicht ins Theater zu gehen, man hat es im Haus.

Liegt das »Stab-Mädel« umgekehrt – ist sie verunsichert und verhält sich dramatisch vorlaut. Wenn sie sich so in den Vordergrund spielt, frage man sich, wo sie übergangen wird oder zu sehr verwöhnt. Vielleicht beides?

Beziehungen

Schlüssel: Kesses, fröhliches Mädchen. Tochter. **Zusammensein:** Man muntert sich auf und pflegt einen kessen Umgangston. Unter den Geschwistern das lebhafteste Mädchen. Auch: Die sehr junge Geliebte des älteren Mannes oder der älteren Frau. **Problem:** (uk): Man ist vorlaut. Man braucht Aufmunterung und spielt dafür das kesse Mädchen. **Trennung:** Man bleibt wegen der kleinen Tochter zusammen. (uk): Man überlegt, ob man zusammenbleibt. Wegen der Tochter, weil man sich gerade sozial verbessert bzw. nicht verschlechtern möchte. **Partnertyp:** Eine sehr (!!) junge Geliebte. (uk): Spielt das kesse Mädel! **Kommt es zur Beziehung?** Das ist voreilig! Neben dem »IV. Herrscher« oder der »III. Herrscherin« kündigt sich ein Mädchen an.[13] Meist zieht man es allein auf. **Kind:** Das lebhafte, fröhliche Mädchen.[14] (uk): Das Temperament und die Phantasie des Mädchens brauchen eine fröhliche, aber starke Führung! Es ist vorlaut – na und? **Reise/Urlaub:** Ein günstiges Angebot kommt von außen auf Dich zu.

Aktivitäten – Arbeit

Schlüssel: Es geht wie von selbst aufwärts! **Situation:** Günstig. Man heckt einen Plan aus. **Entscheidung:** Erfreuliche Botschaft oder Neuigkeit. **Plan:** Steckt noch in den Kinderschuhen, entwickelt sich gemächlich, aber gut. **Mitarbeiterin:** Kreative, junge Kollegin oder Lehrling. (uk): **Jobsuche:** Man bekommt ein lockendes Angebot. **Berufswahl:** Botin. Kreative oder künstlerische Lehre.

Kauf und Verkauf

Schlüssel: Sonderangebot. Es kommt auf einen zu! **Auto, Gerät** oder **Haus:** Ist das betreffende Objekt kein Sonderangebot, kommt noch eines, auch wenn es unwahrscheinlich klingt![15] **Kredit** oder **Vertrag:** Warte ab, man bietet günstigere Konditionen an! Die Auskunft fällt günstig aus.

Gesundheit

Man fühlt sich belebt und verjüngt. Die **Diagnose** führt zur Besserung. Man erfährt von einer anderen, günstigeren Behandlungsmethode. **Psyche:** (uk): Du bist vorlaut und spielst das kesse Kind – einerseits ist das herzerfrischend. Ob Unsicherheit dahinter steckt, erkennst Du daran, wenn Du nicht zuhören kannst.

---

[13] Das muß nicht unbedingt von diesem Mann sein!

[14] In ihrem Horoskop fällt die Feuerbetonung auf.

[15] Dieser Tip hat sich bisher immer (!) bewährt.

Der Mann des Herzens

Der Thron des »Königs der Kelche« wirkt wie eine Insel im offenen Meer. Das Schiff bringt Ware aus aller Herren Länder und betont die Sehnsucht nach fernen Gestaden. Der »König der Kelche« ist zwar nicht der Wassermann aus dem Märchen, der sich seine Jungfrau holt, aber er ist doch der Mann, dem man sein Herz schenkt und mit dem man leben möchte. Er ist – das erkennt man am Kelch und dem Wasser – ein gefühlsbetonter Mann, freundlich und aufmerksam. Sein Lebensgefühl gleicht einem schwankenden Boden, er kennt seine Labilität und Empfindlichkeit am besten. Halt ist ihm wichtig. Er schenkt und sucht Wärme, Geborgenheit und ein Zuhause. Im Kummer ist er nah am Wasser gebaut, er weint und schämt sich dessen nicht, manchmal erreicht er sogar sein Ziel damit! Am linken Bildrand springt ein Delphin[16] aus den Wogen: Er will ausflippen. Eigentlich ist es als Impuls gemeint, aus veralteten Gefühlsmustern zu springen.

Liegt der »König der Kelche« umgekehrt – ist der Mann empfindlich. Er zeigt Gefühle, die er nicht hat, zumindest nicht so. Er gibt Gefühle nicht zu, wenn man ihn darauf anspricht. Was erreicht man damit? In der Liebe nimmt der Mann an Bedeutung ab.

---

[16] Daß es ein Delphin sei, sagt Arthur E. Waite, der dieses Tarot entwickelt hat.

Beziehungen

Schlüssel: Partner. Ehemann. **Zusammensein:** Der Mann möchte eine feste Bindung. Er ist der Mann des Lebens! Auch wenn man nicht für immer zusammenbleibt, vergißt man nie! Manchmal zeigen die anderen Karten, daß es zu keiner Beziehung kommt. Aber dann ist er ein Mann, der einem unter die Haut geht. Dann stimmt man »100%ig überein« – aber nur in einem Bereich, und das ist dann doch zu wenig. **Problem:** (uk): Man empfindet ihn nicht mehr als »seinen Mann« oder Lebensgefährten. Exmann. Auch: Auseinandersetzung mit der männlichen Gefühlsweise. **Trennung?** Nein, er ist und bleibt Dein Mann! (uk): Es wird klar, er ist (bald) nicht mehr der feste Partner. **Partnertyp:** Sensibel und aufmerksam, freundlich und fürsorglich. Er bindet sich gern. (uk): Gefühlsbetont, kommt aber mit seinen Gefühlen nicht klar. **Kommt es zur Beziehung?** Ja, er ist Dein Partner. **Kind:** Liebt Kinder fürsorglich und schenkt ihnen Wärme. **Reise/Urlaub:** Mit dem Partner. Single lernt ihn da kennen. (uk): Distanz zum Partner. Auch: Man bleibt nicht mit diesem Mann zusammen.

Aktivitäten – Arbeit

Schlüssel: Geschäftspartner, mit dem man sich auch privat gut versteht. **Situation:** Gemeinsame Planung mit dem Partner. **Entscheidung:** Führt zu einer Partnerschaft mit einem Mann. (uk): Der bisherige Partner steigt aus oder der Plan der Partnerschaft scheitert. **Plan:** Gut. Der Partner trägt den entscheidenden Anteil daran. (uk): Er reagiert zu emotional. **Mitarbeiter:** Ehemann als Kollege. Enge Zusammenarbeit mit einem Mann. Er ist die Seele des Betriebs. (uk): Es geht um die Arbeit des Partners. **Jobsuche:** Der fragende Mann bekommt die Stelle oder der Partner, wenn eine Frau fragt. **Berufswahl:** Für soziale Berufe geeignet.

Kauf und Verkauf

Schlüssel: Kauf für Partner oder wegen ihm. Auch: Aufmerksamer Verhandlungspartner. **Auto/Gerät:** nach Geschmack und Bedürfnis der Partnerin. **Haus:** Man wird mit einer Partnerin in der Wohnung leben. (uk): Ein Partner wird nicht in der Wohnung leben! **Kredit** oder **Vertrag:** Der Partner trägt es mit. (uk): Der Partner macht nicht mit.

Gesundheit

Befinden des Partners. (uk): Der Mann hat Probleme mit seiner Rolle als Partner. Die Frau hat Probleme damit, wie der Partner mit Gefühlen umgeht.

Die Frau des Herzens

Der Thron der »Königin der Kelche« steht am Ufer, ihr Umhang fällt wie perlendes Wasser von den Schultern, das Kleid geht in plätschernde Wellen über. Wasser und die Farbe Blau dominieren – Gefühle und Sensibilität sind die Stärke und manchmal auch die Schwäche einer »Königin der Kelche«. Das Kleid ist weiß durchbrochen. Das bedeutet, daß sie eine klare Haltung einnehmen kann, solange ihr die Gefühle nicht dazwischen kommen. Versonnen hält sie einen Kelch[17] in Händen: Ihr Lebensziel ist ein eigenes Heim und Geborgenheit. Die zwei Puttchen in der Kuppel über ihr zeigen ihre Sehnsucht nach Kindern. Es bedeutet auch, daß ein guter Kontakt zu »ihren Engeln« ihr hilft, sich in sich selbst geborgen zu sein. Ein dritter Engel ist im Sitz eingearbeitet, der einen Fisch in den Armen hält. Für eine »Königin der Kelche« ist die Sehnsucht nach Kindern und die damit verbundenen Opfer normal.[18]

Liegt die »Königin der Kelche« umgekehrt – empfindet man jeden Konflikt als Liebesentzug, so, als würde man aus dem Nest fliegen. Weil man es für sich vermeiden und auch niemandem antun möchte, unterdrückt man die Gefühle und zieht regelmäßig wiederkehrende Verstimmungen vor.

---

[17] Die Karte für Heim und Geborgenheit

[18] Im Horoskop zeigen die »Fische« u.a. Sehnsucht, Illusionen und Opferbereitschaft. Das Fischezeitalter lehrte das »Opfer«. Es begann mit Christus und dauerte 2000 Jahre.

Beziehungen

Schlüssel: Partnerin. Sensible Frau. **Zusammensein:** Mit dieser Frau fühlt man sich tief verbunden. **Problem:** (uk): Man empfindet sie nicht mehr als »seine Frau » oder Lebensgefährtin. Die Exfrau, eine Ehemalige. **Trennung:** Sie ist und bleibt Deine Partnerin. (uk): Sie ist nicht mehr die Partnerin. **Partnertyp:** Sensible und aufmerksame Frau, freundlich und fürsorglich. (uk): Gefühlsbetont, zeigt aber nicht, was sie wirklich empfindet. **Kommt es zur Beziehung?** Ja, sie ist Deine Partnerin. **Kind:** Die »Königin der Kelche« gibt Kindern Wärme und Geborgenheit. (uk): Reagiert zu empfindlich und launisch auf das Kind. **Reise/Urlaub:** Entweder fährt die Partnerin mit oder man lernt sie da kennen. (uk): Auf der Reise wird die Distanz zur Partnerin klar oder sie fährt nicht mit. Auch: Man bleibt nach dem Urlaub nicht mit dieser Frau zusammen.

Aktivitäten – Arbeit

Schlüssel: Die Lebensgefährtin in der Firma. Geschäftspartnerin. **Situation:** Man versteht sich mit der Partnerin auch privat. Man fährt besser mit einer Partnerin. (uk): Probleme mit der Partnerin. **Entscheidung** der Partnerin. Oder: führt zu einer Partnerin. (uk): Partnerin ist nicht einverstanden, sie steigt aus. Partnerschaft scheitert daran. **Plan:** Zusammenarbeit mir einer Frau. **Mitarbeiterin:** Ehefrau als Kollegin. Enger Kontakt mit einer ruhigen Kollegin. Sie ist die Seele des Betriebs. (uk): Es geht um die **Arbeit** der Partnerin. **Jobsuche** der Frau: Du bekommst die Stelle. Frage des Mannes: Partnerin bekommt eine Stelle. **Berufswahl:** Soziale Berufe.

Kauf und Verkauf

Schlüssel: Partnerin bestimmt den Kauf oder Kauf wegen ihr oder für sie. Auch: Herzliche Verhandlungspartnerin. **Auto/Gerät:** Nach Geschmack und Bedürfnis der Partnerin. **Immobilie:** Partnerin in der Wohnung. (uk): Eine Partnerin wird nicht in der Wohnung leben! **Kredit** oder **Vertrag:** Die Partnerin trägt es mit. (uk): Partnerin steigt aus oder wird benachteiligt.

Gesundheit

Es geht um das Befinden des Partnerin. (uk): Beim Mann kommt die Störung durch die Beziehung zur Partnerin, bei einer Frau davon, wie sie sich als Partnerin verhält.

Die Freundin

Die »Dame der Kelche« ist eine liebenswürdige junge Frau und Freundin. Sie fragt, wie es DIR geht, hört aufmerksam zu und erzählt wenig über sich. Der Kelch in ihrer Hand zeigt, daß sie sensibel ist. Sie will lieben und geliebt werden – also verhält sie sich lieb. Die Fische im grünen Rock deuten darauf hin, daß sie sich von Gefühlen und Träumen leiten läßt, Fakten interessieren sie wenig. Sie ist geschmeidig wie ein Fisch im Wasser und paßt sich den unterschiedlichsten Menschen und Situationen scheinbar problemlos an. Wenn sie damit ein Problem hat, verbirgt sie es gut und wirkt nach außen immer noch leicht und unbeschwert. Kennt man sie näher, lernt man ihre Launen kennen – irgendwo müssen ja die Probleme hin! Sie hat unnötig viel Angst, sich unbeliebt zu machen. Sie spiegelt ihr Gegenüber wie eine Wasseroberfläche und gibt das Gefühl, man sei im Recht.

In der Liebe ist sie das »schwache Weibchen«. Bei ihr fühlt man(n) sich so stark, daß man(n) ganz schwach wird. Sie weckt Beschützerinstinkte, aber ist nicht hilflos, sie ist passiv! Herausforderungen ist sie ganz gut gewachsen – wenn es sein muß! Beruf und Karriere sind ihr selten wichtiger als die Liebe und wenn, dann weil sie keine Beziehung hat. Oder – wenn sie wirklich ihre Neigung zum Beruf gemacht hat. Sie ist eben Liebhaberin!

Liegt die »Dame der Kelche« umgekehrt – Man kommt auf Dich zu. Im Charakterbild die Eigenschaft, alles auf sich zukommen zu lassen! Passiv.

Beziehungen

Schlüssel: Enge Freundin. Liebhaberin. **Zusammensein:** In der Beziehung wird die eigene Frau wieder zur bezaubernden Liebhaberin. Sie ist die beste Freundin einer Frau und die feste Freundin eines jungen Mannes. Sie ist die zärtliche und hingebungsvolle Geliebte. **Problem:** Entweder will sie die feste Bindung, und er will nicht – oder er will, und sie will nicht. Dann übergeht sie charmant die heikle Frage. Bei Konflikten entzieht sie sich, für eine Aussprache wartet sie die passende Gelegenheit ab. Dann ist sie traurig, wenn sie nicht kommt und gleichzeitig erleichtert, daß der Kelch an ihr vorbeigegangen ist. (uk): Eine Beziehung oder Freundschaft war eingeschlafen und wird ganz von selbst wieder intensiver. **Partnertyp:** Blondine. Junge Frau mit erotischem Charisma, die hingebungsvolle Liebhaberin, aber nicht die Frau fürs Leben. **Kommt es zur Beziehung?** Ja. Sie wird Deine Freundin. **Kind:** Auf andere freundlich zugehen. Liebenswürdigkeit. **Reise/Urlaub:** Freundin. Auch: Man besucht jemand.

Aktivitäten – Arbeit

Schlüssel: Entspannung. Hobby. **Situation:** Die Lage ist entspannt. Geschäftsbesuch. **Entscheidung:** Entspannt die Lage. Für einen Besuch. **Plan/Idee:** Die Spannungen sind vorbei. Arbeitsprozeß: Langsam und freundlich. **Mitarbeiterin:** Angenehm und freundlich. Empfängt Besucher. Am Empfang. (uk) Sie schlängelt sich so durch. **Jobsuche:** Weniger eine Vorstellung im klassischen Sinn als ein Besuch. Durch Hilfe einer Freundin. **Berufswahl:** Folge Deiner Neigung. Mache das Hobby zum Beruf. (uk): Berufliche Entscheidung kommt auf Dich zu.

Kauf und Verkauf

Schlüssel: Es kommt von selbst. (uk): Es gefällt Dir wieder. **Auto, Gerät und Immobilie:** Man schaut es öfter an. Liebhaberobjekt. **Käufer oder Verkäufer:** Interessenten ohne klare Entscheidung. **Vertrag:** Zeige Dich interessiert, nimm die Vorschläge an aber bleibe noch offen für weitere Angebote.

Gesundheit

Tu einfach, was Dir gefällt, und das Befinden bessert sich. **Behandlung:** Entspannung. **Psyche:** Warum müssen immer andere auf Dich zugehen?

Der Freund

Der Ritter hält den Kelch sachte in der Hand, man sieht sofort, daß er ein sanfter Mann ist, der seine Empfindsamkeit offen zeigen kann. Das Wellenmuster im Umhang zeigt, daß er sich jeder Situation geschmeidig anpassen kann. Die Flügel an Helm und Stiefeln zeigen ihn »beflügelt.« Er hat eine ausgeprägte Intuition oder hebt in einen Traum oder Tagtraum ab. Dann hat er den für ihn typischen Blick, verträumt in die Ferne gerichtet und unerreichbar. Ein »Ritter der Kelche« baut sein Leben auf und setzt dafür Sensibilität und Intuition ein. Freunde und Kollegen mögen ihn, weil er zuvorkommend und liebenswürdig ist. Er öffnet ihre Herzen, man vertraut ihm auch intime Dinge an.

In der Liebe läßt er seinen Charme leise spielen und läßt sich gern verführen. Ein romantischer Liebhaber, hingebungsvoll, wie man ihn sich erträumt. Er liest »IHR« oder »IHM«[19] jeden Wunsch von den Augen ab und kostet die ganze Gefühlspalette aus, Romantik, Tragik, Liebeskummer... Wenn es ihn nicht mehr reizt, zieht er allerdings lächelnd weiter! Ungerührt, wie die Hinterlassenen betroffen feststellen. Aber, wer weiß?

Liegt der »Ritter der Kelche« umgekehrt – ist er abwesend oder weicht aus. Tip: Für eine eingeschlafene Beziehung kündigt die Karte an, daß man die Beziehung wieder intensiviert!

[19] Je nachdem, ob er hetero- oder homosexuell ist.

Beziehungen

Schlüssel: Der engste Freund. Liebhaber. **Zusammensein:** In einer festen Beziehung wird der Mann wieder zum bezaubernden Liebhaber. Der feste Freund einer jungen Frau. Neben einer Karte für Untreue hat eine gebundene Frau einen Liebhaber. Die ältere alleinstehende Frau hat einen jüngeren Freund und blüht unter seiner Zärtlichkeit auf. Für den Mann sein engster Freund. **Problem:** Äußert man den Wunsch nach einer tieferen Bindung, lenkt er charmant davon ab. Dann sollte sie wissen, wie lange ihr das Spiel zwischen Erotik und Zurückweisung gut tut. (uk): War eine Beziehung abgeflaut, geht man wieder aufeinander zu. **Trennung:** Man tröstet sich mit einem Liebhaber. (uk): Man kommt sich wieder näher, und es wird besser als zuvor! **Partnertyp:** Der jüngere Mann mit erotischem Charisma. Ein guter Liebhaber. Nicht der Mann fürs Leben. **Kommt es zur Beziehung?** Für die »Siebzehnjährige« der feste Freund. Der Freund oder Lover. **Kind:** Hobby. Bub: Der kleine Kavalier. Kleines Mädchen: Sie schwärmt für einen größeren Jungen. Teeny: Der feste Freund. **Reise/Urlaub:** Lover. Auch: Man lädt jemand ein. Erleichterung nach Spannungen. Nimm weniger Gepäck!

Aktivitäten – Arbeit

Schlüssel: Erleichterung. Angenehme Änderung. **Situation:** Man ist erleichtert. Man führt Erleichterungen ein. **Entscheidung:** Löst Erleichterung aus. Man spricht eine Einladung aus. **Plan:** Gut. Pokal im Sport oder Wettbewerb. (uk) Die lasche Phase ist vorbei. **Mitarbeiter:** Angenehm und freundlich, gut für Posten, die Charme erfordern. (uk): Schlängelt sich eben so durch. **Berufswahl:** Hobby ist Beruf. (uk) Man sollte das Hobby weiter pflegen, aber zum Beruf eignet es sich nicht.

Kauf und Verkauf

Schlüssel: Liebhaberstück. (uk): Sanfter Nachdruck. **Auto, Gerät und Immobilie:** Objekte, die einem sehr gut gefallen. Sie bandelt mit dem sympathischen Verkäufer oder Käufer an. **Vertrag:** Erleichternde Punkte.

Gesundheit

Gut, besser. Steigere die Aktivität nach einer Erkrankung. Ein Hobby wirkt heilsam. Auch: Während der Krankheit intensiviert sich die Beziehung zu ... **Behandlung:** Angenehm. Schmerzlos. Macht es leichter.

Der verträumte Junge

Der »Page der Kelche« schaut fasziniert den Fisch an. Nur er weiß, was er hört. Er lebt in einer Traumwelt, Märchen sind seine Realität. Er ist ein zauberhafter Junge, zart und sensibel. Seine Empfänglichkeit sehen wir am blauen Gewand und der Kappe. Die Blumen zeigen blühende Phantasie, das rote Hemd seine Begeisterungsfähigkeit. Ein weicher Junge und, wie man an den Wogen sieht, leicht labil und empfindlich.

Sein Leben scheint auf »Sand« gebaut. Die sandfarbenen Stiefeln zeigen, daß er sich wie Sand verhält – irgendwie fest und irgendwie elastisch. Er ist noch jung! Kinder mischen den Sand mit Wasser und bauen ihre Wunschwelt. Zerbröselt sie, bauen sie unverdrossen etwas anderes. Genauso formt sich der »Page der Kelche« alles nach seiner Vorstellung. Das »Objektive« wird ihn auch später kaum interessieren. Er braucht Liebe und Träume. Er ist zärtlich, er will schmusen und kuscheln. Klärende Gespräche mag er nicht, ihm genügt es, wenn man ihn »wieder« liebhat.

Deshalb ist er in der Familie der Liebling. Deutet man ihn für sachliche Fragen, zeigt er einen schwankenden Verlauf. Im Charakterbild zeigt er Schwankungen.

Liegt der »Page der Kelche« umgekehrt – zeigt sie eine Trennung, die nicht lange dauert! Generell bedeutet es auch die Abwesenheit des Buben oder Überempfindlichkeit mit enormen Schwankungen.

Beziehungen

Schlüssel: Der Liebling. **Zusammensein:** Das Paar hat einen Jungen, ein Wunschkind. Auch: Der Wunsch nach einem Baby wird erfüllt, es wird ein netter, sanfter Junge. **Probleme:** Man trennt sich dauernd. Oder man ist aus sonstigen Gründen oft getrennt. Weltfremd. Verträumt. Die Probleme, die durch ein Baby auftauchen. **Trennung:** Baby statt Trennung. Sie ist nur vorübergehend. Es geht von Dir aus. Man kommt wieder zusammen. **Partnertyp:** Unreifer und naiver junger Mann. Oder: Partner hat schon einen sensiblen Buben. Oder ein Baby (Junge). **Kommt es zur Beziehung?** Nein. Mehr als Herzklopfen findet nicht statt. **Kind:** Der sensible Junge braucht Verständnis und Zärtlichkeit. Baby. Der Bub will lachen, weinen, beleidigt und getröstet sein. (uk): Aufregung. Vorübergehende Trennung. **Reise/Urlaub:** Du sorgst für Aufregung oder trennst Dich vorübergehend.

Aktivitäten – Arbeit

Schlüssel: Aufregung. Unwichtige Nachricht. **Situation:** Unausgegoren. **Entscheidung:** Nicht endgültig. Vorübergehend. **Plan/Idee:** Erste Ansätze. Unausgegoren. (uk): Man arbeitet nur sporadisch daran. **Mitarbeiter:** Netter Lehrling oder Aushilfe. Nur leistungsfähig, wenn er sich wohl fühlt. Gut für Personalabteilung o.ä.. (uk): Verläßt Stelle vorübergehend. **Beruf/Stelle:** (uk): Man geht dahin, wo man schon mal tätig war.

Kauf und Verkauf

Schlüssel: Übereilter Kauf. (uk): Vorübergehend nicht lieferbar. **Auto, Gerät und Immobilie:** Emotionale Fehlentscheidung. **Käufer oder Verkäufer:** Betont die unwichtige Information. **Vertrag:** Erster Entwurf.

Gesundheit

Es geht auf und ab. **Diagnose:** Ruft Aufregung hervor, die sich aber wieder legt. **Behandlung:** (uk): Wird vorübergehend unterbrochen. Die Methode ist unausgegoren und zu wenig erprobt. **Psyche:** Welche Rolle spielt das Lieblingskind in Deinem Leben? Wieso legst Du Dich fest und nimmst es im gleichen Atemzug zurück?

Das empfindsame Mädchen

Die »Maid der Kelche« träumt vor sich hin. Sie weiß nicht so recht, ob der Fisch nach Luft schnappt oder aus ihrem Kelch springen will? Der Fisch ist ein Bild dafür, daß dieses Kind ganz von seinen Gefühlen geleitet wird. Mit allen Hochs und Tiefs und Zwischentönen. Der Rock, die Schuhe und der Boden sind sandfarbig. Sie braucht festen Halt und Zärtlichkeit, weil sie ein wenig labil ist. Sie will »nur« geliebt werden und in ihrer Phantasiewelt leben. Alles, was sie macht, tut sie jemandem zuliebe. Die Blumen auf dem Mieder zeigen eine sensibles Herz und vielseitige Interessen. Sie spürt genau die Licht- und Schattenseiten (Rosen und Lilien). Dafür muß sie keine unglückliche Kindheit haben, die ganz normale bringt ihr Aufregung genug! Sie ist wie eine hochsensible Antenne für jede atmosphärische Schwingung. Wenn sich alle vertragen, strahlt sie glücklich. Spannungen bezieht sie auf sich, dann pocht ihr kleines Herz ängstlich: »Sie haben mich nicht lieb!« Sie ist schnell geknickt und muß sich durch die Situation winden. Ihre ratlose Geste ist eigentlich nur eine Bitte: »Hab mich lieb!« Wenn alles wieder gut ist, wird sie sofort fröhlich und lebhaft und plant allerlei pfiffige Ideen (s. rote Kappe und Puffärmelchen)!

Liegt die »Maid der Kelche« umgekehrt – kündigt sie Aufregung an. Sie stellt vor allem die Frage, wieso man etwas immer so aufgeregt angeht.

Beziehungen

Schlüssel: Die Jüngste. Aufregung. **Zusammensein:** Alles dreht sich um das Kind. Der Wunsch nach einem Kind wird erfüllt, es wird ein freundliches, sanftes Mädchen.[20] **Probleme:** Wegen der jüngsten Tochter. Zu großes Schutzbedürfnis. Anhänglich. **Trennung:** Keine, der Kinder wegen. (uk): Man trennt sich von Dir oder ist nicht da, aber nur vorübergehend. **Partnertyp:** Eine kindische Frau. Hinweis: Partner hat schon ein Kind oder ein Baby, ein sensibles Mädchen. **Kommt es zur Beziehung?** Noch unklar. Man schwankt noch. Auch: Ein Baby (Tochter) wird angekündigt. (Neben »III. Herrscherin« oder »Kelch 9«) **Kind:** Das sensible Mädchen braucht vor allem Nestwärme und liebevolle Aufmerksamkeit. Bei Kummer muß man sie in die Arme nehmen und trösten. Für Vernunft ist sie erst danach zugänglich! (uk): Kindisch anhänglich, weil emotionale Bedürfnisse nicht gesättigt sind. Das Kind hat zuviel Aufregung! Warum ist es aufgeregt? **Reise/Urlaub:** Du bekommst Aufregung. Auf der Reise seilt sich jemand vorübergehend ab.

Aktivitäten – Arbeit

Schlüssel: Schwankende Situation. Instabil. **Situation:** Es geht auf und ab. Kindische Aktionen. **Entscheidung:** Löst Naive Reaktionen aus. **Plan/Idee:** Zu naiv gedacht. Gut, wenn es sich um Kinder handelt. **Mitarbeiter:** Netter Lehrling. Leistungsfähig, wenn sie sich wohl fühlt. Aushilfe. (uk): Ist nur vorübergehend vom Arbeitsplatz weg. **Jobsuche:** Mehr Aufregung als Ergebnis. **Stelle/Berufswahl:** (uk): Ohne daß man etwas dafür tut, kommt man in die alte Stelle oder den früheren Beruf zurück.

Kauf und Verkauf

Schlüssel: Naiver Kauf. (uk): Kindische Vorliebe für das Objekt rentiert sich nicht. **Auto:** Kindertauglich. Kindersitz. **Gerät:** Unregelmäßiger Lauf. **Immobilie:** Kinderfreundlich. Kinderzimmer. **Käufer oder Verkäufer:** Naiv. Der Verhandlungspartner tritt vorübergehend zurück. **Vertrag:** Enthält Fehler, weil man geradezu kindisch reagiert!

Gesundheit

Es geht mal besser, mal nicht. **Diagnose:** Verursacht Aufregung aufgrund unstimmiger Faktoren. **Behandlung:** (uk): Unregelmäßig.

---

[20] Wer die Personen nach Haarfarben unterscheidet: ein blondes Mädchen.

Ein streitbarer Mann

Der »König der Schwerter« zeigt die Waffe mit durchdringendem Blick. Er dokumentiert damit Macht und die Bereitschaft, für seine Interessen zu kämpfen. Wolken verdüstern die Szene, ein fernes Gerinnsel zeigt, wie fern diesem Mann Gefühle sein können. Sein Innenleben ist mitunter wie diese Landschaft, grau und karg. Das Grün zu seinen Füßen bedeutet, daß er zum Wohl der Gesellschaft beiträgt, mit Logik und Verstand. Er argumentiert sachlich und setzt sich ein. Tarot ist ein altes Spiel, hier finden wir die klassische Vaterrolle.

Messerscharf beweist er richtig und falsch. Wird er in der Kritik persönlich, schlägt er einen aggressiven Ton an. Er muß unbedingt recht haben! Jeder sucht Liebe, auch er. Eines Tages wird er erkennen, daß Respekt nicht automatisch mit Zuneigung verbunden ist.

Der menschlich reife »König der Schwerter« ist für Themen empfänglich, die sich dem logischen Verstand entziehen. Er ruht in sich, statt sich wie früher zu verschließen. Das zeigen die beiden Mondsicheln an, die einen offenen Kreis bilden. Statt andere zu verändern, ändert er sich selbst (Schmetterlinge). Dann entdeckt er die Frau und die Liebe neu. So ein Mann ist vielschichtig. Ein Intellektueller, der das Leben kennt und liebt!

Liegt der »König der Schwerter« umgekehrt – thematisiert er einen aggressiven Mann, eigensinnig und rechthaberisch. Es bedeutet auch die Abwesenheit des Mannes oder Vaters bzw. Schwierigkeiten mit ihm.

Beziehungen

Schlüssel: Vater. Der schwierige Partner. **Zusammensein:** Der väterliche Ton bestimmt die Konversation – von gütig bis streng. Der Vater der Kinder, Schwiegervater oder Vater bei Erwachsenen. **Probleme:** (uk): Er kommt mit Vaterrolle nicht klar. Sie sucht den Vater im Partner – weil Papa so lieb war oder weil sie keinen hatte.[21] Auch: Aktuelle Fragen um den Vater. **Trennung:** Scheidungsanwalt. (uk): Anwaltsprobleme. **Partnertyp:** Intellektueller, energischer Mann. (uk): Schwieriger streitbarer Mann. **Kommt es zur Beziehung:** Du wählst einen schwierigen Mann als Partner. **Kind:** Vater oder Lehrer. (uk): Das Kind leidet unter dem Vater oder Lehrer. Ungerechter Lehrer, oder Lehrer geht weg. **Reise/Urlaub:** Zöllner, auch Arztbesuch.

Aktivitäten – Arbeit

Schlüssel: Steuerberater oder Anwalt der Firma. **Situation:** Der Jurist ist gefragt. Der Vater des Inhabers oder eines Beteiligten. **Entscheidung:** In der Hand des Anwalts, Steuerberaters oder eines Mannes auf der Behörde. **Plan/Idee:** Dem Anwalt oder Notar vorlegen. (uk): Anwalt lehnt ab oder arbeitet unkorrekt. **Mitarbeiter:** Schwieriger Kollege. **Beruf/Stelle:** Jura, Medizin, Lehrer, Beamter mit Kontrollfunktion.

Kauf und Verkauf

Schlüssel: Anwalt oder Notar. (uk): Anwaltswechsel gut. Auch: Kauf /Verkauf durch den Vater. Zusagen bei **Auto oder Gerät** schriftlich bestätigen lassen! **Immobilie:** Notar. Neben Münzkarte: Väterlicher Beitrag. **Vertrag** beim Notar. (uk): Anwalt oder Notar macht Fehler oder ist nicht einverstanden.

Gesundheit

Der Arzt. **Diagnose:** vom Arzt erstellt. Bestätigung durch den Arzt. **Behandlung:** (uk): Ärztlicher Kunstfehler. **Psyche:** (uk): Nenne Dein Problem schlicht und einfach »Vaterproblem« – und steige aus der Rolle des Kindes aus! So bekommst Du es am schnellsten in den Griff!

---

[21] Die Karten neben dem »Schwert-König« zeigen, wie der Vater ist. Der »IV. Herrscher« zeigt die psychologische Prägung durch den Vater – so hat man den Vater erlebt. Näheres erläutern die Karten daneben. Bei den Geschwistern kann das durchaus anders aussehen, wenn sie ihn anders erlebt haben!

Eine nachdenkliche Frau

Was soll man von ihr halten? Mit einer Hand heißt sie einen willkommen, in der andern hält sie ein Schwert. Das Schwert steht für Auseinandersetzung – theoretisch und sachlich oder persönlich und aggressiv. Eine »Königin der Schwerter« sucht den Kampf nicht, aber sie scheut ihn auch nicht! Sie ist nüchtern und ordnet ihre Gefühle der Vernunft unter (Farben Blau und Grau im Umhang).Was überwiegt bei Dir? Diskussion oder Streit?

Sie glaubt sich im Recht! Sie bevormundet andere, aber wehe, man sagt ihr etwas! Sie mag ja recht haben, aber berechtigt das zur Selbstgerechtigkeit?

Hinter ihr ballen sich Wolken und verhüllen die Landschaft. Geballte Probleme schlägt sie mutig nieder! Aber sie bleibt skeptisch...

Eine »Königin der Schwerter« ist die Mutter, der pausbäckige Engel ihr Kind. Die harte und rechthaberische Frau wird weicher, wenn sie ein Kind hat, während manche Frau hart wird, *weil* sie ein Kind hat. Die Pflicht!

Die »Königin der Schwerter« ist eine Frau der Vernunft. Sie ändert sich, indem sie über sich nachdenkt. Die Analyse gibt ihr Zugang zu ihrer Gefühlsweise. So findet sie ihre Gefühle! Dann wird sie ernst im Sinne von nachdenklich, statt wie bisher die Augenbrauen zu runzeln. Sie muß lernen, sich zuzuhören, damit sie merkt, ob sie sachlich *und* menschlich recht hat.

Liegt die »Königin der Schwerter« umgekehrt – hat man Kontakt mit einer schwierigen Frau, die bevormundet und hart kritisiert. Es bedeutet auch, daß die Frau oder Mutter abwesend ist.

Beziehungen

Schlüssel: Mutter. **Zusammensein:** In der Familie die Mutter oder auch Schwiegermutter. **Probleme:** (uk): Probleme um die Mutter[22]! Der Mutter geht es nicht gut. Eine bevormundende Frau. Sie denkt für andere. Sie glaubt, jemanden formen zu können (Schwert als Meißel). **Trennung:** Scheidungsanwältin. (uk): Probleme mit Anwältin. Auch: Lasse die Mutter aus dem Spiel! **Typ:** Intellektuelle, energische Frau. (uk): Schwierige aggressive Frau. **Kommt es zur Beziehung:** Eine schwierige Partnerin. Oder: Mutter hat zu großen Einfluß. **Kind:** Die Mutter oder Lehrerin. (uk): Leidet unter der Mutter. Ungerechte Lehrerin. Lehrerwechsel. **Reise/Urlaub:** Grenzbeamtin. Besuch bei einer Ärztin.

Aktivitäten – Arbeit

Schlüssel: Amtliche Frau. Steuerberaterin oder Anwältin. **Situation:** Man muß eine Anwältin hinzuziehen. (uk): Probleme mit Anwältin oder Beamtin. **Entscheidung:** In der Hand von Anwältin, Steuerberaterin oder Frau bei der Behörde. (uk): Fehler der Anwältin. **Plan/Idee:** Anwältin oder Notarin vorlegen. (uk): Ärger mit einer Frau. **Mitarbeiterin:** Intelligent. Besonnen. (uk): Schwierig. Wegen Mutterschaft nur bedingt einsetzbar. **Beruf/Stelle:** Juristin, Medizinerin, Lehrerin, Beamtin.

Kauf und Verkauf

Schlüssel: Anwältin oder Notarin. (uk): Unzufriedenheit mit Anwältin. Auch: Kauf /Verkauf durch die Mutter. **Auto oder Gerät:** Schriftlich bestätigen lassen! **Immobilie:** Notarin. Neben Münzkarte: Mütterlicher Beitrag. **Vertrag** bei Notarin/Anwalt. (uk): ... macht Fehler oder lehnt ab.

Gesundheit

Die Ärztin. **Diagnose** einer Ärztin oder von ihr bestätigen lassen. **Behandlung:** Durch klassische Ärztin. (»IX. Eremit: Heilpraktikerin). (uk): Kunstfehler der Ärztin.

---

[22] Die Karten neben der »Schwert-Königin« zeigen die Mutter, wie sie ist, die Karten neben der »III. Herrscherin« zeigen, wie man sie erlebt und wie man von ihr geprägt wurde. Eine interessante Information, weil sich die Aussagen oft unterscheiden!

Eine kämpferische junge Frau

Unwillkürlich zieht man den Kopf ein, wenn die »Dame der Schwerter«, die Hand zum Schlag erhoben, andonnert. Sie sieht gefährlich aus. Wer sie kennt, weiß, daß sie böse sein kann, aber nicht bösartig ist. Ihr Naturell verrät Witz – trocken, pointiert und stets mit einem kleinen Stachel![23] Sie bringt einen zum Lachen, aber hält Abstand. Sie ist eine intelligente junge Frau, energisch und burschikos, leicht skeptisch.

Im Beruf arbeitet sie sich ehrgeizig und »finster entschlossen« auf die Mitte der Karriereleiter, als Referendarin oder Assistentin. Ihre enorme Durchsetzungsfähigkeit und »Schlagkraft« weckt Neid. Aber sie weiß, wie weit sie gehen kann, ohne den Bogen zu überspannen! Sie wird respektiert, weil sie fair ist. Wenn Not am Mann ist, springt sie ohne langes Federlesen in die Presche. Aber ausnutzen läßt sie sich nicht! Sie ist kontra, aus Prinzip! Ihre Sätze beginnen mit »Aber ...«. Man gewöhnt sich daran, weil sie witzig ist. In der Liebe sucht sie gern die weichen Prinzen. Niemand darf ihm (oder ihr) auch nur ein Haar krümmen, außer ihr! Sie streichelt es schon wieder glatt, wenn man mit ihr allein ist!

Liegt die »Dame der Schwerter« umgekehrt – gibt es Probleme mit einer schwierigen jungen Frau oder mit der Schwester. Oder: Sie ist nicht da(bei)! Tip: In einer schwierigen Lage gibt es unerwartete Hilfe!

[23] In ihrem Horoskop gibt es einen gut plazierten Mars oder Pluto!

Beziehungen

Schlüssel: Schwester. Fairneß. **Zusammensein:** Unter Freunden die schwierige oder burschikose Freundin. In der Familie die Schwester oder problematische erwachsene Tochter. Bei Kindern die ältere, energische Schwester oder Cousine. **Probleme:** Man bleibt fair, auch wenn es problematisch ist. (uk): Man hält sich die andern mit burschikosem Ton vom Leib, weiß es aber nicht. Auch: Das Blatt wendet sich zu Deinen Gunsten. **Trennung:** Unterstützung durch die Schwester. (uk): Bringt eine unerwartete Wende. **Partnertyp:** Eine burschikose junge Frau. Clever. (uk): Eine junge, etwas aggressive Frau. **Kommt es zur Beziehung:** Ja, aber sie ist mehr wie eine Schwester. (uk): Jemand kommt Dir unerwartet zur Hilfe. **Kind:** Das Kind und die Schwester. (uk): Leidet unter der Schwester oder Cousine. **Reise/Urlaub:** In einer ärgerlichen Situation bekommt man unerwartet Hilfe.

Aktivitäten – Arbeit

Schlüssel: Hilfe aus einer Ecke, mit der man nicht rechnet. Die Situation ist (war) schwierig. Das Blatt endet sich unerwartet, weil einem Hilfe angeboten wird. **Entscheidung/Plan/Idee:** Muß überprüft werden. (uk): Unerwartet. Man bekommt unerwartet Hilfe. **Mitarbeiterin:** Referendarin, Assessorin in der Firma. Angestellte in einer Kanzlei. Schwester der Inhaber. Auch die junge energische Tochter. Verhalten: Streitbar, aber korrekt. (uk): Streng, aber fair. **Stelle:** Referendarin, Assessorin, Junglehrerin, junge Beamtin der mittleren Laufbahn, juristische und medizinische Lehrberufe.

Kauf und Verkauf

Schlüssel: Überraschungskauf. (uk): Man bekommt Hilfe im unerwarteten Moment. **Auto oder Gerät:** Schnell, aber rattert! Bei Schäden: Unerwartete Hilfe. **Immobilie:** Die kühle Assistentin. Kauf oder Mietvertrag kommt unerwartet zustande. **Vertrag** bei junger Anwältin einer Kanzlei.

Gesundheit

Junge Ärztin. **Diagnose** (uk): Von einer jungen Ärztin erstellt. Man ist positiv überrascht! **Behandlung:** Zur Kontrolle. (uk): Junge Ärztin macht einen Fehler. **Psyche:** Probleme mit der Schwester. Auch: Sei burschikos und energisch, aber nicht *immer* kontra!

Ein energischer junger Mann

Das Schwert voran! Der »Ritter der Schwerter« galoppiert über die Erde, daß sich die Balken, Pardon!, die Bäume biegen. Offensichtlich kann er es nicht erwarten, bis er sich in der Schlacht bewähren darf! Wolkenfetzen fliegen über den Himmel. Wo er reitet, wächst wohl kein Gras mehr. So scheint es! Aber – das sind Symbole!

Das Schwert bedeutet eine kämpferische Mentalität, dennoch ist er eher offensiv als aggressiv. Der junge Mann kämpft für die Rechte anderer wie für seine eigenen. Er ist für Frieden, aber kein friedliches Naturell! Paßt ihm etwas nicht, wird er stocksauer. Statt vielsagend zu grübeln, könnte er sich mal was von der Seele reden. Das fällt ihm schwer, weil er glaubt, alles mit Verstand meistern zu müssen.

Er baut noch an seiner Laufbahn und packt seine Aufgaben energisch an, mit Verstand und Kalkül. Er erfaßt alles schnell, aber flüchtig und wechselt abrupt das Thema, wenn es ihm nichts sagt! Die große Karriere peilt er selten an. Er buttert sich nicht unter, aber schaufelt sich auch nicht nach oben! Er gehört zum Heer, zur Mittelklasse.

In der Liebe ist er forsch, leidenschaftlich, aber nicht romantisch. Dafür ist er ein guter Kumpel, fair und solidarisch. Selbst im Krach bleibt er brüderlich! Man kann sich auf ihn verlassen.

Liegt der »Ritter der Schwerter« umgekehrt – gibt es eine Überraschung. In Schwierigkeiten erreicht man überraschend einen Wende aus der Misere.

Beziehungen

Schlüssel: Bruder. Fairneß. **Zusammensein:** Freundschaftlich und solidarisch. Der »Ritter der Schwerter« ist der Bruder, von ... Mann oder Frau oder ... Unter den Geschwistern der ältere oder energische Bruder bzw. auch Cousin. Im Freundeskreis der junge Mann, der einem unter die Arme greift und sich fair verhält. **Probleme:** (uk): Bei Schwierigkeiten kommt die Hilfe aus einer unerwartete Ecke. **Trennung:** Hilfe durch einen guten Kumpel. (uk): Läuft solidarisch und fair ab. **Typ:** Der brüderliche und faire Typ. (uk): Heftig und abrupt, aber hilfsbereit. **Kommt es zur Beziehung:** Ja. Er ist wie ein Bruder und kein romantischer Liebhaber. **Kind:** Der Bruder oder bei kleinen Kindern der größere Freund. (uk): Hat Probleme mit dem Bruder oder Cousin. **Reise/Urlaub:** Hilfe aus einer schwierigen Situation. Pannendienst.

Aktivitäten – Arbeit

Schlüssel: Überraschung. Person: Referendar, Assessor oder Beamter in der Firma. Bruder der Inhaber. **Situation:** Fair. Überraschende Wende. **Entscheidung:** Fair. Junger Anwalt, Steuerberater oder junger Beamter wirkt mit. **Plan/Idee:** (uk): Veränderung. Es kommt unerwartet Hilfe. **Mitarbeiter:** Stürmisch aber korrekt. (uk): Unberechenbar, aber fair. **Jobsuche:** Man bekommt sie ganz überraschend. **Berufswahl:** Jurist, Mediziner, Lehrer, Beamter. Oft noch Student oder in der Ausbildung. Beamter der mittleren Laufbahn. Auch juristische und medizinische Lehrberufe.

Kauf und Verkauf

Schlüssel: Fairer Kauf. Überraschender Kauf. (uk): Hilfe im unerwarteten Moment. »ADAC«. Das **Auto oder Gerät** erst technisch prüfen! Testberichte lesen! Pannendienst. **Immobilie:** Da ändert sich einiges! Rechne mit Überraschungen! **Vertrag** bei jungem Anwalt in der Kanzlei.

Gesundheit

Junger Arzt oder Therapeut. Diagnose/Behandlung: (uk): Bringen Hilfe, auch wenn sich einiges unerwartet entwickelt! Psyche: (uk): Das Problem heißt »Bruder«. Ziehe dafür weitere Karten, um zu verstehen, worum es wirklich geht. Warum ist Fairneß ein Problem? Wieso ist Überraschung ein Problem und keine Freude?

Ein schwieriger Junge

Er blickt wachsam um sich und signalisiert mit seinem Schwert, daß er sich nichts gefallen läßt. Auseinandersetzungen gehören zu ihm. Früh entscheidet sich, ob der Junge lernt, sich sachlich und vernünftig auseinanderzusetzen oder ob er zum Streithansel wird. Beides soll geschult werden, sein wacher Verstand ebenso wie seine Kampflust. Wofür oder gegen wen? Mit seinem Wissensdurst ist er das klassische Vorschulkind. Lernen, Diskutieren erfüllt ihn mit Freude! Ein kleiner »Page der Schwerter« will lesen können und registriert alles mit hellwachem Verstand.

Wird er intellektuell unter- oder überfordert, wird er schwierig. Bekommt er zuviel oder zuwenig Aufmerksamkeit, kompensiert er das in der Rolle als »Gscheiterle« oder als Rabauke. Verwöhnt man ihn zu sehr – wird er undankbar.

Liegt der »Page der Schwerter« umgekehrt – ist er ein Problemfall geworden. Ein vernachlässigter Junge. Kläre, wo und wie er allein gelassen wurde! Er ist verhaltensauffällig, weil er Aufmerksamkeit sucht. Die negative Reaktion ist ihm vertraut, da ist er »zu Hause«. Deshalb verschließt er sich provokativ und tanzt allen auf der Nase herum. Droht Strafe, nimmt er einem raffiniert den Wind aus den Segeln und verspricht das Blaue vom Himmel – bis der Sturm sich gelegt hat. Er und vor allem seine Eltern brauchen die Hilfe von verständnisvollen und erfahrenen Erziehern!

Beziehungen

Schlüssel: Schwieriger Junge. Undankbarkeit. **Zusammensein:** Der Junge zieht alle Aufmerksamkeit auf sich, indem er sich schwierig gebärdet. Undankbarkeit in Freundschaft. **Problem:** (uk): Liebe: Man hat es sich so schön ausgerechnet und ist jetzt enttäuscht. Dabei sorgt man selbst dafür! Lasse das Planen, dann siehst Du klar! Provokationen. **Trennung:** Der schwierige Sohn bleibt bei Dir. Weitere Provokation. (uk): Sohn wird nach der Trennung schwierig oder zum Problem. Auch: Der vorliegende Plan scheitert an Dir! **Partnertyp:** Schwierig. Undankbar. (uk): Problemfall. **Kommt es zur Beziehung?** Nein. Es liegt an Dir! **Kind:** Der Junge ist eine echte Herausforderung. Fördere seine Intelligenz! (uk): Ein Problemfall! Wo ist der Junge, wo bist Du über- oder unterfordert? Suche evtl. therapeutische Hilfe! **Reise/Urlaub:** Der Plan scheitert an Dir.

Aktivitäten – Arbeit

Schlüssel: Man stellt sich ein Bein. **Situation:** Die Erwartungen erfüllen sich nicht, aber dazu trägt man selbst bei[24]. Man macht die Rechnung ohne den Wirt. **Entscheidung:** Du stellst Dir ein Bein! **Plan/Idee:** Es gelingt nicht. Liegt an einem selbst. **Mitarbeiter:** Undankbar. (uk): Wenig Gelingen. **Berufswahl:** Arbeit mit schwierigen Kindern (Jungen).[25] Lehre in einem Beruf, bei dem man mit Messer, Schere etc. arbeitet.

Kauf und Verkauf

Schlüssel: Es klappt wegen Dir nicht! Auch: Kauf für einen undankbaren Sohn. **Auto oder Gerät:** Es erfüllt die Erwartung nicht. **Immobilie:** Der Kauf oder Mietvertrag kommt nicht zustande, dafür sorgt man selbst. **Vertrag** scheitert zunächst an Dir bzw. Deinen Einwänden.

Gesundheit

Schlüssel: Gelingt nicht ganz. **Diagnose** und **Behandlung** : Ein Problemfall, klingt aber schwieriger, als er ist. **Psyche:** Warum wurde der Sohn zum Sorgenkind? Undankbarkeit. Auch: Erkenne, was Du selbst dazu beiträgst, daß Pläne im entscheidenden Moment nicht klappen. Naiv und aggressiv.

---

[24] Bei einer »Maid« käme es von außen auf Dich zu!

[25] Neben Münzkarten oder auf Berufsfeldern oder bei gezielter Fragestellung

Ein aufgewecktes Mädchen

Die »Maid der Schwerter« sucht die Herausforderung. Sie braucht ein Klima, in dem man sich offen miteinander auseinandersetzt und auch mal streitet. Dazu gehört Vertrauen! Das kleine Schwertmädel will alles verstehen und fragt: Warum, wer, wie, was und wo? Oh weh, das erfordert Geduld! Sie erwartet Antworten, kein »Kindergetüttel«! Sie bohrt nach, möchte unter die Oberfläche schauen und den Dingen auf den Grund gehen. Die »Maid der Schwerter« ist eine Meisterin der Demontage! Gegenstände geben unter ihren forschenden Händen schnell den Geist auf – damit der ihre geschult wird! Sie ist ein kerniges Mädchen. Sie prügelt sich, schimpft wie ein Rohrspatz oder schweigt verbissen.

Sie spürt, daß sie Zuwendung bekommt, wenn sie clever ist. Daher sollte man darauf achten, daß sie gescheit sein darf aber nicht *muß*, um geliebt zu werden! Sonst wird sie schwierig und provokativ. Dabei hat sie Angst vor der Angst. Sie glaubt, Durchblick zu signalisieren, wenn sie einen mit dem Blick durchbohrt: »Nicht mit mir!« Sie hält sich die Leute vom Leib und verschafft sich Respekt – und sucht eigentlich Liebe und Anerkennung.

Liegt die »Maid der Schwerter« umgekehrt – ist man ein Sorgenkind. Auch Erwachsene ziehen die Karte, wenn sie das Sorgenkind spielen oder immer wieder eines an sich ziehen. Weitere Karten können zeigen, woran das liegt und wie man das Spiel beenden kann.

Beziehungen

Schlüssel: Das schwierige Mädchen. Sorgenkind. **Zusammensein:** Die schwierige Tochter zieht alle Aufmerksamkeit auf sich. Die Beziehung wird davon absorbiert. Das Sorgenkind im Freundeskreis. **Probleme:** (uk): Enttäuschung und Provokation. Eine Beziehung läßt sich nicht planen. **Trennung:** Die Tochter bleibt bei Dir. (uk): Undankbarkeit. Tochter wird durch die Trennung sehr schwierig. **Partnertyp:** Eine Frau, die unbedingt ein Kind möchte. Auch: Spielt das schwierige Girl. **Kommt es zur Beziehung:** Nein, die Frage steht nicht wirklich zur Debatte. **Kind:** Ein intelligentes Mädchen, das für seine Belange – manchmal verbissen – kämpft! Übe Streit – Klärung – Versöhnung. (uk): Schwierig, undankbar, patzig , bissig. Um die Aggressivität abzubauen, muß man klären, wo das Mädchen über- bzw. unterfordert ist. **Reise/Urlaub:** Die vorliegenden Pläne werden durchkreuzt.

Aktivitäten – Arbeit

Schlüssel: Erwartungen scheitern, ohne daß man etwas dazu beigetragen hat.[26] **Situation:** Pläne werden durchkreuzt. **Entscheidung:** Dir wird ein Strich durch die Rechnung gemacht. **Plan/Idee:** Es wird sich zeigen, daß das so nicht gelingen kann. **Mitarbeiterin:** Eine sehr junge Kollegin oder ein Lehrling, welche die Herausforderung liebt. (uk): Bissiger und aggressiver Umgangston. **Berufswahl:** Arbeit mit schwierigen Kindern (Mädchen).[27]

Kauf und Verkauf

Schlüssel: Man rechnet sich alles so schön aus, aber ... Auch: Kauf für die undankbare Tochter. **Auto oder Gerät:** Es klappt gar nichts! **Immobilie:** Gelingt nicht, weil eine Vorschrift, andere Interessenten ...[28] **Vertrag:** Scheitert an Faktoren, die man nicht sehen kann.

Gesundheit

Man macht sich Sorgen um ein Mädchen. **Diagnose** und **Behandlung:** Gelingt zum großen Teil nicht. **Psyche:** Erkenne, warum Dir andere immer wieder einen Strich durch die Rechnung machen können. Wovor schützt Dich Undankbarkeit?

---

[26] Bei »Page der Schwerter« stellt man sich selbst ein Bein.

[27] Neben Münzkarten oder auf Berufsfeldern oder bei gezielter Fragestellung

[28] »Schwert-Maid« sagt nicht, woran es zunächst scheitert, nur, daß es das tut.

Der Boss

Der Thron des »Königs der Münzen« steht mitten in der Natur – dieser Mann liebt die Natur und weiß ihren Reichtum zu nutzen. Sein »Weinberg« ist gut bestellt. Die Stiere sind ein Symbol für die Erde, für Landwirtschaft und auch für Reichtum. Deshalb steht vor der Börse ein Bulle. Das Pentakel und Zepter bedeuten Besitz und die damit verbundene Macht. »Könige der Münzen« sind materiell orientiert mit ausgeprägtem Wertebewußtsein. Einer lebt für den Mammon, ein anderer hat eine Hand für Materialien, bearbeitet sie kreativ und geschickt. Ein »König der Münzen« bewertet alles – Dinge, Menschen und Verhaltensweisen. Im Beruf kommt er damit weit, Menschen wird er damit nicht immer gerecht. Auch sich selbst nicht, wenn er sich über- oder unterbewertet! Er nimmt das Leben, wie es kommt und behauptet seine Position. Bei Verhandlungen ist er freundlich und sachlich, im Gespräch mit Freunden ebenfalls. Zu Hause erlebt man ihn auch anders. Wenn er alles zu konkret auffaßt, bleibt er an der Oberfläche. Dann macht er es sich so einfach, daß es geradezu simpel wirken kann. Im Job ist er der Chef – selbst, wenn er diese Position nicht innehat. Auch zu Hause wird er gerne so genannt.

Liegt der »König der Münzen« umgekehrt – läßt sich ein Mann zu sehr von Äußerlichkeiten leiten. Das macht ihn kleinkariert oder habgierig. Wird er bei Spannungen kleinlich, sollte er das, was er hat, mit dem, was er ist, vergleichen!

Beziehungen

Schlüssel: Ernährer. Der Mann mit Kohle. **Zusammensein:** In der Liebe bietet der Partner (materielle) Sicherheit. Er ist der zuverlässige und gutmütige Freund, in der Familie auch der Onkel. **Probleme:** »So ist es . Basta.« Er macht es sich zu einfach und damit anderen zu schwer. (uk): Die Partnerin beklagt sich, daß er kleinkariert sei. **Krise/Trennung:** Er regelt alles pragmatisch und zeigt wenig Gefühl. Das heißt nicht, daß er keines hat, aber er trennt sich selbst davon ab! (uk): Er fühlt sich ausgenützt. Er reagiert geizig. **Partnertyp:** Ein pragmatischer Mann und hilfsbereit. (uk): Einfach bis simpel. **Kommt es zur Beziehung:** Ja, wenn er diesem Typ entspricht. Wenn nicht, ist man bald mit einem »König der Münzen« zusammen. **Kind:** Er sorgt für die finanzielle Basis, auch als Onkel. Er berät das Kind bei praktischen Fragen. (uk): Erziehung zur Sparsamkeit. Zeigt sich als Geizhals. **Reise/Urlaub:** Kontakt mit einem Geschäftsmann oder Handwerker. Auch: Chef im Reisebüro, Hotelier. (uk): Der Mann ist (auch) im Urlaub sparsam bis knickerig.

Aktivitäten – Arbeit

Schlüssel: Firmeninhaber. Geschäftsmann. Geschäftspartner. **Situation:** Der Boss hat die Lage in der Hand. **Entscheidung:** Geschäftspartner bzw. Finanzier. (uk): Es gibt Probleme mit ihm. **Plan/Idee:** Der Chef stimmt zu. Gemeinsam mit einem Geschäftspartner. **Mitarbeiter:** Chef oder Abteilungsleiter. (uk): Kleinkarierter Chef. **Jobsuche:** Der Mann bekommt einen leitenden Posten. (uk): Mit dem Chef wird es schwierig. Ihm paßt meine Nase nicht. **Berufswahl:** Kaufmann, Handwerker, Landwirt, Gärtner. Berufe, bei denen es um Geld, Materialien und Werkstoffe geht.

Kauf und Verkauf

Schlüssel: Eigentümer, Händler, Kaufmann. **Auto oder Gerät:** Für den Geschäftsmann oder Chef. »Businessclass«, Chefsessel etc.. **Immobilie:** Eigentümer. Inhaber der Immobilienfirma oder Chef der Abteilung. **Vertrag:** Mit dem Händler oder: Der Mann wird zum Eigentümer.

Gesundheit

Befinden von Chef, Handwerker oder Mann. **Psyche:** (uk): Die Frau prüft, welche Rolle kleinkarierte Männer in ihrem Leben spielen. Der Mann übe, sich und die anderen differenzierter zu sehen.

Die Chefin

Die »Königin der Münzen« betrachtet zufrieden und in sich gekehrt die Münze mit dem Pentakel. Wir sehen eine Frau, bei der die materiellen Verhältnisse ihr Lebensgefühl bestimmen. Sie ist gutmütig, der Hase hoppelt furchtlos vorbei. Er ist übrigens ein Symbol für Fruchtbarkeit[29]. Sie will etwas erreichen, sie ist seriös und zuverlässig. Der Boden unter ihren Füßen ist trocken wie sie selbst zuweilen auch. Ihre Domäne sind Ehrgeiz und Beruf, und sie ist pragmatisch. Auf ihre Hilfsbereitschaft ist Verlaß! Sie redet nicht lang, sie packt es gleich an! Ein paar Blumen blühen spät, die Beeren hängen reif am Strauch. Sie steht im »Herbst ihres Lebens«. Das rote Kleid mit dem weißen Hemd zeigt Willensstärke und einen »reinen« Charakter. Sie ist eine natürliche und freundliche Frau. Sie richtet ihr Leben auf das Wohlergehen der anderen aus (grüner Umhang). Über ihr ranken sich die Rosen – das Ja zu Leben wird immer mehr ihr Leitmotiv![30] Sie macht aus allem das Beste!

Liegt die »Königin der Münzen« umgekehrt – bestimmt »Hysterie« das Spiel. Eine Münzfrau braucht Sicherheit. Bei einer frühkindlichen Störung reagiert sie auf alles zu schnell, um nur ja sicher zu sein! Daher die Hektitk. Hysterie ist Ersatzsicherheit. Wer sich hier erkennt, übe, ruhig abzuwarten.

---

[29] Waite war bei den Rosenkreuzern. Auf ihren Bildern kommt häufig ein Hase vor.

[30] Wie auch beim »I. Magier«

Beziehungen

Schlüssel: Ernährerin. Die Frau im Beruf. **Zusammensein:** Sie nimmt die Dinge von ihrer praktischen Seite. Wohlhabende Partnerin. Die zuverlässige, gutmütige Partnerin bietet (materielle) Sicherheit. In der Familie eine Tante. Hilfsbereite Freundin. **Probleme:** Sie »tut und macht alles« und glaubt sich deswegen geliebt. Ob das so ist, findet sie heraus, wenn sie weniger gibt! (uk): Hysterische Frau. Kleinkarierte Frau. Sie sieht alles nur von außen. **Krise/Trennung:** Sie wird materiell abgesichert (uk): Sie ist nicht genügend abgesichert oder abgefunden. **Partnertyp:** Hilfsbereite, praktische Frau. (uk): Einfach. Simpel. Hysterisch. **Kommt es zur Beziehung:** Ja, wenn sie eine bodenständige, reifere Frau ist. Wenn nicht, ist man bald mit einer »Königin der Münzen« zusammen. **Kind:** Die Mutter möchte, daß ihr Kind alles »hat«. Die Tante des Kindes. (uk): Kleinliche oder geizige Haltung einer Frau, Tante oder Mutter dem Kind gegenüber. **Reise/Urlaub:** Kontakt mit Geschäftsfrau oder wohlhabenden Frau. Auch: Chefin im Reisebüro oder Hotel. (uk): Sie ist auch im Urlaub »sparsam«.

Aktivitäten – Arbeit

Schlüssel: Inhaberin. Chefin. Geschäftsfrau oder -partnerin. **Situation: Entscheidung:** Gut. Eine Geschäftsfrau oder Chefin ist dabei. (uk): Probleme mit einer Geschäftsfrau/Chefin oder sie steigt aus. **Plan:** Wichtige Rolle von einer Geschäftsfrau oder beruflichen Partnerin. (uk): Abwarten. Übersteigerte Erwartung! Auch: Die Leiterin ist dagegen. **Mitarbeiter:** Chefin oder Abteilungsleiterin. (uk): Kleinkarierte Chefin. **Jobsuche:** Die Frau bekommt einen leitenden Posten. Gespräch mit der Chefin. (uk): Man gefällt der Chefin nicht. Oder: Es wird schwierig mit ihr! **Berufswahl:** Kauffrau, Handwerkerin, Landwirtin, Gärtnerin. Berufe, die Talent für Geld, Materialien und Werkstoffe erfordern.

Kauf und Verkauf

Schlüssel: Händlerin , Kauffrau, Chefin. Eigentümerin. **Auto oder Gerät:** Bei gebrauchten Sachen die Besitzerin. Im Laden die Chefin. Auch: Das Auto der Chefin. »Businessclass«. **Immobilie:** Wohnungs-, Hausbesitzerin. **Vertrag:** Mit der Geschäftsfrau oder Besitzerin. Sie wird zur Eigentümerin.

Gesundheit

Gut. Gesundheit der Chefin. **Psyche:** (uk): Entdecke die hysterischen Züge als Mangel an innerer Sicherheit. Übe Gelassenheit.

Die gute Kameradin

Bedächtig steht der Rappe am Feldrand, die »Dame der Münzen« schaut mit ruhigem Stolz über die Felder. Sie ist eine handfeste junge Frau, die das »Übliche« sucht, eine solide Grundlage ohne besondere Höhenflüge. Der blaue Rock verrät ihre herzliche und gemütliche Art. Die Ärmel zeigen, wie intelligent und sorgsam sie alles anpackt (gelb und blau). Sie steht fest im Leben und ist zurückhaltend. Aber sie kennt ihren Wert und bekommt den entsprechenden Lohn. Dafür arbeitet sie zuverlässig und fleißig.

Sie ist einfach, und manchmal macht sie es den anderen zu einfach! Sie kann ihr Herz jederzeit auf »Vernunft« umschalten und funktioniert dann bestens – als brave Tochter, als gute Kameradin und Partnerin, mit der man Pferde stehlen kann! Dann bleiben ihre Leidenschaft und ihr Temperament verborgen, so wie das rote Mieder und der Rock von der weißen Schürze brav verdeckt wird. Sie muß besser auf sich hören, das bedeutet die Wendung nach links. Sonst merkt sie erst an ihrer Sturheit, wenn es ihr reicht und wann sie die Freude verliert. Die junge Frau sollte ruhig mehr Ansprüche stellen! Nicht bei der Stoffqualität, da tut sie es ja, sondern bei Menschen! Wie? So, wie es ihrer Art entspricht, ganz einfach!

Liegt die »Dame der Münzen« umgekehrt – löst sich ein Krise von selbst auf. Es bedeutet auch Abwesenheit. Als Charakterzug eine zu brave junge Frau, die zu sehr oder zu wenig »funktioniert«. Tip: In einer schwierigen Situation löst sich die Krise ohne eigenes Zutun wie von selbst auf.

Beziehungen

Schlüssel: Die Kameradschaftliche jüngere Frau. **Zusammensein:** Die nette und seriöse junge Partnerin. In der Familie die ordentliche Tochter über 20, eine hilfsbereite junge Verwandte und Freundin. **Probleme:** (uk): Sie spielt den guten Kumpel, und traut sich nicht, als Geliebte aufzutreten. **Krise:** (uk): Sie löst sich von selbst auf. **Trennung:** Findet nicht statt oder – die Krise löst sich auf, indem man sich eben trennt. Dann atmet man erleichtert auf! **Partnertyp:** Eine nette, »ordentliche« Frau. (uk): Sie ist auf »Nummer Sicher« bedacht. Auch: Nett aber zickig! **Kommt es zur Beziehung:** Ja, wenn sie eine jüngere ordentliche Frau ist. (uk): Die Frau entscheidet sich anders. **Kind:** Die erwachsene Schwester des Kindes, seine größere Cousine oder Freundin. (uk): Das Kind hat ein Problem, das aber bald vorbei ist. **Reise/Urlaub:** Eine junge bescheidene Frau ist dabei. Die junge Chefin im Reisebüro oder Hotel. Die Reiseleiterin.

Aktivitäten – Arbeit

Schlüssel: Junge Chefin. Die Krise löst sich auf. **Situation:** Eine schwierige Zeit ist vorbei. Man mußte nichts oder wenig dafür tun! **Entscheidung oder Plan:** Eine junge Kollegin erledigt das. (uk): Die Krise ist aufgehoben! **Mitarbeiter:** Junge Chefin oder »ordentliche« Kollegin. (uk): Streberin.[31] **Berufswahl:** Handwerk, Gärtnerei, Ökonomie, Landwirtschaft, etc.

Kauf und Verkauf

Schlüssel: Die Verkäuferin. Eine sachkundige junge Frau hilft. (uk): Ein kritischer Moment löst sich von selbst löst auf. Gebrauchtes **Auto oder Gerät:** Die junge seriöse Besitzerin. Im Laden: Jüngere Verkäuferin. **Immobilie:** Eine pragmatische Lösung. Für die Tochter. **Vertrag:** Kritische Punkte erledigen sich.

Gesundheit

Schlüssel: Sie kann wieder arbeiten. **Diagnose: (uk):** Es klingt schlimmer, als es ist – die Krise löst sich bald auf. Meistens, wenn die konkreten Untersuchungsergebnisse auf dem Tisch liegen. **Psyche:** Warum immer funktionieren und es allen recht machen? Sei Kameradin *und* Geliebte!

[31] Vergiß nicht: Umgekehrt liegende Hofkarten zeigen auch, daß jemand weggeht, nicht da oder dabei ist!

Der gute Kumpel

Der »Ritter der Münzen« hat seinen Rappen angehalten und überlegt, wohin er seine Münze mit dem Pentakel bringen soll. Die Landschaft um ihn herum ist sanft geschwungen, Äcker und Wiesen wechseln sich ab, in der Ferne steht eine kleine Baumgruppe. So hat es der junge Mann gern – ein Leben ohne besondere Höhen und Tiefen! Er macht es sich nicht unnötig schwer und geht einfach seiner Wege. Braun und Schwarz dominieren das Bild, um sein realistisches Wesen zu zeigen. Das rote Muster im schwarzen Zaumzeug und Hemd zeigt, daß er praktische und mechanische Probleme mit handwerklichem Geschick und mit Phantasie lösen kann! Schritt für Schritt geht er vor – auch im Beruf und in der Liebe! Ein netter Geselle, der das normale Leben schätzt. Arbeit, Liebe, Freizeit und Freunde – bei ihm hat alles seinen Platz. Aufregung ist bei ihm kaum zu erwarten, aber er ist zuverlässig da und bleibt, falls man nicht zu viel von ihm verlangt. Bei abstrakten oder emotionalen Problemen macht er es sich einfach, oft zu einfach! Fühlt er sich überfordert, schaltet er auf stur und dreht langsam ab.

Liegt der »Ritter der Münzen« umgekehrt – heißt er »Glücksritter«! Er kündigt einen Glücksfall an oder daß Du eine Krise abwendest! Für die Gegenwart bedeutet es, daß eine schwere Zeit vorbei ist. Für die Zukunft kündigt der »Ritter der Münzen« Krise an und wischt sie gleichzeitig vom Tisch – weil man nur im Kopf behalten soll, daß man sie überwinden wird!

Beziehungen

Schlüssel: Ein seriöser junger Mann, auf den man sich verlassen kann. **Zusammensein:** Der hilfsbereite Freund und Kumpel. Diese Rolle sielt er auch als Partner. **Probleme:** (uk): Er bietet sich als Stütze an und nimmt alles einfach und pragmatisch. Er weiß nicht, ob seine Hilfsbereitschaft oder seine Person geliebt wird. Die Partnerin beklagt sich oft, daß man mit ihm nur über alltägliche Dinge reden kann. Sein Tenor ist: Es ist eben so! **Krise/Trennung:** (uk): Du wendest die Krise ab. Eigentlich ist sie fast vorbei. **Partnertyp:** Der nette Junge von nebenan. (uk): Nett, aber so unkompliziert, daß es schon wieder kompliziert wird. **Kommt es zur Beziehung:** Ja, wenn er der junge biedere Mann ist. Wenn nicht, wirst Du mit so einem zusammenkommen. **Kind:** Der größere Bruder, Cousin oder der ältere Freund des Kindes. (uk): Der Junge wird langsam erwachsen und zeigt eine »praktische« Orientierung. **Reise/Urlaub:** Kontakt mit einem jungen »kreuzbraven« Mann. Auch: Jungchef im Reisebüro oder Hotel.

Aktivitäten – Arbeit

Schlüssel: Man wendet die Krise selbst ab oder hat es bereits getan. **Plan** oder **Entscheidung:** Ein Kollege bzw. Jungchef ist mit beteiligt. (uk): Das große Los! **Vertrag:** Beendet eine Krise. Ein Glücksfall! **Mitarbeiter:** Junge Chef oder Handwerker, »biederer« Kollege«. (uk): Sei in der Sache genau und bei Menschen großzügiger. **Berufswahl:** Begabung für Ökonomie, Handwerk und Landwirtschaft, Garten etc.

Kauf und Verkauf

Schlüssel: Junger Kaufmann. Handwerker. Auch: Nimm einen sachkundigen Freund mit. **Auto oder Gerät/Immobilie:** (uk): Ein echter Glücksfall![32]

Gesundheit

Du überwindest eine Krise, weil Du etwas aktiv dafür tust! **Behandlung:** Besuch beim Masseur o.ä.. **Psyche:** (uk): Du hast immer aus einer Krise herausgefunden – weil Du unbewußt das Richtige getan hast! Halte es auch jetzt so!

---

[32] Neben »Münz-As«: Gewinn bei einem Spiel oder Preisausschreiben

Der ordentliche Junge

Der Junge hält verzückt seine Münze in Händen, wird er sie hochwerfen oder geschickt über seine Hand rollen? Ein »Page der Münzen« will »haben« – er will es im wahrsten Sinne des Wortes begreifen. Schon der Dreijährige verkündet stolz, wieviel in seiner Spardose ist! Er lernt fleißig und brav! Wehe, er macht Fehler, dann hält er sich für einen Versager! Auch daß er langsam ist, heißt nicht, daß er dumm wäre! Ist er traurig, überwindet er es schneller, wenn er beschäftigt ist. Auf Konflikte der Erwachsenen reagiert er seltsam: Je mehr Probleme sie haben, desto braver wird er! Da reagiert sein Sicherheitsbedürfnis – es wäre ganz falsch, wenn man erleichtert denkt, der Junge bekäme nichts mit![33] Er braucht guten Halt und viel Spielraum, deshalb steht der »Page der Münzen« mit Stand- und Spielbein da. Die rote Kappe mit dem Schal zeigt eine reiche Phantasie und auch – daß in diesem Kopf ein starker Wille steckt! Er gestaltet gern Materialien aller Art. Er sieht sofort, was man mit etwas anfangen kann. Zusammenhänge erkennt er besser, wenn sie praktischer Natur sind. Der Bub will es überschaubar. Dafür kann er etwas wunderbar einfach erklären!

Liegt der »Page der Münzen« umgekehrt – übertreibt man. Er zeigt Schulden an und warnt vor übertriebenen Kosten.

[33] Siehe die Erdbetonung im Horoskop, vor allem bei Mond in Jungfrau bzw. Steinbock.

Beziehungen

Schlüssel: Der »ordentliche« Junge. **Zusammensein:** In der Familie der brave Sohn. In der Liebe oder unter Freunden kann ein erwachsener Mann den braven Jungen spielen. **Probleme:** (uk): Schulden und unnötige Ausgaben belasten das Klima. Im täglichen Zusammenleben übertreibt man immer. Oder: In den Augen des einen gibt der andere zuviel Geld für unnötige Dinge aus. **Trennung:** Regelung für den »braven« Sohn. (uk): Schuldenregelung. **Partnertyp:** Neigt zur Übertreibung. (uk): Gibt Geld für unnötige Dinge aus. Hat oder macht Schulden. **Kommt es zur Beziehung:** Ja, aber man wird Streit ums Geld haben. (uk): Das wäre übertrieben. **Kind:** Es *ist* die Karte für den braven, ordentlichen Buben. Sicherheit ist sein Lebensmotto. Begabung für das Praktische. (uk): Das Kind übertreibt. **Reise/Urlaub:** Übertrieben teuer. Unnötige Nebenkosten. (uk): Man macht Schulden dafür!

Aktivitäten – Arbeit

Schlüssel: Unnötige und übertriebene Ausgaben. **Situation/Entscheidung oder Plan:** Schulden. Kosten sind übertrieben. Zu teure Investition. (uk): Führt zu Schulden[34]. **Mitarbeiter:** Ordentlicher Lehrling oder jugendliche Aushilfe. (uk): Übertreibt gern.[35] **Berufswahl:** Die Ausbildung kommt zu teuer. Auch: Zeitungsausträger o.ä., Schuldenberatung. Handwerklicher Lehrberuf. Beim Fußball der Torwart.

Kauf und Verkauf

Schlüssel: Man kauft mehr als nötig. Übertrieben teuer! (uk): Ratenkauf. Verkauf wegen Schulden. **Auto oder Gerät, Immobilie:** Viel zu teuer. Verschuldung. **Vertrag:** Berücksichtige das Ausmaß der Verschuldung!

Gesundheit

Gesundheitliche Fragen um den »braven« Sohn. **Behandlung** ist zu teuer. **Diagnose:** Besorgnis ist übertrieben. Auch: Befinden des »braven« Jungen. **Psyche:** Das Problem hängt mit Übertreibung zusammen.

---

[34] »Münz-6« daneben thematisiert die Zinsen. »Münz-6«(uk): Veränderter Zinssatz

[35] Vergiß nicht: Umgekehrt liegende Hofkarten zeigen auch, daß jemand weggeht, nicht da oder dabei ist!

Ein geschicktes Mädchen

Das Mädchen hält ihre Münze sorgfältig in der Hand, so, wie sie alles behandelt, was ihr in die Hände kommt. Als kleines Kind spielt sie gerne Hausfrau, wäscht und kocht eifrig für ihre Puppen. Sie ist glücklich, wenn sie im Haushalt echte Aufgaben zugeteilt bekommt und dafür gelobt wird, daß sie alles so schön *macht*! Ihr Element heißt Erde: Sie bekommt eine Beziehung zu etwas, wenn sie es spüren und anfassen kann. Auch ihre Phantasie arbeitet so. Stoffe, Holz, Email o.ä. wecken ihre Lust, etwas daraus zu machen (rote Ärmel). Sie bastelt eifrig und geschickt. Eine Kindernähmaschine wird bald von der »richtigen« abgelöst. Sie führt ihr Werk vor, als sei es nichts Besonderes, aber insgeheim platzt sie vor Stolz, wenn man es bewundert.

Die Pubertät verläuft meistens ruhig. Der Teenager findet neue Interessen und erledigt die Aufgaben immer noch regelmäßig und gern. Wurde die »Maid der Münzen« auf die Rolle des braven Kindes festgelegt, wird sie plötzlich unzuverlässig und macht in den Augen der entsetzten Eltern – nichts! Die ordentliche Tochter hat ausgespielt. Scheinbar, denn jetzt tut sie alles für ihre Freundinnen! Wieder die Brave! Sogar als Punk arbeitet sie ihr Outfit sorgfältig heraus. Können ihre Eltern das verstehen, können sie das Ende der Pubertät zuversichtlich abwarten.

Liegt die »Maid der Münzen« umgekehrt – ist man bedächtig, und alles geht sehr langsam voran. Oder: Das brave Mädchen ist nicht da(bei).

Beziehungen

Schlüssel: Das »brave« Mädchen. **Zusammensein:** Die brave Tochter in der Familie. Eine Erwachsene spielt das »brave Kind«. **Problem:** (uk): Schulden und unnötige Ausgaben, die »schuldlos« auf einen zukommen. **Trennung:** Regelung für die »brave« Tochter. (uk): Man bekommt (noch mehr) Schulden! **Partnertyp:** Die Frau spielt das brave Mädchen, der Mann hat ein Faible für diesen Typ. (uk): Sehr langsam und bedächtig. **Kommt es zur Beziehung:** Ja, ein »braves« Mädchen! Beziehung im Teenyalter: Die ordentliche und fleißige Freundin. (uk): Schulden werden die Verbindung prägen. **Kind:** Es *ist* die Karte für die brave, ordentliche Tochter. Sicherheit ist ihr Bedürfnis. Begabung für alles Praktische. (uk): Das Kind ist langsam und braucht Geduld! **Reise/Urlaub:** Übertrieben teuer. Unnötige Nebenkosten. (uk): Unfreiwillig teuer!

Aktivitäten – Arbeit

Schlüssel: Unnötige Ausgaben. **Situation:** Es wird teurer als geplant. Naive Finanzpolitik. **Entscheidung /Plan:** Naiv kalkuliert. (uk): Führt ungewollt zu Schulden[36]. **Mitarbeiter:** Ordentliche Kollegin im Lehrlingsalter. (uk): Macht oder bearbeitet Schulden.[37] **Jobsuche:** Ein seriöses Angebot. **Berufswahl:** Einfache Finanzberufe. Lehre für praktische Berufe. Schuldnerberatung o.ä.

Kauf und Verkauf

Schlüssel: Es kommt teurer! Ungeplante Ausgaben! (uk): Unfreiwillige Schulden. **Auto oder Gerät, Immobilie:** Kalkuliere finanziellen Spielraum ein, es kommen Belastungen, die man noch nicht absehen kann! **Vertrag:** Regelt Schulden.

Gesundheit

Gut. Ein Mädchen erträgt die Krankheit geduldig. Auch: Eine **Behandlung** kommt teuer, evtl. macht man dafür Schulden. Man bekommt beruhigende Nachrichten. **Psyche:** Frau: Für wen spielst Du das brave Mädchen? Mann: Warum suchst Du das »brave Mädchen«?

---

[36] »Münz-6« daneben thematisiert die Zinsen. »Münz-6«(uk): Veränderter Zinssatz

[37] Vergiß nicht: Umgekehrt liegende Hofkarten zeigen auch, daß jemand weggeht, nicht da oder dabei ist!

Beschreibung und Deutung der Kleinen Arkana

Erfahrungen und Erlebnisse des alltäglichen Lebens

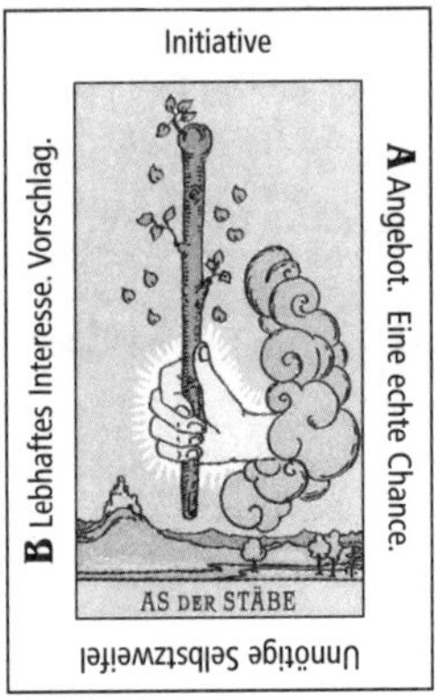

Pack die Gelegenheit beim Schopf!

Eine Hand reicht durch die Wolken einen blühenden Stab, im Verhältnis zur Landschaft überdimensional groß. Beides ist vorstellbar, daß sie den Stab darbietet oder ihn ergreift, wie Waite das beschreibt. Eine Landschaft im Frühling, im Hintergrund sind Hügel und noch weiter weg steht ein Schloß. Das sind Symbole für Üppigkeit, für Adel und Reichtum.

Ziehst Du die »As der Stäbe« ohne spezielle Frage, ahme wie im Rollenspiel die Haltung nach. Hab Lust und Freude, etwas anzupacken! Sei stolz auf Dich und das, was Du machst! Der Stab wird von göttlicher Hand gereicht. Das bedeutet, es ist der Geist, der das Leben bestimmt und – der Wille kommt aus uns selbst! Der Stab gehört zum »I. Magier« und aktiviert den EINklang zwischen dem, was man *eigentlich* will und dem, das man *im Augenblick* will. Sozusagen eine »spirituelle Linientreue[1]«, bei der man sich und seiner eigenen Absicht treu bleibt. Diese Übereinstimmung ruft die Überzeugung hervor! Dann wird nichts daran hindern, die Chancen spontan zu ergreifen!

Liegt das »Stab-As« umgekehrt – traut man sich zu wenig zu. Das ist unnötig und dauert auch nicht lang! Künstler kennen diese Selbstzweifel, wenn sie gar nicht wie sonst an ihr Talent glauben! Danach tauchen sie übrigens mit den besten Ideen wieder auf!

---

[1] Siehe dazu die Arme des »I. Magier«, der einen Stab hält!

Beziehungen

Schlüssel: Begeisterung. **Zusammensein:** Selbstbewußtsein und Freude. Freunde und Paare sind für neue Ideen offen. Spontaneität ist das A und O. Ideen und gegenseitige Angebote. Man hat es gern exquisit. Vielseitige Interessen. Sie unterstützen andere neidlos, wenn sie eine Chance erhalten. **Problem:** Frage Dich, was Du eigentlich willst und ob Du Deine Chance wahrnimmst. (uk): Unnötige Zweifel an der eigenen Fähigkeit verhindern nicht nur die Lösung, sie verursachen auch Probleme. **Trennung:** Wenn man sie nicht will, ergreife man die Initiative. Ansonsten stellt gerade sie die neue Chance dar. **Partnertyp:** Amüsant und interessant, voller Phantasie und Elan. Bei unbegabten Menschen langweilen sie sich sofort.[2] **Kommt es zur Beziehung?** Ja. Mach Du den ersten Schritt! **Kind:** Begabung des Kindes. Begeistert, voller Interesse. Es packt den Stier fröhlich bei den Hörnern. (uk): Es hat unnötige Zweifel. **Reise/Urlaub:** Er ist *die* Gelegenheit!

Aktivitäten – Arbeit

Schlüssel: Chance. **Geschäftliche Lage:** Gute Aufträge. Echte Chance und gute Möglichkeiten. **Entscheidung:** Sehr gut. **Plan:** Vielversprechende Idee. (uk): Relativ gute Gelegenheit! **Mitarbeiter:** Interessiert und motiviert. Bekommt eine Chance! (uk): Unnötige Selbstzweifel. Müßte die Chance schneller nutzen. **Jobsuche:** Sehr gutes Angebot. Greife schnell zu! **Berufswahl:** Das Talent soll den Ausschlag geben. Man nimmt, was einem angeboten wird. (uk): Das Talent reicht nicht ganz, man gehe in einen ähnlichen Beruf.

Kauf und Verkauf

Schlüssel: Superangebot. (uk): Gutes Angebot. **Auto/Gerät:** Greif zu! **Wohnung:** Top-Angebot. **Vertrag:** Chance! Unterschreibe!

Gesundheit

Behandlung/Diagnose: Sie bietet gute Chancen! Ohne spezielle Frage: Man bekommt einen guten Tip! **Psyche:** Kulturelle Interessen fördern das Befinden. (uk): Kläre, warum Du unnötig an Dir zweifelst!

---

[2] Widder- und Marsbetonung im Horoskop, auch Schütze oder Jupiter.

Ansichtssache

Ein Mann genießt auf seiner Terrasse den Ausblick über Land und See. Das Anwesen ist hoch gelegen, damit er in die Ferne schauen kann. Zufrieden gibt er sich der Betrachtung hin – was hinter ihm liegt und was vor ihm. Die Weltkugel, aber auch die Rosen und Lilien zeigen einen Weltbürger, der das Leben kennt. Sein Umhang ist braun, er setzt seine Ideen um! Ihm bedeutet aber Reichtum mehr als Geld, er ist differenziert und intuitiv und interessiert sich für neue Bereiche.

Wenn Du wissen willst, wie Du Dich verhalten sollst, gibt Dir die »2« einen Wink – gelassen und intuitiv[3]. Betrachte Deine Frage, bis sich eine Stimme oder ein Bild aus Deinem Innern meldet. Dann kannst Du sagen: »Ich bin der Ansicht, daß ...« Die Zahl »2« bedeutet Dualität und Begegnung: Schau, was Du willst und was andere wollen. Beides ist wichtig! Stimmt das, was Du willst, mit Deinem Inneren und Äußeren überein? Steh zu Deiner Meinung und akzeptiere die Ansicht der andern. Jedes Gespräch und jede Diskussion zeigt, ob man das kann!

Liegt die »Stab-2« umgekehrt – sind die Standpunkte verhärtet oder so unterschiedlich, daß man sie nicht unter einen Hut bekommt. Das muß man akzeptieren. Nur dann findet sich eine Lösung – ohne daß einer seinen Standpunkt verläßt!

[3] Die Zahl »2« verweist auf die »II. Hohepriesterin« : der intuitive Wille.

Beziehungen

Schlüssel: Gespräch. Meinung. **Zusammensein:** Freunde und Paare diskutieren gern und tauschen ihre Meinung offen aus. Niemand soll mit seiner Meinung hinter dem Berg halten. In der Liebe mehr Gespräch als Erotik. **Problem:** (uk): Konträre Standpunkte und Lebenseinstellung. Man muß das akzeptieren, sonst klappt es nicht! **Partnertyp:** Gesprächig und unterhaltsam. Sie beziehen die Gegenposition ohne es persönlich zu meinen. Aus Freude an der Debatte! **Partnersuche:** Man sucht nicht wirklich, schaut sich ein wenig um und will sich nur unterhalten. **Kommt es zur Beziehung?** Nein, über Gespräche geht es nicht hinaus. **Kind:** Das Baby lernt sprechen. Das Kind soll seine Meinung frei heraus sagen und die anderer auch mal annehmen. Eindrücke im Gespräch bewußt machen – TV-Sendung, Buch, Theaterbesuch. **Reise/Urlaub:** Besichti gung.

Aktivitäten – Arbeit

Schlüssel: Diskussionsbedürftig. **Situation:** Gespräch. Verhandlung. (uk): Man versucht vergeblich, eine Einigung zu erzielen. **Entscheidung:** Man beschließt eine Besichtigung oder ein Gespräch. (uk): Die verschiedenen Standpunkte passen nicht unter einen Hut. **Plan:** In der Entwicklungsphase. **Mitarbeiter.** Kommunikativ. (uk): Widerspricht gern und bezieht Gegenposition. Das muß man wissen und akzeptieren. **Jobsuche:** Geh hin, schau es Dir an, aber es bleibt beim Gespräch. (uk): Wenn Du die Stelle dringend brauchst: Widersprich nicht! Aber es ist nicht ganz Dein Ding! **Berufswahl:** Kommunikationsberuf. Optik.

Kauf und Verkauf

Schlüssel: Besichtigung. Schau dich noch um! (uk): Handle die Bedingungen besser aus! **Auto:** Fenster. **Wohnung und Haus: Fassade.** (uk): Fenster werden erneuert o.ä.. **Vertrag:** Handle noch einige Punkte aus!

Gesundheit

Man geht zum Arzt und läßt sich »anschauen« bzw. durchchecken. **Behandlung:** Muß genauer besprochen werden. (uk): Behandlungsmethoden sind Ansichtssache. **Psyche:** Man fühlt sich bei Widerspruch angegriffen. Übe, Dinge aus verschiedenem Blickwinkel zu betrachten – jeder Standpunkt hat seine Gültigkeit!

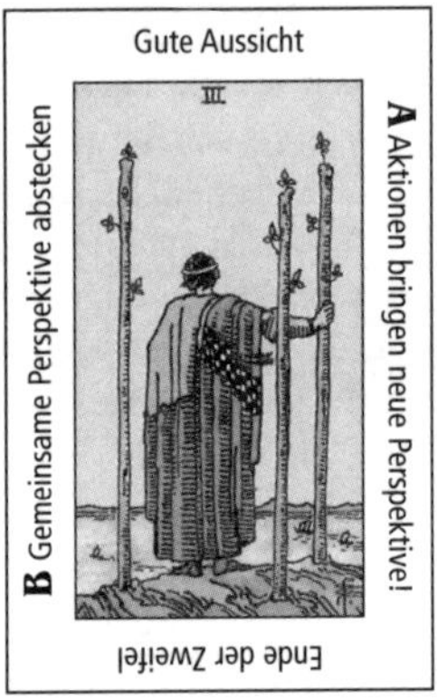

Es gibt immer eine Perspektive!

Ein Mann schaut vom Riff nach den Schiffen aus, die Abendsonne taucht das Meer in Gold. Hinter dem Mann stecken zwei Stäbe in der Erde und bilden ein Tor. Er steht auf der Schwelle zu neuen Plänen und Ideen, er ist bereit, in Aktion zu treten. Das zeigt der dritte Stab in seiner Hand. Das rotbraune Gewand verrät die Haltung, Phantasie und Willensstärke umzusetzen. Das grüne Tuch über der linken Schulter motiviert dazu, die Entwicklung, so wie sie ist, zu »ertragen«. Sie auch mal flexibel auf die leichte Schulter zu nehmen.[4] An der gelbschwarzen Schärpe erkennt man die »wichtige« Persönlichkeit und den cleveren Geschäftsmann. Die Schiffe gehören ihm oder bringen ihm Ware.

Die »Stab-3« verspricht eine gute Perspektive. Daß etwas nur in Aussicht gestellt wird, löst nicht unbedingt helle Begeisterung aus, wenn man in einer verfahrenen Situation nach greifbaren Ergebnisse sucht. Aber mit Flexibilität und Phantasie gewinnt man jeder Situation eine Perspektive ab! Sie fällt einem nicht in den Schoß, man muß einiges dafür tun! Aber es setzt etwas in Gang und wird sich lohnen!

Liegt die »Stab-3« umgekehrt – bedeutet sie das Ende von Zweifeln!

[4] Die Farbe Grün und die Zahl »3« gehören zur »III. Herrscherin« – sie steht für den natürlichen Gang des Lebens und für Geburt – und für verschiedene Lebensformen.

Beziehungen

Schlüssel: Gemeinsame Perspektive. Ende von Zweifeln. **Zusammenleben:** In der Freundschaft oder Liebe klärt man Perspektiven – privat oder beruflich. Das Bedürfnis nach Klarheit.[5] Die Gewißheit, daß es irgendwie immer weitergeht, verbindet. (uk): Zweifel an der Person des Partners oder an der Beziehung gehen vorbei oder sind bereits ausgeräumt. **Problem:** Einer betont die Perspektive zu viel, der andere zu wenig. **Trennung:** Es gibt wieder eine gemeinsame Perspektive, wenn man sich nicht trennen will. Wenn ja, ist die Trennung die gute Perspektive. **Partnertyp:** Muß immer wissen, woran man ist. **Kommt es zur Beziehung?** Es besteht Aussicht. (uk): Bald weißt Du, woran Du bist. Das kann »ja« bedeuten, aber auch »nein«. Die »Stab-3« betont lediglich das Ende der Zweifel. **Kind:** Klärung, wie es mit dem Kind weitergehen soll. Perspektivisch sehen, malen. Mit dem Kind üben, daß es die Aussicht einschätzen lernt. **Reise/Urlaub:** Gute Aussicht, wähle auch das Hotel o.ä. danach aus.

Aktivitäten – Arbeit

Schlüssel: Perspektive. **Situation:** Die Perspektive zeichnet sich ab. Sie erfordert Aktivität und Anstrengung, aber es lohnt sich! Das **Ergebnis** ist »nur« eine Perspektive – aber sie führt weiter! (uk): Zweifel bezüglich der Frage sind bald ausgeräumt. **Entscheidung:** Positive Perspektive! (uk): Zumindest weiß man, woran man ist. **Plan:** Arbeite die Perspektive heraus. **Mitarbeiter:** Braucht neue Perspektiven, verliert sonst die Arbeitsfreude. (uk): Man weiß, woran man ist. **Jobsuche:** Gute Aussicht, bemühe Dich darum! **Berufswahl:** Beruf mit Aussichten. Zeichner. Geometer.

Kauf und Verkauf

Schlüssel: Gute Aussichten! (uk): Zweifel sind bald ausgeräumt. **Auto:** Sichtfeld. Günstig für den Wiederverkauf. **Immobilie:** Schöne Aussicht. (uk): Aussicht wird sich ändern! **Vertrag:** Noch strittige Fragen – sonst gut.

Gesundheit

Gut. Gute Aussicht bei Krankheit. **Behandlung:** aussichtsreich. (uk): Sprich ungeklärte Punkte an, um die Zweifel auszuräumen. **Psyche:** Lerne mit Zweifeln leben. Sprich sie offen an – ohne den Garantieschein zu fordern!

---

[5] Alle 3er Karten sind Entwicklungskarten!

Gute Kontakte erleichtern das Leben

Jubelnd schwenkt das Paar mit den Blumensträußen. Es muß einen Grund zum Feiern geben, sie haben sich mit Lorbeeren bekränzt, einen Triumphbogen aufgestellt und mit Rosen behängt. Im Hintergrund plaudern angeregt die Gäste. Im alten Marseiller Tarot, das für die Kleinen Arkana keine Bilder hat, deutet man diese Karte als Bekanntenkreis und Menschen, die man kennt. Das Bild von Waite zeigt einen festlichen Anlaß, sie zu treffen. Gefeiert wird königlich[6], das kann ein Jubiläum oder ein Richtfest sein, ein guter Abschluß, was auch immer.[7] Die »Vier« verspricht Sicherheit und konkrete Ergebnisse. »Wenn ich es will, klappt es auch« – ist das Motto dieser Zeit. Wer diese Karte für eine Idee (Stab) zieht, kann sie realisieren, weil Inspiration *und* Können zusammenwirken. In der Tarotpraxis taucht die Feier selten auf. Wenn, dann als Richtfest – für ein Haus oder ein Produkt, das bekannt werden soll.[8] Bewährt hat sich der Hinweis auf bekannte Menschen oder daß jemandem etwas bekannt ist.

Liegt die »Stab-4« umgekehrt – ist eine Bekanntschaft oder ein Kontakt unterbrochen oder gestört. Kläre die Ursache und mach das Beste daraus!

---

6 Logisch, die »4« gehört zum »IV. Herrscher«. Die »Stab–4« sagt, richte Deinen Willen und Deine Idee à la »IV. Herrscher« aus.

7 Die »Stab-3« bedeutet Anstrengung um die Perspektive, hier feiert man das Ergebnis!

8 Die Geselligkeit und Party zeigt die »Kelch-3«.

Beziehungen

Schlüssel: Bekannte. **Zusammensein:** Der gute Draht zueinander. Ein guter Bekanntenkreis. **Problem:** Man findet schwer Kontakt. Funkstille. Man mag die Bekannten von Freunden oder Partner nicht. **Geheimnis:** Es wird bekannt.[9] **Trennung:** Man bleibt in lockerem Kontakt wie gute Bekannte. (uk): Man bricht den Kontakt ab. Für die erste Zeit ist das gut! **Partnertyp:** Kontaktfreudig und freundlich. **Kommt es zu einer Beziehung?** Es bleibt bei der Bekanntschaft. (uk): Der Kontakt bricht ab. **Kind:** Das kleine Kind baut einen eigenen Bekanntenkreis auf.[10] (uk): Achte darauf, mit welchen Leuten ein Teeny Kontakt hat! Kontaktprobleme. **Reise/Urlaub:** Mit Bekannten.

Aktivitäten – Arbeit

Schlüssel: Protektion. **Situation:** Geschäftliche Verbindung. (uk):. Nutze »Vitamin B(eziehung)«, auch wenn Dir die Person unsympathisch ist. **Entscheidung:** Wird bekannt gegeben. (uk): Kontakt bricht vorher ab. **Plan:** Mitarbeit von Bekannten. **Ergebnis:** Wird groß gefeiert. **Mitarbeiter:** Kontaktfreudig. In der Branche bekannt. (uk): Kontaktschwierigkeiten. **Jobsuche:** Jemand kann Dir helfen. **Berufswahl:** Begabung, Menschen zusammenzuführen. Pressesprecher.

Kauf und Verkauf

Schlüssel: Positiv. Tip von Bekannten. **Auto/Gerät:** Gebrauchtwagen. Gängiges Modell beim Neuwagen. (uk): Kontaktprobleme beim Zündkabel. **Immobilie:** In der Nähe von Bekannten. (uk): Zu weit von Bekannten. Oder: In der Nähe von jemand, den man nicht mag. Kauf: Bessere Kondition durch Beziehung. **Vertrag:** In Ordnung. Lies ihn mit Bekannten durch.

Gesundheit

Krankheit im Bekanntenkreis. **Behandlung:** Bekannte Methode. (uk): Kontaktstörung: psychologisch, auch neurologisch bedingt. **Psyche:** Wie spürst Du die Kontaktstörung? Was machst Du zu viel, was zu wenig?

---

[9] Wenn entsprechende Karten dabei liegen, z.B. »Kelch-7«, die Heimlichkeit.

[10] »Kelch-3« sind enge Freunde. Die Zahl »4« bedeutet Stabilität: Der Bekanntenkreis stabilisiert das Ich.

Wettkampf

Die Situation erfordert Lust, für sein Anliegen zu kämpfen. Die Spieler auf dem Bild geben Tips für die richtige »Kampfmethode«, jeder hat seine eigene Stärke. In welchem erkennst Du Dich wieder? Der Rote behauptet sich in der Mitte, der Schwarze schirmt den Hinterraum ab und macht die Basisarbeit. Der Grüne findet elastisch die Lücke und stößt dann zu. Der mit den Punkten beobachtet wachsam das Geschehen und wartet geduldig auf seinen Moment. Der clevere Gelbe jubelt: »Ich hab's!«. Dabei muß er aufpassen, daß ihm seine Waffe nicht aus der Hand geschlagen wird. Für alle gilt: Glaube an Dich, reagiere schnell und vertraue Deiner Idee – und verschaffe Dir, wo nötig, das »Know-how«![11] Jeder kämpft auf seine Weise, einer laut, der andre leise... Jeder will der Beste sein, und das schult die Willensstärke, Spontaneität und Stoßkraft. Und nicht zuletzt den Teamgeist, denn so eine Mannschaft erreicht viel! Kämpfe für Deine Frage, wie es Dir entspricht! Denk daran, Ihr seid Gegner und keine Feinde. Nach dem Kampf reicht Ihr Euch die Hände. Vielleicht geht es heiß her, aber das macht Spaß, weil es fair und sportlich ist. Deine Frage bietet ein gutes Training. Weil Deine Idee stimmt, *ist* sie selbst die beste Waffe!

Liegt die »Stab-5« umgekehrt – ist es ein Scheingefecht, es geht um etwas anderes! Auch: Lege Deine Angst vor Konkurrenz ab und hab Spaß daran!

[11] Die »5« rät dazu, seinen Willen wie »V. Hierophant« einzusetzen.

Beziehungen

Schlüssel: Sportlich. **Zusammensein:** Es geht weiter wie bisher. Hier ist immer was los! Die wahren Freizeitspezialisten. Ob Sport, Fitneßstudio, Kino, Ausstellungen. Man kabbelt sich – aber nur aus Spaß. Kühlt die heiße Liebe ab, hat man immer noch viel Freude aneinander. So schnell trennen sich die beiden nicht, weil sie sich gut verstehen und weil sie fair sind. **Problem:** Sprich besser nicht (!) darüber und schneide unverfängliche Themen an. (uk): Redet man immer um den heißen Brei, muß man sich fragen, wieso man sich nicht traut und warum es an Vertrauen mangelt. **Trennung:** Es geht weiter wie bisher. Ist man noch zusammen, bleibt das so. Ist man getrennt, bleibt man es auch. **Partnertyp:** Fair. Mißt sich gern mit anderen! Offensiv und heiter. Selbstbewußt. Sportlich. **Kommt es zur Beziehung?** Ja, wenn alle Zeichen dafür stehen. Sonst bleibt es wie es ist. **Kind:** Sport. Wettkampf. Mannschaftssport. Aikido o.ä.. Das Kind entwickelt Kampfgeist. Es soll Spaß daran finden, daß es mal gewinnt und mal verliert. **Reise/Urlaub:** Wie geplant.

Aktivitäten – Arbeit

Schlüssel: Wettbewerb. **Situation:** Wettbewerb. Werbung. Ausstellung oder Messe. **Entscheidung:** Positiv. **Plan:** Kann man wie gedacht ausführen. (uk): Man rechne mit Scheingefecht. **Mitarbeiter:** Teamfähig. Fair. Will der Beste sein. Training. (uk): Leichte Konkurrenzprobleme. **Berufswahl:** Wettbewerbsorientierte Berufe: Werbe- oder Messebranche. Sportler. (uk): Der Wettbewerb sollte keine zu große Rolle spielen. Konkurrenzangst.

Kauf und Verkauf

Schlüssel: Gut. Beachte Messeangebote. (uk): Scheinangebot. Konkurrenz spricht sich ab. **Autos, Geräte und Immobilien:** Nutze den Wettbewerb, und Du erkämpfst bessere Konditionen. **Wohnung:** Musterwohnung. Spielplatz. **Vertrag:** Du kannst ihn getrost unterschreiben.

Gesundheit

Sport treiben. Tai Chi, Reaktionstraining etc. (uk): **Psyche:** Angst vor Wettbewerb oder Teamprobleme. Warum? Weil man sich nicht vertraut und nicht verlieren kann!

Zögern vor dem eigentlichen Schritt

Der Reiter bringt den Siegerkranz. Er hat sich persönlich ausgezeichnet und verkündet auch den Sieg seiner Truppe[12]. Sie begleitet ihn, die Gesichter verraten Wachsamkeit und Umsicht. So ganz scheint die Lage noch nicht gebannt zu sein. Das Pferd verschwindet unter der Turnierdecke, es neigt den Kopf sanft zur Seite. Der Eindruck von Stillstand entsteht. Der Himmel ist strahlend blau, die Atmosphäre erwartungsvoll. Der Reiter, er sieht wie ein Page aus, wirkt nachdenklich und verhalten.

Die Karte kündigt Zögern an – man zögert, etwas zu tun bzw. etwas verzögert sich. Alle Karten der Zahl »6« handeln von einer Entscheidung oder Beziehung. Man erwartet bei einer Stabkarte Tempo, warum dann »zögern«? Der Moment der Entscheidung ist ein Innehalten, bevor man sich in die eine oder andere Richtung wendet. Der Reiter hat die Vorrunde gewonnen und weiß nicht, ob er dem Gegner, der ihn erwartet[13], gewachsen ist. Wer sich in ihm erkennt, zögert vor einem entscheidenden Schritt. Wer sich im Fußvolk sieht, vergleicht sich mit anderen. Das macht unsicher, zögerlich oder schüchtern und verursacht Komplexe. Das ist ganz unnötig! Das Bild zeigt doch nur Gewinner!

Liegt die »Stab-6« umgekehrt – deutet sie Stagnation an – nichts als die Turnierdecke zu sehen, keine Beine, keine Bewegung!

---

[12] Die vorherige Karte der »Stab-5« zeigt die kämpfende Mannschaft.

[13] Siehe »Stab-7«

Beziehungen

Schlüssel: Unsicherheit. **Zusammenleben:** Einer ist schüchtern und leicht zu verunsichern. Partner oder Freunde sollten nicht auch noch in dieses Horn stoßen! Frage nicht, was andere meinen oder »damit« sagen wollen. Rücke man selbst damit heraus, was Du willst! **Probleme:** Man läßt sich von jeder Schwierigkeit verunsichern. Auch: Man verunsichert andere, um sich stark zu fühlen. (uk): Die Beziehung stagniert, etwas mehr Pep würde nicht schaden! **Trennung:** Man zögert vor diesem Schritt. **Partnertyp:** Schüchtern. Unpünktlich. Minderwertigkeitsgefühle. (uk): Tritt auf der Stelle. **Kommt es zu einer Beziehung?** Es läppert sich hin, man bleibt kurz davor stehen. Das **Kind** ist schüchtern und langsam. Es geht Aufgaben nur zögerlich an. Um ihm zu helfen, kläre man, wo es einfach zurückhaltend ist und wo ein aktuelles Störfeld dazukommt. **Reise/Urlaub:** Verspätung.

Aktivitäten – Arbeit

Schlüssel: Verzögerung. Verspätung. **Lage:** Zögerliche Entwicklung. (uk): Stagnation. Unsichere Strategie, die Umsetzung verzögert sich. Die **Entscheidung** zieht sich hin. (uk): Sie kommt zu spät. **Plan:** Unsicherheit nach der Vorrunde. Kreise das Thema langsam ein! **Mitarbeiter:** Schüchtern. Langsam. Unpünktlich. (uk): Zu unsicher für diese Arbeit. **Jobsuche:** Dauert etwas länger. Man zögert vor der Entscheidung. **Berufswahl:** Zögert, bis man sich fest entscheidet. Berufe, bei denen man langsam arbeiten darf und im Hintergrund bleiben kann. Gut: Beruf, bei dem man anderen in ihrer Unsicherheit helfen kann.

Kauf und Verkauf

Schlüssel: Man ist gut beraten, wenn man abwartet. Das **Auto** tuckert. (uk): Bleibt immer stehen. **Gerät:** Arbeitet zu langsam, eine Funktion fällt öfter aus. Lieferung trifft verzögert ein. **Immobilie:** Rechne mit Verspätung, Unsicherheitsfaktoren. Arbeiten ziehen sich hin. Jemand zieht nicht rechtzeitig aus. **Vertrag:** Warte ab! Unterlagen treffen verspätet ein.

Gesundheit

Langsame Genesung. **Behandlung:** Dauert relativ lange. Der Arzt zögert. **Psyche:** Unsicherheit. Das kannst Du für Dich tun: Lasse die unnötigen Komplexe, weil jedem seine Nase nicht paßt!

Das siehst Du richtig!

Der Mann hat sich auf der kleinen Anhöhe verschanzt und packt seinen Stab entschlossen mit den Händen. Das Gesicht verrät eine seltsame Mischung aus grimmiger Bestimmtheit und Angst. Das gelbe Hemd zeigt kluges Handeln, die roten Strümpfe bedeuten ein phantasievolles und starkes Vorgehen. Er hat wohl einiges hinter sich und so manches verloren, er hat einen Stiefel und einen Schuh an. Aber beide sind braun – er weiß durchaus, wie er vorzugehen hat und tut es auch.[14] Er ist auf sich gestellt – und gewiß, daß man ihm nichts anhaben kann. Wieso kann man dessen so sicher sein? Als 7er Karte gehört die Karte zum »VII. Triumphwagen«, und bei den »Stäben« muß man nur wollen. Deshalb fiel Waite das Bild des wild entschlossenen Mannes ein. Stelle Deinen Willen und Deine Idee einfach auf »Erfolg« ein und sieh Dich als Gewinner! Das weckt die Phantasie, Deine Willensstärke und Aktivität – eine echte Erfolgsmischung für ein gutes Gelingen!

Liegt die »Stab-7« umgekehrt – ist man unentschlossen oder ängstlich. Jede Unentschlossenheit ist Angst – ob man nur eben mal befürchtet, etwas falsch zu machen oder auch sonst ein ängstlicher Mensch ist. Nur einer ist klar – so stimmt der Plan oder das Konzept noch nicht – nicht ganz!

---

[14] Geht man zur Stab-6 zurück, ahnt man, daß der Mann Reiter und Heer erwartet. Mit Recht – denn bald fliegen die Pfeile, im nächsten Bild, bei der »Stab-8«! Oder: Vielleicht ist er einer, der sich ohne Pferd und Heer für den Zweikampf wappnet.

Beziehungen

Schlüssel: Richtige Sichtweise. Entschlossenheit. **Zusammensein:** Man hat klare Vorstellungen, und richtet die Beziehung oder Freundschaft danach aus. Wenn man sich verliebt, sieht man klar, ob es etwas wird. Übereinstimmung in der Lebensweise. **Probleme:** Man sieht das Problem richtig. Festhalten am Konzept einer Beziehung führt dazu, daß man sich dahinter verschanzt. (uk): Ängstlichkeit dominiert die Stimmung. **Trennung:** Das Konzept stimmt. Der Entschluß steht fest. **Partnertyp:** Entschlossen. Geht das Objekt seiner Begierde zielsicher an. (uk): Unentschlossen. Ängstlich. **Kommt es zur Beziehung?** Wenn man will, ja! Dann pack es an! (uk): Man ist zu unentschlossen. Das **Kind** packt alles entschlossen an. Es lernt jetzt, einen Plan zu erstellen. (uk): Klares Konzept erforderlich! Das ängstliche Kind wird mutiger, wenn es kleine Aufgaben erfolgreich löst und dann zunehmend größere Aufgaben bekommt. **Reise/Urlaub:** Aktivurlaub. Urlaubspläne stimmen.

Aktivitäten – Arbeit

Schlüssel: Das richtige Konzept. Die **Situation** erfordert Entschlossenheit. Das **Entscheidung:** Wird beschlossen und durchgezogen. (uk): Unschlüssig. **Plan:** Das Konzept stimmt. Packe es an! (uk): Das Konzept stimmt noch nicht ganz! **Mitarbeiter:** Tatkräftig und entschlußfreudig. Gut, wenn sie selbst Beschlüsse fassen können. (uk): Unentschlossen, ängstlich. **Jobsuche:** Gut. Man weiß, was man will und zieht es durch. **Berufswahl:** Eignung für Tätigkeiten, die Konzepte beinhalten und/oder Entschlußfreudigkeit.

Kauf und Verkauf

Schlüssel: Kurz entschlossen. **Auto:** Stoßstange. **Auto/Gerät:** (uk): Konstruktionsfehler. **Immobilie:** Konzept oder Bauplan stimmt. Arbeiten gehen zügig voran. (uk): Planung stimmt noch nicht ganz! **Vertrag:** Entschließe Dich! (uk): Unentschlossen. Prüfe, was man verbessern könnte.

Gesundheit

(uk): Pack es an! **Behandlung:** Der Plan stimmt. (uk): Alle Bereiche müssen besser aufeinander abgestimmt werden. **Psyche:** Unentschlossenheit und Ängstlichkeit kommt aus der Vorstellung, daß alles immer richtig und man selbst immer erfolgreich sein müsse. Übe, Deiner Haltung zu vertrauen und Dich als Sieger zu sehen. Und dann – tu es einfach!

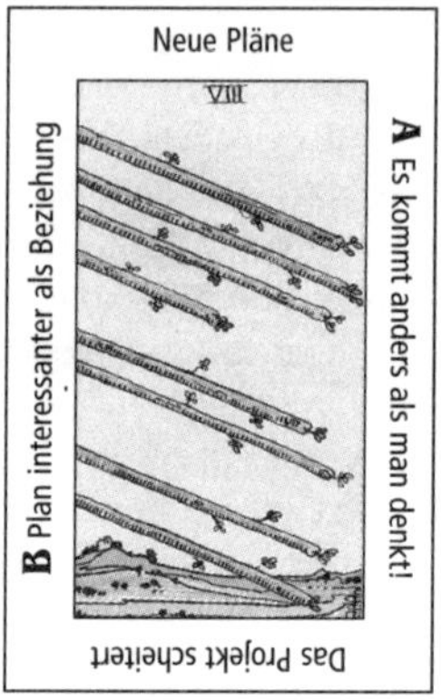

Neue Pläne kommen auf Dich zu

Kein Mensch zu sehen, ganz gut! Die Pfeile schwirren nur so aus heiterem Himmel. Einer berührt den See, ein anderer landet hinten auf der Wiese. Kurz vor der Landung kündigen sie an, daß man bald neue Bewegungen erwarten darf. Da weitere Stäbe anfliegen, darf man gespannt sein, was dem noch alles folgen wird. Arthur E. Waite nannte das Bild »die Bewegung durch das Unbewegliche«.

Die »8« bedeutet die Begegnung mit einer fremden Welt.[15] Bei den Stäben geht es um bisher fremde Vorstellungen, die Kraft erfordern, aber auch bringen. Lasse jetzt andere Vorstellungen und Ideen zu! Das weckt neue Interessen, macht aktiv und stark! Plötzlich fallen Dir tausend Ideen ein! Wer etwas vorhat und vom Tarot die Antwort »neue Pläne« bekommt, fühlt sich bestätigt. Aber dann würde man eine Karte ziehen, die z.B. sagt:«Dein Plan stimmt!«[16] Die »Stab-8« sagt hingegen: »Neue Pläne zu neuen Plänen!«, und das bedeutet, daß noch ganz andere kommen! Am besten fährst Du jetzt mit dem Motto: Erstens kommt es anders und zweitens als man denkt.

Liegt die »Stab-8« umgekehrt – scheitert ein Projekt. Schau Dir das Bild an, es ist, als würden die Stäbe nicht landen können und wieder abdrehen.

[15] Siehe dazu die 8. Große Arkana, die »VIII. Kraft«: Die Frau mit dem Löwen.

[16] Siehe »Stab-7«, die Karte davor!

Beziehungen

Schlüssel: Neue Pläne. **Zusammensein:** Der Reiz am Neuen ist der Kick. Ständig schwirren neue Ideen im Raume. Man hat es gern, wenn andere unerwartet hereinschneien! Faible für verrückte Ideen! **Probleme:** Man kann nicht damit umgehen, wenn etwas anders wird als geplant. (uk): Pläne sind gescheitert. **Trennung:** Es kommt ganz anders! Nach der Trennung andere Interessen und viele Überraschungen. **Partnertyp:** Steckt voller Ideen und gerät in unglaubliche Geschichten! (uk): Verhält sich wie das Fähnchen im Wind. **Kommt es zur Beziehung?** Dieser Wunsch ist bald passé. Warum? Ein Projekt oder ein Vorhaben wird so fesselnd, daß einem die Liebe für ein Weilchen völlig »schnuppe« wird! Auf das **Kind** prasselt viel ein. Es fängt viel an, läßt sich aber ablenken. (uk): Das Kind muß sich dauernd neu einstellen! **Reise/Urlaub:** Anders als geplant! Unerwartet.

Aktivitäten – Arbeit

Schlüssel: Andere Projekte. **Situation:** Neue Pläne prägen die Lage und werfen so manches um. Richtungswechsel. **Entscheidung:** Wird wieder umgeworfen. **Plan:** Er wird von einem ganz anderen abgelöst. (uk): Das Projekt scheitert. **Mitarbeiter:** Ersatz. Springer. Kann gut auf neue Trends reagieren. Schneit unerwartet herein. (uk): Bringt ein Projekt zum Platzen. **Jobsuche:** Es kommt anders, als es bis jetzt aussieht. **Berufswahl:** Die Suche nach dem richtigen Beruf verläuft stürmisch, weil man ständig einer anderen Idee hinterher jagt. Talent für die neuesten Trends.

Kauf und Verkauf

Schlüssel: Es kommt nicht zum (Ver-)Kauf, weil anderes wichtiger wird. Oder: Zu viele Modelle. **Auto:** Probleme bei Seitenwind. (uk): Bei Schaden ein Konstruktionsfehler. Vor der Entscheidung für eine **Immobilie** kommen viele unerwartete Wendungen. (uk): Die Pläne, die man macht, scheitern. **Vertrag:** Eine Vorstellung jagt die andere. Kein Abschluß. Möglicherweise unerwartet zu einem anderen Zeitpunkt.

Gesundheit

Turbulent. Die bisherige **Behandlung** wird durch eine ganz andere abgelöst. Sie kommt auf einen zu. **Psyche:** (uk): Das liegt darin, daß man wie ein Blättchen im Wind allen Einflüssen folgt, aber nicht wirklich neue Ideen zuläßt!

Mach mal Pause!

Der Mann sieht mit dem Stirnband etwas verwegen aus, auch, wie er sich düster erwartungsvoll an seinen Stock lehnt. Er schirmt sich mit acht Stöcken ab, ein Zaun, der die grüne Hügellandschaft bricht.

Was ist das für ein Mensch? Holen wir den »IX. Eremiten« dazu! Wie ähnlich und unterschiedlich die beiden sind! Beide auf den Stab gestützt, beide allein. Der »IX. Eremit« sucht Einsamkeit und Ruhe, dieser Mann brütet etwas aus. Sein Stirnband – das er vom »I. Magier« hat – ist schräg um den Kopf gewickelt. So ganz aufrecht ist sein Denken wohl nicht. Nimm wahr, wo Deine Sichtweise etwas schräg oder verrutscht ist. Die Karte kündigt eine Besinnungspause an, und meistens ist man damit unzufrieden, statt sie zu nutzen. Was erwartest Du? Was löst das Bild bei Dir aus? Die Zahl »9« rät, eine Absicht in Ruhe zu beleuchten.[17] Das braune Gewand empfiehlt dabei eine pragmatische Einstellung. Gehe also klug vor und schlage die Richtung ein, die Dir entspricht – deshalb sind Stiefel und Strümpfe ockerfarben.

Liegt die »Stab-9« umgekehrt – liegt der Asphalt mit den Stiefeln oben. Die Pause ist unfreiwillig. Man will unbedingt Schritte unternehmen. Besser sollte man die Unterbrechung zum Nachdenken nutzen!

[17] Die »Stab-9«« gehört als 9er Karte zum »IX. Eremiten« – also ist Ruhe das Ziel!

Beziehungen

Schlüssel: Besinnung. **Zusammensein:** Man denkt über die Beziehung nach. Man braucht mal eine Besinnungspause. Gemeinsame Überlegungen. Wer diese Art von Ruhe schätzt, ist hier gut aufgehoben. **Probleme** entstehen durch die Erwartungshaltung. Auch: Wenn die Beziehung zu ruhig wird, verdüstern sich die Gedanken, statt daß man es anspricht, um Ruhe und Abwechslung neu zu gestalten. Schwierigkeiten lösen sich, wenn man eine Pause einschiebt. (uk): Die unfreiwillige Pause ist gut, um über alles nachzudenken. **Partnertyp:** Besonnen, überlegt lieber alles drei, Pardon!, neunmal, bevor er zur Tat schreitet. Ein Mensch, der Ruhepausen braucht! **Kommt es zu einer Beziehung?** Sendepause! Eine gute Gelegenheit, über Euch nachzudenken! Das **Kind** wartet auf etwas. Pausenregelung. Es braucht mehr Lernpausen für eine gute Leistung. (uk): Die Pausen sind zu lang. Probleme in der Schulpause.

Aktivitäten – Arbeit

Schlüssel: Unterbrechung. Überdenken. Die **Lage** ist ruhig. Das nutze man für weitere Überlegungen. **Entscheidung/Plan:** »Besinnungspause«. Auch wenn man davon nicht begeistert ist, täte sie gut! (uk): Nutze eine unfreiwillige Pause oder Unterbrechung! **Abwicklung:** In Intervallen. **Kollegen:** Ruhig. Arbeiten langsam aber besonnen. (uk): Sie überlegen zu lang. Bekommen zu wenig Pausen – oder machen zu viel Pausen. **Jobsuche:** Da nichts sichtbar ist, denke darüber nach! **Berufswahl:** Man will seine Ruhe haben. Besinnliche Tätigkeit. Beruf, bei dem man Denken muß.

Kauf und Verkauf

Schlüssel: Überdenke alles nochmal gründlich![18] Käufer oder Verkäufer schalten eine Atempause ein! **Auto:** Ruhiger Lauf. Ruhestellung der Sitze. **Immobilie:** Ruhig gelegen. Die Fertigstellung verläuft in Intervallen. (uk): Ist die Wohnung zu ruhig? **Wohnung:** Leseecke. **Vertrag:** Besinnungspause.

Gesundheit

Mehr Besinnungspause als Krankheit. Auch: Die Behandlung muß reiflich überlegt werden. (uk): Denke über Dich nach, aber nicht soviel über Dein Befinden!

---

[18] Wenn man glaubt, das hätte man schon, weist die Karte darauf hin, daß noch nicht alles bedacht ist.

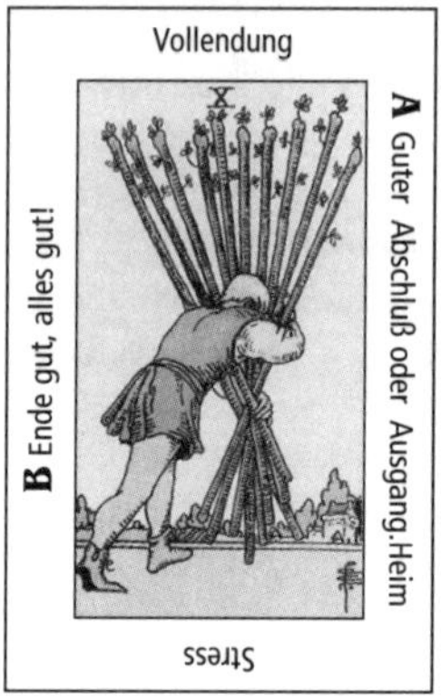

Ende – frei für die nächste Runde!

Ein Mann geht mit vollen Armen über das Feld. Er geht schwer und legt den Kopf müde in sein Bündel. Er hat es geschafft und ist geschafft. Zu Hause unter den Bäumen erwartet ihn Ruhe. Über ihm hängt auch Leere, wie sie einen »nach der Ernte« überkommt, wenn man nichts mehr zu tun hat.

Ziehst Du die »Stab-10«, kannst Du (etwas) abschließen. Sollte es sonst schwerfallen, fällt es Dir jetzt erstaunlich leicht! Ein Ende ist nötig, damit der Blick frei wird für die nächste Partie. Programmiere Deine Mentalität darauf, daß Du abschließen *willst* und daß sich jede gute Idee mal erschöpft hat!

Eine 10erKarte bedeutet: Vollendung. Der Kreis schließt sich, um in die nächste Runde überzugehen[19]. Säen, wachsen und reifen, Ernte, Ruhezeit und dann wieder von vorn. Die Stäbe ergeben die Form der »X«. Siehst Du es so, daß er den Wald vor lauter Bäumen nicht sieht und sich die Sicht mit den Stäben versperrt, dann nimm das als Impuls, Dir nicht zu viel aufzuladen!

Liegt die »Stab-10« umgekehrt – Streß. Man hat sich zu viel vorgenommen. Auch: Die Sache ist vorbei. Sie beschäftigt Dich noch, aber schließe damit ab! Du brauchst den Kopf für anderes!

---

[19] »Stab-10« gehört zum »X. Rad des Schicksals«: Ideen, Wille, Absicht

Beziehungen

Schlüssel: Etwas abschließen. **Zusammensein:** Es klappt einfach gut. Nicht zuletzt, weil man davon überzeugt ist, daß alles ein gutes Ende findet. Man schließt etwas gemeinsam ab und freut sich schon auf die nächste Runde. (uk): Das **Problem** ist eigentlich schon beendet. Der gute Ausgang ist sicher. (uk): Streß, weil alles »vollkommen« sein muß, weil man die »Vollendete Beziehung oder Freundschaft« spielt. Auch: Was hängt Dir noch nach? Laß es gut sein! **Trennungskrise:** Man steht vor vollendeten Tatsachen. Es ist vorbei, abgeschlossen und damit gut! Ein **Partnertyp,** der hält, was er verspricht. Kann gut abschließen – begonnene Arbeiten, aber auch mit Problemen. (uk): Stressiger Typ oder häufig gestreßt. **Kommt es zur Beziehung?** Meistens ja. Auf jeden Fall ein gutes Ende für Dich. **Kind:** Es lernt, etwas fertig zu machen, etwas ganz auszuführen, aber dann auch aufzuhören. In der Schule der gute Abschluß. (uk): Warum ist das Kind gestreßt und überfordert? **Reise/Urlaub:** Abschluß.

Aktivitäten – Arbeit

Schlüssel: Guter Abschluß. **Situation:** Ein vielversprechender Abschluß. **Entscheidung/Vertrag:** Optimaler Abschluß. Super Ergebnis. **Plan:** Wird gut zu Ende geführt. (uk): Man nimmt sich zu viel vor. Bringt Stress. **Mitarbeiter:** Erledigen ihre Aufgaben bis zum guten Ende. Einsetzbar für Abschlüsse. (uk): Gestresst. Bekommen zuviel Arbeit aufgebürdet. **Jobsuche:** Guter Abschluß. **Berufswahl:** Talent für Abschlüsse. Will eine Arbeit von Anfang bis Ende selbständig durchführen.

Kauf und Verkauf

Schlüssel: Abschluß. Dem Kauf bzw. Verkauf steht nichts im Wege. **Auto:** (uk): Motor läuft zu hochtourig. Bald ist neuer Motor fällig. **Immobilie:** Sehr schön! Ertragreich als Kapitalanlage. Termingerechte Fertigstellung. (uk): Zuviel des Guten! Ein guter **Vertragsabschluß.**

Gesundheit

Ohne Beschwerden. Gab es gesundheitliche Beschwerden, sind sie vorbei. **Psyche:** (uk): Streßsymptome bei Über- oder Unterforderung. Lade Dir nicht zu viel auf!

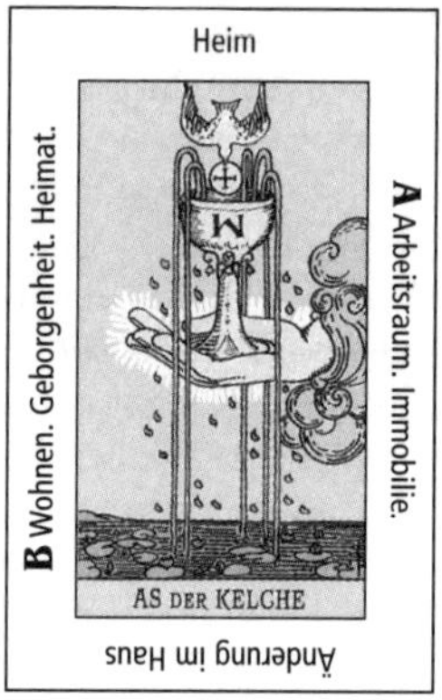

Hier bin ich daheim

Die göttliche Hand reicht einen Kelch, aus ihm steigen vier Fontänen hoch und fließen wie Wassersäulen in den See. Eine Taube, der »Heilige Geist«, legt eine Hostie in den Kelch. Tautropfen schweben auf die Wasserlilien, das Symbol für die menschliche Entfaltung. Der Kelch ist ein Bild für die Seele als »Gefäß Gottes«. Wenn Mensch und Seele vierfach verbunden sind – über Körper, Gefühl, Denken und Geist – entsteht ein Strom der Liebe. Auch wenn wir davon meilenweit entfernt sein dürften, bestimmt das Ziel den Weg. Das bedeutet, daß wir daran arbeiten, »emotional eins«[20] zu sein, Absicht und Gefühl aufeinander abzustimmen. Dann sind wir unser eigenes Zuhause.

Man deutet die Karte »Kelch-As« als Geborgenheit und Wohnung. Jede Wohnung zeigt den Menschen, der in ihr lebt. Das Dach über dem Kopf ist von existentieller Bedeutung! Auch für das Wohlbefinden. Daheim sind wir »ICH« und können die Rollen, die wir draußen spielen, abstreifen. Ob und wie wir das tatsächlich tun, ist eine andere Frage.

Liegt das »Kelch-As« umgekehrt – bedeutet es Änderungen. Meistens ändert man die Wohnung oder etwas in der Wohnung.

[20] Bei den Waitekarten haben die Asse keine Nummer, das hebt sie aus der normalen Ordnung. Im Marseiller Tarot und anderen Spielen sind die Asse 1-er-Karten. Damit gehören sie zum »I.Magier«.

Beziehungen

Schlüssel: Wohnen. Geborgenheit. **Zusammensein:** Man wohnt gern zusammen oder trifft sich am liebsten zu Hause. Gemütlichkeit. Gespräche über Wohnung. (uk): Wohnungsänderung. Man ist zusammen, wohnt aber getrennt. **Problem:** (uk): Wegen Wohnung oder Wohnen. Man fühlt sich nicht geborgen. Einer von beiden will nicht zusammenziehen. **Trennung:** Zieht sich hin, weil man am Haus hängt – mehr als am Partner. **Partnertyp:** Häuslich. Die wahre Qualität zeigt sich zu hause. Heimatverbunden. **Kommt es zu einer Beziehung?** Ja. Man wird zusammenziehen. **Kind:** Geborgenheit. Kinderzimmer. Das eigene Zimmer. (uk): Kinderzimmer umstellen oder in ein anderes Zimmer umziehen. Die eigene Ecke. Das Kind sucht ein Zuhause, wenn die Eltern getrennt wohnen.

Aktivitäten – Arbeit

Schlüssel: Geschäfts-, Arbeitsräume. **Situation:** Gesprächsthema über Raum oder Immobilie. **Entscheidung:** Intern – »im Haus«. **Plan:** Haus oder Räume. Architekturplan. (uk): Außerhalb. Änderung bei Arbeitsräumen. **Mitarbeiter:** Arbeitsplatz. Talent für Immobilienfirma. (uk): Umzug in ein anderes Haus, auch in der gleichen Firma. **Stelle:** im gleichen Haus. **Berufswahl:** Immobilienberuf, Innenarchitekt, Hausbedarf, Hausbesuch. (uk): Wählt einen anderen Beruf als »zu Hause«. Keine Heimarbeit. Arbeit, um aus dem Haus zu kommen.

Kauf und Verkauf

Schlüssel: Hauskauf. Kauf von zu hause aus. (uk): Kauf in einem andern Haus. **Auto/Gerät:** Fachgeschäft. **Immobilien:** »Kelch-As« *ist* die Karte dafür. Sie zeigt an: Die Wohnung ist gefunden. Tip: Wähle die, in der Du das Gefühl hast: hier bin ich »ICH«! So sollte auch die Einrichtung sein – das gilt für Dich und alle Mitbewohner! (uk): Wohnungswechsel (neben »Kelch-6«) Umzug. **Wohnungsvertrag.** (uk): Schau sie noch mal an: Was gefällt Dir nicht? Wenn Du Dich damit abfinden kannst, okay. Wenn nein, dann laß es.

Gesundheit

Es tut einfach gut, daheim bleiben. (uk): Störungen wegen häuslicher Probleme. Ungesunde Wohnung (neben »Schwert-8«, uk[21])

---

[21] Neben: »XVI. Turm« : Elektrosmog, »XV. Teufel«: Chemikalien; »XVIII. Mond«: Wasseradern.

Zuneigung

Die beiden schauen sich tief in die Augen und merken nicht, was um sie herum vorgeht. Zwischen den Kelchen erscheint der Äsculapstab des Merkur mit einem beflügelten Löwen. Sie reden und sind beflügelt, Leidenschaft knistert in der Luft! Ein klassisches Paar. Sie gibt sich rein und liebevoll, mit dem weißen Kleid und blauen Umhang. Er zeigt es deutlicher, der Rosenkranz verrät leidenschaftliche Gedanken, das schwarz-rote Muster im Gewand, daß er sie »will«. Er macht den ersten Schritt und berührt zart ihre Hand. Die sanft geschwungene Landschaft betont die weiche Atmosphäre. Hinter der Kuppe deutet ein Haus die Frage an, ob aus den beiden ein Paar wird. Das weiß man nie! Es deutet ferner an, daß man im andern immer ein Zuhause sucht, wenn man sich verliebt! Dann fühlt man sich »rein« und schenkt sich ungeteilte Aufmerksamkeit – wie vielleicht nie wieder!

Ziehst Du die Karte als persönlichen Tip, richte die Gefühle nach der inneren Stimme aus. Sei gelassen und freundlich, wie es die »II. Hohepriesterin« empfiehlt. Zu ihrer Intuition paßt auch, wenn man im allerersten Moment der Verliebtheit weiß[22], wie die Geschichte ausgehen wird.

Liegt die »Kelch-2« umgekehrt – kläre man, warum man nicht offen auf jemanden zugehen kann und sich so schnell vereinnahmt fühlt.

[22] Die »2« gehört ja zur Intuition der »II. Hohepriesterin«.

Beziehungen

Schlüssel: Verliebt. Nähe. **Zusammensein:** »Ei, ei, was seh ich da, ein verliebtes Ehepaar!« In einer festen Beziehung ist man immer noch oder wieder frisch verliebt. Man will sich nah sein. Flirt. (uk): Einer von beiden kann keine Nähe zulassen. Die Lösung liegt darin, zu erkennen, wie man die Nähe im Inneren multipliziert und somit als erdrückend empfindet. **Trennung:** Angenehme Begegnung oder man verliebt sich. **Partnertyp:** Beherrscht die Kunst der aufmerksamen Geste. Flirtet gern. Verliebt sich schnell. (uk): Entliebt sich schnell! Läßt niemand nah an sich heran. **Kommt es zur Beziehung?** Es bleibt beim Flirt. Man ist verliebt, aber es wird keine große Liebe oder feste Beziehung. **Kind:** Liebenswürdig. Es geht offen auf andere zu. (uk): Das Kind verweigert die Nähe. Es spiegelt damit die Einstellung der Erwachsenen. Es wird von einer Person emotional vereinnahmt, die damit ihre Distanz zu jemand anderem, z.B. den Partner, kompensiert.

Aktivitäten – Arbeit

Schlüssel: Begegnung. **Situation:** Begegnungen. »Gefallen« oder Neigung ist ausschlaggebend. **Entscheidung:** Gefällt. Führt zu einer Begegnung. Man liebäugelt mit einem **Plan**, mehr passiert nicht. **Mitarbeiter:** Flirt am Arbeitsplatz. Liebenswürdig im Kundengespräch. (uk): Man fühlt sich von den anderen Kollegen leicht distanziert, mag jemanden nicht mehr so wie früher. **Berufswahl:** Talent, Menschen aufeinander zuzuführen. **Jobsuche:** Man stellt sich vor und gefällt –wird aber nicht genommen. Geh trotzdem hin – es kann sich für später lohnen!

Kauf und Verkauf

Schlüssel: Gefallen. Begeisterung auf den ersten Blick, überlegt es sich aber anders. Der Verkäufer verhandelt mit netten Kunden, die aber nicht kaufen. Man ist ganz vernarrt in ein **Auto** oder **Gerät.** (uk): Prüfe die technischen Daten! **Immobilie:** Man verliebt sich in das Objekt. **Vertrag:** Noch eine Begegnung nötig. (uk): Unterschreibe, wenn die praktischen Nachteile nicht zu groß sind.

Gesundheit

Keine körperlichen Symptome. Arzt: Man mag jemanden. **Psyche:** (uk): Woher kommt die Angst vor Nähe, und wie spürst Du sie? Erwarte die Lösung nicht von den großen, sondern den kleinen Gesten.

Freundschaft

Drei Frauen tanzen und heben jubelnd ihre Kelche hoch. Wieso nur Frauen? In diesem Bild wirkt die »III. Herrscherin« indirekt mit[23] – wir sehen einen weiblichen Fruchtbarkeitstanz zu Ehren von Mutter Erde oder Mutter Natur, die Früchte liegen auf dem Boden verstreut.

Wer diese Karte zieht, dürfte sich selten mit rituellen Tänzen beschäftigen, aber wer danach fragt, bekommt die Bestätigung, daß es das Richtige sei. Meistens spricht die Karte Themen wie Freude und Geselligkeit an, und welche Rolle Freundschaft oder bestimmte Freunde oder Freundinnen spielen. Das Tarot erläutert, welchen Wert die Freundschaft für unsere persönliche Entwicklung hat, was wir da lernen können. Die »3« bedeutet »Wir«[24]. Sie gibt den Impuls für natürliche Herzlichkeit, für kreativen Austausch mit mehreren. In der Freundschaft lernen wir, daß jeder seinen Werdegang hat und nach seiner Fasson leben will. Tatsächlich können wir das mit Freunden leichter, weil die Beziehung locker ist, und sie uns nicht so nah sind wie die Familie oder ein Partner bzw. eine Partnerin.

Liegt die »Kelch-3« umgekehrt – wirkt eine Blockade. Kläre, warum man sich nicht richtig freuen kann, warum eine Freundschaft »angeknackst« ist.

---

[23] Wie in allen 3er Karten

[24] Die »1« bedeutet Ich, und das Du ist das Symbol der »2«.

Beziehungen

Schlüssel: Freundschaft. Freude. **Zusammensein:** In dieser Beziehung ist man gut miteinander befreundet. Man pflegt den Freundeskreis. Parties. Geselligkeit. Man ist miteinander befreundet. (uk): Eine Freundschaft ist »angeknackst«. Auch: Es ist mehr Tratsch als eine echte Intrige.[25] **Trennung:** Man bleibt gute Freunde. Fair. (uk): Freunde spielen eine schlechte Rolle. Man merkt jetzt, daß man keine Freunde mehr hat. **Partnertyp:** Freundschaftlich. Mehr Freund als Geliebter. Gesellig. **Kommt es zur Beziehung?** Nein, man bleibt gute Freunde. **Kind:** Fröhlichkeit und Freude! Geselligkeit. Das fröhliche Kind! Es orientiert sich jetzt mehr an seinen Freunden als an der Familie. (uk): Im Hintergrund steht ein (schmerzliches) Problem im Freundeskreis oder das Kind wird unfair behandelt. Vielleicht ist selbst unfair?

Aktivitäten – Arbeit

Schlüssel: Glücklicher Ausgang. Gruppe. **Situation:** Treffen in der Gruppe. »Fairneß« ist ein zentrales Thema! **Entscheidung:** Glücklicher Ausgang. **Plan:** Erfreuliche Entwicklung. Wird in einer Gruppe[26] ausgearbeitet, erfordert viele Zusammenkünfte. **Mitarbeiter:** Solidarisch. Arbeiten gern in der Gruppe. Sind untereinander befreundet. (uk): Tratsch im Kollegenkreis nehme man nicht so ernst. **Berufswahl:** Talent für Gruppenarbeit. Man wählt die Arbeit, die Freude macht! (uk): **Jobsuche:** Glücklicher Ausgang. Freude!

Kauf und Verkauf

Schlüssel: Freude. Hör auf einen Freund! (uk): Gutes Gelingen! Freude an einem **Auto** oder **Gerät.** Eine **Immobilie** in der Nähe von Freunden. **Vertrag:** Erfreulich. Fair. Bespricht ihn mit Freund oder Freundin. (uk): Glücklicher Ausgang, nachdem gemunkelt wurde, es klappt nicht.

Gesundheit

Heilung. Bei Krankheit *ist* es die Karte für Heilung. **Psyche:** (uk): Es schmerzt, wenn man keine Freunde hat oder Freundschaften sich immer wieder schwierig gestalten. Liegt es an mangelnder Flexibilität oder bist Du zu elastisch? Spielen Freunde eine zu große oder – und das ist oft der Fall – eine zu geringe Rolle? In diesem Fall brauchst Du mehr Geselligkeit, geh in Gruppen, lade Leute ein! Oder: Hör auf zu ratschen.

---

[25] Die findet statt, wenn der »XVIII. Mond« umgekehrt liegt! Das ist hier nicht der Fall!

[26] »«Stab-5«« ist das Team, »Kelch-3« die Gruppe.

Einfach schlecht gelaunt – warum?

Der Kerl hockt verdrossen unter dem Baum. Drei Kelche stehen vor ihm, aber die mag er nicht. Ein vierter wird ihm aus dem Himmel gereicht – aber, ach Du lieber Himmel, auch der paßt ihm nicht! Will uns das Tarot lehren, Männer würden muffig in der Ecke sitzen, während Frauen sich fröhlich zuprosten? Ob Frau oder Mann – das ist bei den Kleinen Arkana symbolisch gemeint! Schau Dir die Karte unbefangen an und ignoriere zunächst alle Bedeutungen, weil jeder anders reagiert!

Manche erkennen ihre verdrießliche Miene, andere wollen auch unter einem Baum meditieren. Warum? Die Zahl »4« bedeutet die Suche nach emotionaler Sicherheit. Da geht man auf Nummer Sicher und legt sich zu schnell fest. Prompt fühlt man sich festgenagelt. Ergebnis? Überdruß! Und beherrscht die anderen mit seinen Launen – statt sich selbst![27] Manche leben in sicheren Verhältnissen, alles funktioniert bestens. Ergebnis? Schlechte Laune, obwohl man eigentlich keine Probleme hat. Das ist das Problem! Warum? Weil die Herausforderung fehlt. Besser, man sucht sich eine interessante Aufgabe! Das stabilisiert den Gefühlshaushalt! Dazu trägt auch die Meditation bei. Dann sieht man seine Geschichte (Baum) aus einer anderen Warte (Anhöhe). So kann man das Bild auch sehen: Die neue Empfindung durch Meditation!

Liegt die »Kelch-4« umgekehrt – ist man total gereizt und nervös.

[27] Auch das paßt zur »4«, weil sie zum »IV. Herrscher« gehört!

Beziehungen

Schlüssel: Launen. **Zusammensein:** Das Paar macht sofort » auf feste Beziehung«. Freunde gehen sich bald oder schnell auf die Nerven und sollten die Begegnung besser dosieren. **Problem:** Kaum hat man sich eingelassen, fühlt man sich eingesperrt[28] und verliert die Lust. (uk): Alles hängt einem zur Nase heraus. Warum? Weil man die Liebe mit emotionalem Sicherheitsbedürfnis verwechselt, ein ungestillter Hunger aus der Kindheit! Einer ist bedürftig, der andere spielt »Spender«. Man muß sich mehr Zeit gönnen, um sich näher kennenzulernen, auch wenn man das nicht glaubt. **Trennung:** »Mal so und mal so ...«. **Partnertyp:** Launisch. Verhält sich unentschieden und ambivalent. (uk): Mürrisch. Genervt. **Kommt es zur Beziehung?** Man bekommt kein direktes Ja und kein offenes Nein. Also, nein! Zumindest keine feste Beziehung. **Kind:** Probiert, wie weit es mit seinen Launen gehen kann. Das Kind braucht emotionale Sicherheit und eine klare Führung!

Aktivitäten – Arbeit

Schlüssel: Unentschieden. Die **Lage** ist nervös. **Entscheidung:** Es gibt keine Entscheidung. Unentschieden. **Plan:** Nimmt keine konkrete Form an. Meditiere darüber, damit Du sicher bist, was Du wünschst! **Mitarbeiter:** Ambivalent. (uk): Muffiges Betriebsklima. **Berufswahl:** Launen erschweren den Werdegang, man kann sich nicht festlegen. (uk): **Jobsuche:** Man bleibt ohne Antwort.

Kauf und Verkauf

Schlüssel: Nervöse Verhandlung. Mürrische Verkäufer. (uk): Nervosität ist keine gute Entscheidungsgrundlage! Eigentlich gefällt einem das **Auto** oder **Gerät** doch nicht so gut. »Nervöser« Motor. Baustoffe einer **Immobilie** reizen die Nerven. **Vertrag:** Wird nicht zu Ende ausgehandelt.

Gesundheit

Nervosität. Entzündung. (uk): Entzündeter Nerv. **Psyche:** Das emotionale »Kaiser«-Syndrom: Lerne, Deine Launen zu beherrschen, statt andere beherrschen zu wollen!

---

[28] Die »4« = Viereck/Quadrat = Der sichere Rahmen – »fest«.

Trauer

Eine schwarz verhüllte Person blickt in tiefer Trauer auf die umgestürzten Kelche. Alles ist verschüttet. Die roten Lachen zeigen einen gebrochenen Lebenswillen, die grüne bedeutet, daß man nicht weiß, was werden soll. Es geschieht nichts, was zum eigenen Wohl beiträgt. Auf der anderen Seite des Flusses steht ein ärmliches Anwesen, fast eine Ruine. Wäre es der eigene Besitz, hätte man mehr Sorgen als Freude damit. Würde sich die Rückkehr lohnen? Weiter hinten führt eine Brücke hin. Da nur zwei Bögen sichtbar sind, bedeutet es, daß man nur als »Seele«, in der Erinnerung zurück kann oder die Brücke – die wir für eine konkrete Frage auch Überbrückung nennen – in einer Vision findet. Hinter der im Leid versunkenen Gestalt stehen zwei Kelche aufrecht, sie müßte sich umdrehen und sehen, daß nicht alles verloren ist und sie müßte das Wenige, was geblieben ist, aufnehmen und neu beginnen. Deine Frage oder Situation ist traurig. Aber sieh bei aller Trauer auch, was geblieben ist. Weniger als Du hattest, aber besser als nichts! Die Kelch-5 bezeichnet Trauer und Abschied als Glaubensfrage.[29] In schweren Zeiten zeigt es sich, ob man den Glauben an sich, an das Leben, an Gott, an... verliert. Umgekehrt überleben viele Menschen die bitterste Not gerade durch ihren Glauben.

Liegt die »Kelch-5« umgekehrt – ist man über einen Abschied traurig, dabei stellt sich bald heraus, daß es gar keiner ist.

[29] Die richtige Haltung bei der »Kelch-5« wäre emotionales Vertrauen. Siehe dazu »V. Hierophant«.

Beziehungen

Schlüssel: Abschied. Trauer. **Zusammensein:** Man betrachtet die Freundschaft pessimistisch. Von Freunden unehrlich behandelt. Jemand ist traurig. In der Liebe geht es ans Abschiednehmen. In der Familie oder Verwandtschaft ein Abschied, auch ein Trauerfall. **Problem:** Abschied. Pessimismus, auch ohne konkreten Anlaß. Prüfe, warum und wann das Vertrauen beschädigt wurde. Wem hilft es, wenn man betont, was man alles *nicht* hat, *nicht* bekommt, *nicht*.... Trauer kann ein Mittel sein, getröstet zu werden – auch das hat mit Vertrauen zu tun! (uk): Obwohl es nach Abschied aussieht, kommt es nicht dazu, oder es bleibt nicht dabei. **Partnertyp:** Traurig. Pessimistisch. Sieht immer das Negative. (uk): Angst vor Abschied. **Kommt es zur Beziehung?** Man verabschiedet sich wieder voneinander. Das **Kind** lernt Abschied und Trauer kennen und braucht positive Erlebnisse, um sein Vertrauen zu stärken. Auch: Es verabschiedet sich von....

Aktivitäten – Arbeit

Schlüssel: Abschied. Mehr Verlust als Gewinn. Die **Situation** riecht nach Abschied. **Entscheidung** löst Trauer aus. **Plan:** Man verliert man mehr, als man gewinnt. Man verabschiedet sich vor der Durchführung. Die **Mitarbeiter** sind traurig. (uk): Pessimistisch. Abschied vom **Beruf.** Bei der **Berufswahl** prüfe man, ob man mit so viel Trauer umgehen kann. Oft wählt man aus Pessimismus einen Beruf, bei dem man sich nicht wohl fühlt. Von einer angebotenen Stelle geht man bald wieder.

Kauf und Verkauf

Schlüssel: Man verabschiedet sich vom Kaufobjekt. (uk): Aufpassen! Unehrlichkeit. Bei dem **Auto** oder **Gerät** verliert man mehr, als man bekommt. Ein Teil fällt aus. Die **Immobilie** oder **Wohnung** mit einer tristen Stimmung. Man ist über den **Vertrag** oder nach einem Abschluß traurig.

Gesundheit

Traurig, weinerlich. (uk): **Psyche:** Angst vor Abschied. Das eigene emotionale Vertrauen muß gestärkt werden, statt es von anderen einzufordern! Man weicht Konflikten aus, indem man weint oder einfach den Hut nimmt!

Damals ...

»Kinder in einem alten Garten, in dem Kelche stehen, die mit Blumen gefüllt sind«, so erklärt Waite sein Bild. [30] Ein Kelch steht auf dem Sockel als Denkmal für blühendes Leben, die vier restlichen bilden einen schützenden Zaun. Weiter hinten geht ein Wächter über den Hof, es sind behütete Kinder, die in ihrer Märchenwelt leben. Da reicht das Heinzelmännchen der Zwergin freundlich einen Kelch mit Blumen. Kinder sind im Märchen zu Hause.

In dieser Zeit kommen Kindheitserinnerungen hoch. Als Erwachsene verklärt man die Kindheit gern zum Märchen, schön oder böse. Auch sonst spielen Erinnerungen eine wichtige Rolle. Schau, was sie zu sagen haben, aber gib ihnen nicht das Steuer für die Zukunft in die Hand! Sonst tauchst Du ab und machst auf heile Welt. Wer spielt das liebe Kind? Wahrscheinlich findest Du die Gründe in der Kindheit. Die »Kelch-6« gehört zu den »VI. Liebenden«. Hier geht es darum, welche Gefühle man offen zeigen kann und wie liebenswert man miteinander umgeht! Weil das in einer ungewohnten Umgebung oft leichter fällt, empfiehlt die Kelch-6« einen Urlaub und Tapetenwechsel..

Liegt die »Kelch-6« umgekehrt – bedeutet sie Schwäche, auch belastende oder verdrängte Erinnerungen. (Siehe dazu die nebenliegenden Karten.)

---

[30] Lasse das *Bild* zuerst auf Dich wirken! Eine Frau fragte nach dem Urlaub. Plötzlich sah ich die Kinder als »Erdmännchen« und schlug ihr Findhorn vor. Sie sagte verblüfft, eben da wolle sie hin – und kam begeistert zurück.

Beziehungen

Schlüssel: Kindheit. Platonisch. Jugendliebe. **Zusammensein:** Mit einer Jugendliebe. Freunde kennen sich von Kindheit an. Oder: Sie fahren gemeinsam in Urlaub. Das Paar liebt sich – wie Bruder und Schwester. Man verwöhnt sich gegenseitig und gleicht so den sexuellen Mangel aus. **Problem:** (Erotische) Erinnerungen steigen periodisch auf, man fühlt sich schwach, spricht aber nicht darüber, um die Harmonie nicht zu gefährden. Ein Tapetenwechsel lenkt ab – bis zum nächsten Mal. **Trennung:** Man zieht aus. Oder: Man macht nochmal gemeinsam Urlaub. (uk): Umzug. **Partnertyp:** Platoniker. Oder: Landet öfter in einer platonischen Beziehung. Zieht oft um. (uk): Lebt in der Erinnerung. **Kommt es zur Beziehung?** Wenn es eine Jugendliebe ist, sonst ist es bald nur Erinnerung oder eine Bruder-Schwester-Beziehung. **Kind:** Kindergarten. Hort. Das Kind in einer neuen Umgebung, Klasse etc.. Auch: Schulferien. Märchen. **Reise/Urlaub.** Das *ist* die Karte für Urlaub. Tapetenwechsel tut gut!

Aktivitäten – Arbeit

Schlüssel: Neue Umgebung. **Situation:** Es geht um eine neue Region, Umzug. Abteilungswechsel. **Entscheidung:** Ein schwaches Ergebnis! **Plan:** Zeigt Schwächen. Krame in Deinen Erinnerungen! Eine andere Gegend. **Kollegen:** Wechsel in die andere Abteilung oder Raumwechsel. (uk): Schwächeanfälle. Kur. **Jobsuche:** In einem halben Jahr. Oder Stelle im Kindergarten bzw. Hort. **Berufswahl:** Land- oder Gartenberufe. Florist/in. Kindergärtner/in.

Kauf und Verkauf

Schlüssel: Angebote außerhalb der Stadt. (uk): Schwachstellen. **Auto** oder **Gerät** mit Schwächen. Auch: Pannenhilfe. **Immobilie:** Garten, Grundstück. Nähere Umgebung. Balkon[31]. **Wohnungsfrage:** Umzug. Ergebniskarte: Man wird noch mal umziehen! **Vertrag:** Schwach! **Zeit:** Halbes Jahr.

Gesundheit

Die Kur. Reha. **Befinden:** Schwächegefühle. Kreislaufbeschwerden durch niedrigen Blutdruck.[32] **Diagnose:** Wasserstau[33]. **Psyche:** Rücke raus, welches Gefühl Dich seit Jahren insgeheim bedrückt! [34]

---

[31] Vergleiche »Stab-2«: Die »Terrasse«.

[32] Bluthochdruck findet man beim »XVI. Turm«.

[33] Neben »Schwert-6«: in den Beinen, neben den »IV. Liebenden«: in den Armen.

[34] Auffallend häufig bildet sich dann die gestaute Flüssigkeit zurück.

Phantastisch !?

Eine undurchsichtige Figur zaubert die tollsten Dinge vor unsere Augen. Jeder Kelch ein Füllhorn, die Erfüllung der Wünsche scheint greifbar nahe zu sein. Alles, was man so erträumt, wird geboten: Schlösser, Ruhm, Schmuck und Reichtum. Die vier Kelche unten zeigen die materiellen Wünsche, die oberen drei den Wunsch nach Selbsterkenntnis und Selbstverwirklichung. Der Zauberer beschwört die Schlange, das Geheimnis zu lüften. Die Schlage züngelt an der verborgenen Gestalt, es lüftet seinen Schleier nur wenig, so daß wir uns alles mögliche vorstellen können. Ist es eine Fee, ein Geist, das eigene wahre SELBST? Die Schlange ist die »Kundalinischlage«, so heißen die sieben Chakren, wenn sie durch spirituelle Entfaltung erwacht sind.

Die »Kelch-7« gehört zum »VII. Wagen« – es ist ein Unterschied, ob man mit Phantasie Erfolg hat oder nur in seinen Träumen. Beides ist möglich, wenn man die »Kelch-7« zieht. Es liegt an Dir! Mit einer Vision erreicht man viel, wer in der Phantasie stecken bleibt, erreicht nichts! Arbeite mit Deiner Phantasie, mach Dir ein Bild davon, was Du erreichen willst, was machbar ist und was nicht! Wer es aber dabei beläßt und nichts tut, bleibt es nur Einbildung. [35]

Liegt die »Kelch-7« umgekehrt – zeigt sie Heimlichkeiten an und unerfüllte Wünsche.

---

[35] Alle 7er Karten zeigen die für Erfolg nötigen Kräfte.

Beziehungen

Schlüssel: Geheimnis. **Zusammensein:** Freunde träumen gemeinsam. Man muß sich nicht alles erzählen. Sympathie. (uk): Heimlichtuer. In der Liebe gibt es ein Geheimnis.[36] **Problem:** (uk): Unerfüllte Wünsche. Heimlichkeiten. **Trennung:** Es wird falsch dargestellt. **Kommt es zur Beziehung?** Es bleibt eine heimliche oder unerfüllte Liebe. Wenn ja, wird man betrogen. **Partnertyp:** Träumer. Schillernde Figur. Immer heimlich verliebt, weil Geheimnisse so süß sind![37] (uk): Geht notorisch fremd. Spielt einem was vor. Verschweigt das Wesentliche. Das **Kind** hat eine lebhafte Phantasie. Schule das Vorstellungsvermögen. Flunkert. Spiel dem Kind nichts vor! Auch: Das uneheliche Kind. (uk): Es sollte lernen, sich genau vorzustellen, was es tun will und was es dafür braucht. Sonst verwechselt es Traum und Realität. **Reise/Urlaub:** Anders, als man es sich vorstellt. (uk): Man verliebt sich heimlich.

Aktivitäten – Arbeit

Schlüssel: Träume. **Situation:** Einbildung! Prüfe Deine Träume! (uk): Rechne mit Heimlichkeiten. **Entscheidung:** Wichtige Dinge werden verheimlicht. **Plan:** Besteht nur in der Phantasie. In Gedanken durchspielen. Die **Ausarbeitung** erfordert mehr Phantasie. (uk): Etwas verheimlichen. **Kollegen:** Sympathisch (uk): Verträumt. Heimlichtuer. Heimliches Verhältnis. **Jobsuche:** Man spielt etwas vor. Nebenjob. Schwarzarbeit. **Berufswahl:** Verlangt Phantasie und Vorstellungsvermögen. (uk): Du willst nur die Rosinen im Kuchen! Schau, daß es nicht beim Träumen bleibt!

Kauf und Verkauf

Schlüssel: Varianten. (uk): Vorspiegelung von Fakten. Es ist anders! **Auto** oder **Gerät:** Versteckte Mängel. Schadensfall: Unterschiedlichste Diagnosen. Prüfe die Rechnung! Die »traumhafte« **Immobilie** – aber oft ein »Potemkinsches Dorf«. **Vertrag:** Nein. Punkte werden verheimlicht.

Gesundheit

Unklare **Diagnose. Behandlung:** Hypnose-Therapie. **Psyche:** Man macht sich und anderen etwas vor. Unerfüllte Wünsche. Wie heißt Dein Geheimnis?

---

[36] Neben erwachsenen Stab-Personen: Rivale oder Rivalin

[37] Im Horoskop steht oft Venus im 12. Haus, oder Neptun regiert Venus bzw. Mond.

Sich abwenden

A Frustrierende Vorgänge. Weggehen.

B Frust. Trennungsgedanken

Ende der Beziehung

Der Weg führt weg

Ein Mensch wandert auf das Gebirge zu, er wendet allem, was ihm vertraut ist, den Rücken zu. Der tosende Wasserfall entspricht seinem aufgewühlten Inneren. Der vor ihm liegende Weg führt in eine dunkle Zukunft. Waite beschreibt die gebeugte Haltung als Entmutigung, aber Mantel und Stiefel sind rot und erinnern an den »I. Magier«. Das bedeutet, daß er sich abwenden *will,* um wieder in Einklang zu kommen. Der energische Gang weckt die Lebenskräfte! Seine Wünsche haben sich als vergeblich erwiesen, deshalb läßt er die acht Kelche stehen. Er ist emotional bereit, sich auf Unbekanntes einzulassen.[38]

Wer die »Kelch-8« zieht, ist frustriert. In der Beziehung denkt man an Trennung, wünscht oder befürchtet sie und manchmal beides! Trennungsangst ist Furcht vor dem Unbekannten[39]. Der grüne Berg zeigt neue Impulse als Hürde. Einen Bergsteiger würde das reizen – Dich auch oder gehst Du daran vorbei? Frust ist Desinteresse am Neuen. Interessiere Dich dafür, wie andere fühlen und empfinden – und mach Dich auf den Weg!

Liegt die »Kelch-8« umgekehrt – Die aufgereihten Kelchen dominieren das Bild. Alles ist, wie es war. Woran das Herz hing, verliert an Bedeutung. Deshalb wendet man sich ab und geht weg.

[38] Jede »8« empfiehlt immer die Berührung mit fremden Welten. Siehe: »VIII.Kraft«

[39] Bei der »Kelch-5« dagegen wiederholt man in der Trennung einen Abschied, den man in der Kindheit erlebte.

Beziehungen

Schlüssel: Frust. Ende der Beziehung. **Zusammensein:** Kläre, warum Ihr frustriert seid. Die so andersartigen Gefühle und Wünsche könnten eine Bereicherung sein! Das gilt für Freundschaft und die Liebe. Liegt es an der aktuellen Problematik, oder ist es Dauerfrust? Die Befremdung löst sich auf, wenn man sich wirklich für die Gefühlswelt der anderen interessiert. Auch: Das Paar wandert aus.[40] **Probleme** (uk): Trennungsgedanken. Auch: Reaktion auf Problem: Frust. Man wendet sich ab. Trennung. **Trennungskrise:** Man geht auseinander. **Partnertyp:** Schnell frustriert. Abweisend. (uk): Von Trennung geprägt. **Kommt es zur Beziehung?** Nur ratsam, wenn man Frust liebt. Das Ende ist näher als der Anfang. Das frustrierte **Kind.** Es wächst in einer frustrierten Umgebung auf. (uk): Das Kind reagiert in der Trennungsphase der Eltern frustriert. **Reise/Urlaub:** Mehr Frust als Lust.

Aktivitäten – Arbeit

Schlüssel: Jemand geht weg. **Situation bzw. Entscheidung:** Frustrierend. Jemand wendet sich ab oder geht weg. Ein frustrierendes Ergebnis. **Plan:** Erfordert Aufbruch in unbekannte Bereiche. Jemand steigt aus. **Kollegen:** Frustriert. Zu wenig Frustrationstoleranz! (uk): Jemand geht weg. Trennung im Privatleben. **Jobsuche:** Ohne Erfolg. **Berufswahl:** Tappt im Dunkeln. Scheidungsberater, -anwalt etc. (uk): Man würde gern was anderes machen, weiß aber nicht was.

Kauf und Verkauf

Schlüssel: »Frustkauf«. (uk): Ende der Angelegenheit. Unzufrieden mit dem **Auto** oder **Gerät** oder der **Immobilie.** Man bleibt nicht lang in der Wohnung. (uk): In dieser Wohnung erlebt man eine Trennung. Der **Vertrag** wird entweder nicht unterschrieben oder man ist mit dem Ergebnis nicht zufrieden.

Gesundheit

»Kelch-8« verweist immer auf psychosomatische Ursachen. Hinter den Beschwerden steht eine Trennung oder der erfüllte Wunsch wegzugehen. Die Lust auf das Unbekannte ist so groß wie die Angst davor. Der Frust löst sich, wenn man sich für andere interessiert, wie sie reagieren und empfinden.

---

[40] Wenn die »XXI. Welt« in der Nähe liegt.

Glück und Zufriedenheit

So haben wir es gern! Weinkelche laden zu Tisch! Hier regiert Wohlbefinden. Man kann die Arme verschränken und der Zukunft zuversichtlich entgegen blicken.

Schauen wir uns das Glücksrezept des Tarot an. Die neun Kelche und das lange blaue Tischtuch bedeuten nicht, daß man sich betrinken soll, sondern daß ein ruhiges und sensibles Innenleben sich in der Genußfähigkeit zeigt. Sie hält den Rücken warm. Glücklich ist, wer gemütlich die Dinge auf sich zukommen läßt, und nicht immer eingreifen muß. Deshalb sitzt er mit verschränkten Armen da. Das weiße Gewand mit dem schwarz linierten Faltenwurf zeigt Harmlosigkeit mit Realismus gepaart. Der Volksmund sagt, ein reines Gewissen sei ein sanftes Ruhekissen! Die Kappe mit dem roten Federbusch signalisiert, daß positives Denken und Dynamik zum Wohlbefinden beitragen (rote Strümpfe). Aber auch Genügsamkeit und Anpassungsfähigkeit – das erkennt man an dem Braun von Bank und Schuhen. Wer an seiner Glücksfähigkeit arbeiten will, orientiere sich an der Zahl Neun. Was hat der »IX. Eremit« mit Glück zu tun? Glück kommt aus emotionaler Ruhe. Es erfordert die Fähigkeit, sich zurückzuhalten und innerlich zu beleuchten. Wer die »Kelch-9« zieht, dessen Frage wird zur vollen Zufriedenheit gelöst und hat eine glückliche Zeit vor sich! Um so mehr, wenn man sich dazu entscheiden kann, zufrieden zu sein. Auch nicht schlecht, Glück üben ...

Liegt die »Kelch-9« umgekehrt – lösen sich Schwierigkeiten zur vollen Zufriedenheit. Meistens trifft man jemanden wieder, auch zufällig.

Beziehungen

Schlüssel: Glück. **Zusammensein:** Man ist gern zusammen, freut sich des Lebens und kann genauso gut allein sein. Gemütlichkeit im Freundeskreis, ein frohes Wiedersehen. Glück in der Liebe! Beim Zusammenleben richtet man sich den Alltag zufrieden ein. (uk): **Probleme:** Wenn mal welche auftauchen, sind sie schnell vorbei. (uk): Versöhnung. Man sieht sich wieder. Auch: Die Frage, ob man glücklich *gemacht* wird, ist der beste Weg, es nicht zu sein. **Trennung:** Ach was, Versöhnung! **Partnertyp:** Ein glückliches Naturell. Findet das Glück auch in kleinen Dingen. Zufriedener Mensch. Partner, mit dem man glücklich wird. (uk): Versöhnlich. Manchmal etwas unsicher, ob Sie wirklich geliebt werden. **Kommt es zur Beziehung?** Aber ja! Diese Karte zeigt Glück in der Liebe! Das **Kind** ist glücklich. Es braucht eine zufriedene und gemütliche Umgebung. Besonders jetzt ist es wichtig, daß das Kind Zufriedenheit kennenlernt und glücklich ist. (uk): In seinem Inneren ist es nicht ganz ruhig. Warum? Es möchte jemanden wiedersehen!

Aktivitäten – Arbeit

Schlüssel: Sehr zufriedenstellend. **Situation:** Eine glückliche Phase. Du hast bei der **Entscheidung** Glück! Auch bei einem **Plan**. (uk): Dabei trifft man jemand, den man schon kennt. **Mitarbeiter:** Zufrieden. Gemütlich. (uk): Wiedersehen. Versöhnung bei Streit. **Jobsuche:** Das Wohlgefühl entscheidet. (uk): Ein unerwartetes Wiedersehen. **Berufswahl:** In diesem Beruf wirst Du glücklich! Auch: Ein Beruf, in man dazu beiträgt, daß Menschen zufrieden sind.

Kauf und Verkauf

Schlüssel: Man ist mit dem Objekt vollauf zufrieden. (uk): Man trifft jemand bei den Verkaufsverhandlungen wieder. **Auto** oder **Gerät:** Man liebt es geradezu! **Immobilie:** Gemütlich! Sie trägt zum Glück bei. **Vertrag:** Eine glückliche Lösung! (uk): Keine Probleme! Wahrscheinlich sieht man jemanden überraschend wieder.

Gesundheit

Glück und Zufriedenheit lösen bisherige Probleme ab. Bei Magenproblemen: Völlerei. **Psyche:** (uk): Beschwerden sind allenfalls psychosomatisch, weil das Verhalten anderer das eigene Wohlgefühl zu sehr bestimmt. Kläre: Warum versöhnst Du Dich zu schnell? Oder: Warum kannst Du die Versöhnung nicht annehmen? Wen willst Du nicht wiedersehen und hast dennoch die Begegnung ständig vor Augen?

Zusammen ist es am schönsten

Er hat den Arm um sie gelegt, beide stehen froh aneinandergeschmiegt zusammen. Die Kleinen hüpfen ihr Ringelreihen, im Hintergrund sieht man das Dach des Häuschens. Eine schöne Hügellandschaft mit dem Fluß. Der Regenbogen strahlt wie das Tor in eine zuversichtliche Zukunft. Er ist ein spirituelles Symbol für die »Brücke der Liebe und des Mitgefühls«, die alle Lebewesen verbindet.

Die »Kelch-10« kündigt eine feste Beziehung und Zusammenleben an. Die Familie oder Verwandtschaft spielt eine wichtige Rolle.

Die »10« bedeutet Vollendung und Kreislauf[41]. In einer Gemeinschaft erleben wir die Wiederholung – täglich das gleiche Gesicht, die gleichen Rituale! Manchmal schön, manchmal nicht und dann wieder doch. Man benimmt sich toll und auch daneben! So schnell fliegt man nicht aus dem Kreis. Das ist die wesentliche Erfahrung! Wo sonst, wenn nicht im täglichen Zusammensein, lernen wir die Liebe kennen, Geduld, Aufmerksamkeit und Toleranz?

Liegt die »Kelch-10« umgekehrt – will man nur die Schokoladenseite einer Beziehung, deshalb bleibt man nicht lang zusammen. Wenn eine »Affäre« für Dich stimmt, genieße sie! Leidest Du darunter, mach Dir Gedanken darüber, was Dich von einer Beziehung mit »allen Höhen und Tiefen« abhält. Zieh dafür eine Karte dafür und in ein paar Tagen eine für Deinen ersten Schritt!

---

[41] Siehe dazu die passende Große Arkana, das »X. Rad des Schicksals«

Beziehungen

Schlüssel: Familie und Zusammenleben. **Zusammensein:** Freunde haben eine familiäre Bindung. Wohngemeinschaft. In der Liebe geht man eine feste Beziehung ein. Familie und Verwandtschaft spielen eine wichtige Rolle. **Problem:** (uk): Das Liebespaar und die kurzfristige Beziehung. Krach in der Verwandtschaft. Partner oder Freunde werden von der Familie abgelehnt. Freunde sind nicht mehr so vertraut miteinander. **Partnertyp:** Familienmensch. Bevorzugt eine feste Beziehung. (uk): Beziehungsangst. Lebt Beziehung intensiv, lehnt aber die Bindung ab. **Kommt es zur Beziehung?** Ja, eine feste Beziehung. Zusammenleben. (uk): Ja, aber zeitlich begrenzt. Ob man das akzeptabel findet hängt von der Erwartung ab. Das **Kind** in der Familie und Gemeinschaft. (uk): Familienprobleme. Übergang in die nächste Altersstufe: Die Familie rückt mehr in den Hintergrund. Das Kind in einer Affäre. **Reise/Urlaub:** Familienurlaub. Familiäre Atmosphäre.

Aktivitäten – Arbeit

Schlüssel: Familienbetrieb. Familiäres Betriebsklima. **Entscheidung/Plan:** Gemeinsam. Stärkt die Firmengemeinschaft. (uk): Verändert das personelle Gefüge. Die familiäre Atmosphäre motiviert die **Mitarbeiter.** (uk): Man fühlt sich nicht ganz zugehörig. Auch: Pseudofamiliär. Oder: Arbeitsunlust verweist auf familiäre Probleme. **Jobsuche:** Stelle oder Firma hat mit einer Familie zu tun. Familiäre Atmosphäre bei der Vorstellung. **Berufswahl:** Familienberufe: Familientherapeut[42]. Hauswirtschafterin. Soziale Berufe. (uk): Kurze nette Tätigkeit.

Kauf und Verkauf

Schlüssel: Familienkauf. Beim Kauf entscheiden die Bedürfnisse der Familie. Oder Kauf für Familienangehörigen. (uk): Nach der ersten Begeisterung läßt das Interesse schnell nach. Ein Familienauto. **Gerät:** für die ganze Familie. **Immobilie:** Familientauglich. Hausgemeinschaft. **Vertrag:** Familie beteiligt. (uk): Kurzfristiger Vertrag. Die Ansprüche eines Mitglieds werden übergangen.

Gesundheit

Krankheit im Familienkreis, wenn »Kelch-10« neben einer Krankheitskarte liegt. **Diagnose:** Eine Krankheit, die schon mal in der Familie auftauchte. **Psyche:** Prüfe die Art des Zusammenlebens. Welche Rolle spielt die Familie für Deine Probleme oder Eigenarten?

---

[42] vor allem neben »II. Hohepriesterin«.

Mutig in Angriff nehmen!

Eine Hand bricht durch die Wolken und reicht ein Schwert, dessen Spitze eine Krone trägt. Goldene Tropfen schweben über dem Griff. Unter dem Schwert liegt die eher eintönige Landschaft, ein bißchen grau, ein bißchen blau. Die Hand ist von Licht umstrahlt – Symbol für die Handreichung durch den göttlichen Geist. Es liegt bei Dir, ob Du etwas in Angriff nehmen oder jemanden angreifen wirst. Du kannst mutig einen Weg bahnen oder das Schwert als Kriegswaffe gebrauchen. Der Lichtkranz um die Hand bedeutet, daß die reine Handlungsweise auf jeden Fall mit Erfolg gekrönt sein wird. Sechs in Gold verwandelte Blutstropfen bedeuten den geistigen Kampf für ein sinnvolles Leben! Ein Kampf für die Überwindung von Streit und Aggression. Die Karte »Schwert-As« verspricht Mut und Tapferkeit. Die Symbole verraten, daß man mutig ist, wenn Denken (Schwert) und Wille (As) in Einklang sind.

Wenn man das »Schwert-As« zieht, kann man einen Erfolg erringen, aber er fällt einem schwer, man muß so manche Schwierigkeit überwinden. Spiele mit dem Begriff »Operation«, es kann ein methodischer Plan oder ein Eingriff sein. In der Liebe kündigt sie die Trennung an. Ansonsten ist es auch die Behörde.

Liegt das »Schwert-As« umgekehrt – zeigt es Feigheit und mangelnden Mut. Man ist mit sich uneins – spricht oder handelt anders, als man will! Manchmal wagt man noch nicht mal zu denken, was man eigentlich möchte!

Beziehungen

Schlüssel: Angriff. Trennung. **Zusammensein:** Problematische bis aggressive Phase. Jemand wird operiert. (uk): Man sagt nicht, was man denkt. Man verhält sich feige. Man überlegt, ob man etwas in Angriff nimmt. Oder – zum Angriff bläst. **Problem:** Man reagiert angriffslustig und aggressiv. (uk): Feigheit als Problem an sich oder bei der Bewältigung von Schwierigkeiten. **Trennung:** Es läuft auf Trennung hinaus. Offizielle Trennung.[1] (uk): Man hat nicht den Mut dazu. **Partnertyp:** Nimmt alles energisch in Angriff. (uk): Wirkt energisch und ist feige. **Kommt es zur Beziehung?** Das erfordert Mut! Keine rosigen Aussichten! (uk): Dazu fehlt der Mut. Das **Kind** ist mutig und tapfer. Es lernt, etwas eigenständig in Angriff zu nehmen. (uk): Kleiner Feigling. Warum traut sich das Kind nicht zu sagen, was es denkt? **Reise/Urlaub:** Probleme mit einer Behörde. Eher schwierig.

Aktivitäten – Arbeit

Schlüssel: Amtliche Vorgänge. (uk): Probleme mit Behörde. **Situation:** Mut erforderlich, den Schwierigkeiten zu begegnen. Etwas in Angriff nehmen. **Entscheidung:** Man kann sich über den Erfolg nicht richtig freuen. (uk): Unangenehm. **Plan:** Schwer. In Angriff. (uk): Mangelnder Mut und lascher Einsatz. **Mitarbeiter:** Forsch. Setzt sich hart ein. (uk): Entmutigt. **Jobsuche:** Schwierig. Über ein Amt. **Berufswahl:** Das »Messer« spielt eine zentrale Rolle. Mit Münzpersonen: Schneider oder Schreiner o.ä., Frisör, Schneider. Bei Schwert-Personen: Chirurg etc.. Mit »IX. Eremit«: Heilpraktiker als Akupunkteur. (uk): Feigheit verhindert oder verzögert die Berufswahl.

Kauf und Verkauf

Schlüssel: Lies die Klauseln und das Kleingedruckte! Kaufe nur mit offizieller Rechnung! (uk): Man wagt es nicht. **Auto/Gerät:** Reparatur. **Immobilie:** Klappt mit Schwierigkeiten. Es muß einiges gemacht werden. **Vertrag:** Kämpfe noch um einige Passagen, sonst bereitet er später Schwierigkeiten. (uk): Man traut sich nicht. Zu Recht, wenn andere negative Karten dabei liegen. Zu Unrecht, wenn gute Karten dabei liegen.

Gesundheit

Operation, Akupunktur. (uk): Die Operation gelingt nicht ganz. **Psyche:** Unterscheide Energie und Aggressivität. (uk): Überlege Dir, was Du wirklich willst – und sag es und bleibe im Härtefall dabei! So wirst Du mutig!

---

[2] Wie auch bei der »XI. Gerechtigkeit«, die das Schwert erhebt.

Abwehr

Eine Frau sitzt mit gekreuzten Schwertern am Strand. Das Meer ist ruhig, im Licht des zunehmenden Mondes ragen die Felsen schwarz aus dem Wasser. Sie sieht hinter ihrer Augenbinde sowieso nichts. Lasse das Bild auf Dich wirken, jedesmal, wenn Du die Karte ziehst! Lasse zunächst alle Bedeutungen beiseite. Zeigt das Bild Deine Abwehr oder Verteidigung, spiegelt es das Bedürfnis, auch so ruhig am Meer zu sitzen und abzuschalten? Dann setze Dich auch so hin – es ist auch die Haltung der »II. Hohepriesterin«[2] – und lasse Gedanken und Bilder aufsteigen, nachdem Du aufgehört hast zu denken. Dafür mußt Du alles um Dich herum ignorieren.

Siehst Du Dich in der Verteidigungshaltung oder ablehnend? Bist Du gekränkt oder verletzt? Beobachte Dich. Man kann eine abweisende Haltung ausstrahlen, ohne es zu merken. Weil man immer glaubt, sich gegen Verletzung und Verrat schützen zu müssen. Das kann mal richtig sein, aber doch nicht immer! Die Zahl »2« rät, Gelassenheit zu üben und zu meditieren. Wenn die Gedanken zum Schweigen kommen, schweigt auch der Zorn.

Liegt die »Schwert-2« umgekehrt – bedeutet sie Verrat und Untreue. Das ist der lieblose Umgang mit anderen in einer schwierigen Situation – oft auch entgegen der eigenen inneren Stimme.

---

[2] Die »Schwert-2« gehört zur »II. Hohepriesterin« und bedeutet somit: Intuitiv denken und kämpfen.

Beziehungen

Schlüssel: Ablehnung. Beleidigt. **Zusammensein:** Kränkung durch Untreue, durch ablehnendes und verletzendes Verhalten.[3] **Problem:** Man kann keine Lösung finden und nichts in Ruhe besprechen, wenn man immer beleidigt reagiert. Schnippisch. Krätzig. Abweisend. (uk): Verrat. Untreue. Kränkung. **Trennung:** Kränkende Erlebnisse. (uk): Man kommt über eine Kränkung nur schwer hinweg. **Partnertyp:** Abweisend. Schnell beleidigt. Teilt aber gut aus! (uk): Verräter.[4] **Kommt es zur Beziehung?** Absage. Es kommt etwas dazwischen. **Kind:** Es ist gekränkt. Das leicht verletzte Kind. Auch: Es weiß schon, wie es andere kränken kann. (uk): Warum fühlt sich das Kind verraten? **Reise/Urlaub:** Kränkung. Leichte Verletzung.

Aktivitäten – Arbeit

Schlüssel: Verrat. Falschaussage. **Situation:** Die Lage »kränkelt«. **Gericht:** Falschaussage. **Entscheidung:** Ablehnung. **Plan:** Es kommt etwas dazwischen. Man rechne mit Zwischenfällen. (uk): Er wird verraten. **Mitarbeiter:** Bekommt eine Abmahnung[5]. (uk): Kollege wird abgelehnt. **Jobsuche:** Absage. **Berufswahl:** Zwiespältig. Sozialer Beruf mit Menschen, die abgelehnt werden oder verletzt sind.[6] (uk): Ablehnung.

Kauf und Verkauf

Schlüssel: Zwischenfälle. (uk): Beschiß. **Auto** bzw. **Gerät:** Schäden treten immer wieder auf. **Wohnungssuche:** Man wird abgelehnt. **Vertrag:** Zweischneidig. Absage. Es kommt etwas dazwischen. (uk): Der Vertrag wird so abgelehnt. Auch: Verrat.

Gesundheit

Leichte Erkrankung oder Verletzung. Ein Rückfall, wenn die Krankheit vorbei ist. **Behandlung:** Zweischneidige Methode. **Diagnose:** Uneindeutig. **Psyche:** Übe, das Wichtige vom Unwichtigen zu unterscheiden. Meditiere, um die Gedanken abzuschalten und in Einklang mit dem Inneren Ich oder »Wahren Selbst« zu bringen.

---

[3] Liegt die »III. Herrscherin« dabei, kommt das von der Beziehung zur Mutter, beim »IV. Herrscher« von der Prägung durch den Vater.

[4] Milan Kundera beschreibt die »Verräterin« in: »Die unerträgliche Leichtigkeit des Seins«.

[5] Vgl. dazu: »Schwert-4«: die Kündigung.

[6] Siehe Neptunaspekte im Horoskop.

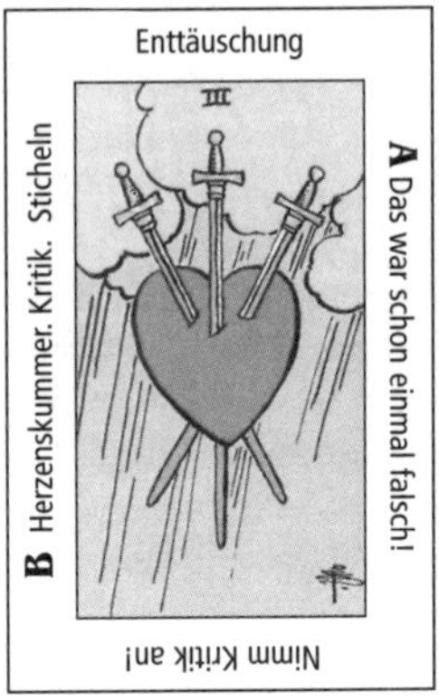

Schmerzliche Enttäuschung

Gott, was für ein drastisches Bild! Das Herz von drei Schwertern durchbohrt, dicke Wolken hängen am Himmel, und es regnet auch noch! Waite schreibt dazu, das Bild sei so offenkundig, daß sich die Aufzählung besonderer Bedeutungen erübrige.

Es ist wahr, hier reimt sich Schmerz auf Herz! Man ist getroffen und enttäuscht, aber meistens ist es halb so schlimm, wie es aussieht. Der Kummer hält nicht sehr lange an!

Das Herz tut zwar weh, aber man stirbt nicht daran, obwohl man sich sterbenselend fühlt! Vor allem, wenn man Liebeskummer hat! Interessant ist, wie ein Steinchen zum andern kam, immer wieder die gleichen Störfaktoren und Fehler. Nicht zuletzt, weil man selbst immer den gleichen Fehler wiederholt und es genau weiß! Laut Tarot ist der Liebes- und Herzenskummer auch ein Produkt von Gedanken: Was wird? Was ist nicht mehr? Ein Gedanke bringt den nächsten zur Welt, kreist um »Aus und Ende«, um »so geht das nicht«. Da sind wir bei der Kritik! Frage Dich, ob sie konstruktiv oder »tödlich« ist[7].

Liegt die »Schwert-3« umgekehrt – löst sich der Kummer. Schau das Bild an : Die Schwerter können herausfallen, in die Wolken: Noch ist nicht eitel Sonnenschein, aber bald wird es besser! Kritisiere nicht so hart! Sei bei Kritik nicht so empfindlich, sondern mach was daraus!

[7] Je nach Haltung: »Schwert-3« à la »III. Herrscherin« oder »XIII. Tod«.

Beziehungen

Schlüssel: Enttäuschung. Liebeskummer. **Zusammensein:** Nörgeln verdirbt die Stimmung. Man ist enttäuscht. Liebeskummer. Man fühlt sich hart getroffen. Das trifft mitten ins Herz! **Problem:** (uk): Man macht immer wieder den gleichen Fehler, wenn man einen Konflikt lösen will! Destruktive Kritik. Wenn »Falsch!« zum Lieblingswort wird! Man kann dem andern nichts recht machen. **Trennung:** Enttäuschend. Schmerzvoll. (uk): Den gleichen Fehler hast Du schon mal gemacht! Man läßt kein gutes Haar am andern! **Partnertyp:** Nörgler. (uk): Macht immer die gleichen Fehler. **Kommt es zur Beziehung?** Nein, man bekommt Liebeskummer. Das **Kind** ist enttäuscht. Es lernt Kritik kennen. Es muß sie einstecken und austeilen, damit es konstruktive und destruktive Kritik unterscheiden lernt. Fehlerkorrektur. (uk): Warum macht es immer die gleichen Fehler? Wie kann man ihm helfen? **Reise/Urlaub:** Die blanke Enttäuschung. So manches läuft da falsch.

Aktivitäten – Arbeit

Schlüssel: Fehler. **Situation:** Die Lage ist »enttäuschend«. Abwärtstrend. Hohe Fehlerquote. **Entscheidung:** Enttäuschend. Stellt sich als Fehler heraus. **Plan:** Fehler, die man schon mal gemacht hat. **Mitarbeiter:** Enttäuscht. Macht Fehler. Auch: Liebeskummer unter Kollegen[8]. (uk): Macht immer wieder die gleichen Fehler. **Jobsuche:** Enttäuschend. Was lief bei der letzten Vorstellung falsch? **Berufswahl:** Negative Einstellung. Sanitäter, der Verwundeten hilft. (uk): Da läuft was falsch!

Kauf und Verkauf

Schlüssel: Enttäuschend. (uk): Fehlerhaftes Modell. **Auto** bzw. **Gerät:** Der gleiche Fehler tritt immer wieder auf. **Immobilie:** Enttäuschend. Mangelhafte Ausführung. **Wohnung** bringt kein Glück. **Vertrag:** Einer Kritik unterziehen. (uk): Fehlerhaft

Gesundheit

Diagnose/ Behandlung: Fehler. **Psyche:** Übe, nicht immer den gleichen Fehler zu machen. Aber hab auch keine Angst, etwas falsch zu machen. Nobody is perfect! Woher kommt es, daß Du immer denkst, was *nicht* klappen könnte? Bei Liebeskummer: Lasse den Gedanken an das Ende zu! Werde kritikfähig!

---

[8] Vgl. dazu: »Schwert-4« wäre die Kündigung.

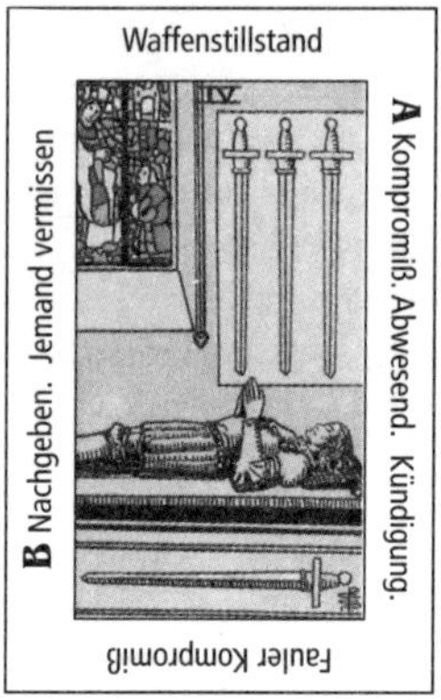

Die Waffen ruhen

Ein Ritter betet auf dem Sarkophag, so beschreibt Waite die Karte. Er hat die Karte entwickelt, dennoch sehen wir den Feldherrn oder Kaiser [9] als betende Skulptur. Ob die Schlacht gewonnen oder verloren wurde, ist unklar. Auf jeden Fall ist er wohl im Kampf gefallen. Das Kirchenfenster mit dem Mosaik hellt den Raum auf und vermittelt Frieden. Drei Schwerter hängen über dem Grab wie in einem Glaskasten – die Hände des Ritters berühren das erste Schwert und weisen darauf hin, daß nur ein geistiger Kampf Früchte trägt! Das vierte Schwert ist in den Sarg eingearbeitet: Alles, was mit weltlicher Macht zu tun hat, geht eines Tages zu Ende. Die Botschaft könnte lauten: Lasse die Waffen liegen, gib ihnen keine Macht.

Bei der »Schwert-4« ist ein »Waffenstillstand« und Kompromiß die beste Lösung. Das Grab bedeutet im übertragenen Sinn, daß jemand abwesend ist und man diese Person vermißt.

Liegt die »Schwert-4« umgekehrt – frage man sich, warum man mit faulen Kompromissen zu tun hat. Dahinter verbirgt sich das Bedürfnis nach Sicherheit. Bevor Du einlenkst – prüfe, ob Du sicher bist, was Du willst! Dann hab den Mut und sag es auch! Das stabilisiert die Situation schneller als Zugeständnisse, die weder Dir noch der Situation entsprechen – selbst wenn es sich anders gestaltet, als Du jetzt im Kopf hast.

---

[9] Die »Schwert-4« verweist auf den »IV. Herrscher«: Macht – Sicherheit im Kampf.

Beziehungen

Schlüssel: Kompromiß. Jemanden vermissen. **Zusammensein:** Man ist der Meinung, daß Kompromisse das Leben erleichtern. Bei Abwesenheit vermißt man jemanden. Das Paar bevorzugt getrennte Schlafzimmer. Nach einem Todesfall das Grab und die Grabpflege.[10] **Problem:** Gib nach! Begrabe das Problem! Die Lösung liegt im Kompromiß. Waffenstillstand. Leg Dich einfach mal auf das Sofa und denke nach! Wie wichtig wäre der heutige Konflikt, wenn das letzte Stündlein geschlagen hätte? (uk): Faule Kompromisse schaukeln die Probleme früher oder später hoch! Lösung: Sag ja, wenn Du Dir sicher bist, nicht, weil Du sicher sein willst![11] **Partnertyp:** Kompromißbereit. Auch: Häufig abwesend. (uk): Gibt nach. Wenn es zuviel wird, kündigt er/sie die Beziehung abrupt auf. **Kommt es zur Beziehung?** Mehr Kompromiß als Liebe. Man wird den Partner oft vermissen. Das **Kind** lernt, wann es richtig ist, nachzugeben. Wen oder was vermißt das Kind? (uk): Spreche mit ihm über Tod und Begräbnis. **Reise/Urlaub:** Kompromißlösung. Man wird jemanden vermissen. (uk): Man schläft schlecht.

Aktivitäten – Arbeit

Schlüssel: Kündigung. Kompromißlösung. Die **Situation** erfordert einen Kompromiß. Papier im Safe. Fest angelegte Gelder. **Entscheidung:** Kompromißlösung. **Plan:** Kompromißlösung. Arbeit: Bleibt liegen. (uk): Fauler Kompromiß. **Mitarbeiter:** Häufige Abwesenheit. (uk): Kündigung.[12] **Jobsuche:** Keine neue Stelle. Überlege Dir die Kündigung gut! **Berufswahl:** Kompromiß. (uk): Kompromisse sind nicht mehr tragbar. Auch: Kündigungen.

Kauf und Verkauf

Schlüssel: Kompromißlösung (uk): Kündigung einer Vereinbarung. **Auto** oder **Gerät:** Bleibt liegen. **Immobilie:** Kompromiß. Schlafzimmer. (uk): Kein guter Kompromiß! Wohnung: Kündigung. **Notar:** Wichtige Person fehlt. **Vertrag:** Beide Seiten machen Zugeständnisse. (uk): Vertrag wird gekündigt.

Gesundheit

Bettlägerig. Kompromiß bei der Behandlung. **Psyche:** Erkenne die Bedeutung der Kompromisse in Deinem Leben. Autogenes Training.

---

[10] Wenn Karten für Familie dabei liegen und solche, die auf einen Sterbefall hinweisen.

[11] Alle 4er Karten thematisieren das Bedürfnis nach Stabilität.

[12] Variation – Aufrecht: Man kündigt selbst. Umgekehrt: Man wird gekündigt.

Trotz

A Vergleiche, wie es andere machen

B Neid. Laß Dich nicht beeinflussen

Eifersucht.

Abseits von anderen

Ein Mann mit verwegenem Aussehen – er sieht wie ein Wikinger aus – steht am Ufer und sammelt die Waffen ein. Ein heftiger Wind jagt die Wolken über den Himmel. Das rote Gewand des Mannes zeigt seine Stärke, das grüne Hemd, daß er die Entwicklung in der Hand hat. Er schaut grinsend zu, wie der eine besorgt zu dem andern geht, dessen gebeugte Haltung einen tiefen Kummer verrät.

In welcher der Figuren erkennst Du Dich? Der vordere Kerl ist unschlüssig, wie weit man sich noch wappnen muß. Er ist trotzig und will nichts mit den andern zu tun haben. Dabei schielt er dauernd zu ihnen herüber. Er fühlt sich besser und greift zu Mitteln, die andere schon verworfen haben. Die Zahl »5« rät zu Vertrauen – zu sich selbst und anderen! Die trauernde Gestalt hat jeden Glauben verloren, sein Freund hat alles heil überstanden und weiß, daß er ihn trösten, aber eigentlich nichts sagen kann... Wenn man diese Karte zieht, ist man in Beziehungen trotzig, auch eifersüchtig oder neidisch! Generell gilt, daß jetzt gute Ratschläge nichts bringen! Rede niemandem rein und lasse Dich nicht beeinflussen! Du weißt selbst, was Du denkst und was für Dich richtig ist!

Liegt die »Schwert-5« umgekehrt – bedeutet sie Neid. Da macht man was gut, und die anderen sind neidisch. Schnell entsteht Schadenfreude – wenn dann was nicht klappt! Kläre, wo Du Dich selbst ins Abseits stellst, wenn sie Dich nicht dabei haben wollen! Das kann auch aus der Kindheit kommen!

Beziehungen

Schlüssel: Trotz. Eifersucht. **Zusammensein:** Ein trotziger Umgangston, weil man alles besser weiß. Es ist jetzt wichtig, sich nicht beeinflussen zu lassen und auch niemanden zu »beraten«. Wer sich gute Ratschläge verbittet, hat in diesem Fall recht – egal, wie alt oder jung er bzw. sie ist! **Problem:** Man redet sich rein. Trotz und Schadenfreude. (uk): Eifersucht in der Liebe. Neid in Freundschaften. Ständige Eifersucht. **Trennung:** Man trennt sich aus Eifersucht oder gerade aus diesem Grunde nicht. Trotzreaktionen in der Trennungsphase. **Partnertyp:** Trotzig. Pampig. (uk): Eifersüchtig, auch wenn man es nicht zugibt. **Kommt es zur Beziehung?** Da ist die Eifersucht vorprogrammiert. Das **Kind** hat recht, wenn es sich nicht beeinflussen läßt! (uk): Das trotzige Kind. Auch: Eifersüchtig. **Reise/Urlaub:** Vergleiche mit anderen Angeboten. (uk): Du stehst etwas abseits von den anderen – laß es oder mach das Beste daraus!

Aktivitäten – Arbeit

Schlüssel: Neid. Abseitsstellung. Vergleich. **Situation:** Man schaut sich um, wie andere diese Frage gelöst haben. Hole Vergleiche ein, bevor weitere Schritte festlegt werden! **Entscheidung:** Sie ruft Neid hervor. Lasse Dich nicht beeinflussen! (uk): Einspruch. **Plan:** Vergleiche, wie das andere tun oder gemacht haben. **Mitarbeiter:** Läßt sich ungern über die Schulter gucken. (uk): Neid. Steht im Abseits. **Jobsuche:** Man schaut sich um, was alles geht. Entscheide Dich, ohne jemanden zu fragen! **Berufswahl:** Man ist gern auf sich allein gestellt. (uk): Angst vor Konkurrenz behindern die freie Wahl!

Kauf und Verkauf

Schlüssel: Vergleiche einholen. **Auto** oder **Gerät:** Es bockt. Vergleiche vorher mit anderen Fabrikaten. **Immobilien:** Schau Dich um. Vergleiche andere Objekte in puncto Preis, Ausführung etc.. Trotz bestimmt den Entschluß. Man übernimmt sich, weil unbewußt der Neid auf ... nachwirkt. **Vertrag:** Schau Dich noch um! Schau vergleichbare Verträge an! (uk): Lasse Dich nicht beeinflussen!

Gesundheit

Hole Vergleiche ein. **Diagnose:** Hole weitere Diagnosen ein! **Behandlung:** Es muß nicht die übliche sein. Entscheide Dich so, wie Du denkst! **Psyche:** Welche Rolle spielt Neid, Eifersucht oder Trotz? Wann? Warum? Seit wann? Arbeite daran, vertrauensvoll[13] zu denken und zu sprechen.

[13] Die Zahl »5« bedeutet auch Vertrauen und Glaube, die Schwerter thematisieren Denken und Sprechen sowie die Form der Auseinandersetzung.

Auf zu neuen Ufern

Der Fährmann bringt eine verhüllte Frau mit ihrem Kind über den Strom. Bei diesem Bild fällt auf, daß er einen Stab in der Hand hat und daß alle sechs Schwerter auf dem Floß aufgesteckt sind – wie ein schützender Wall. Er wirkt nicht angestrengt, er muß seine Kräfte klug einteilen, weil es bis zum nächsten Ufer ein relativ weiter Weg ist.

Die Zahl »6« bringt die Beziehung[14] und Entscheidungssituationen ins Spiel. Die seelische Hausaufgabe heißt, in schwierigen Situationen liebevoll miteinander umzugehen. Der Mann auf dem Bild tut es, indem er die beiden an das andere Ufer bringt. Wir beobachten, wie wir uns helfen, etwas zu überbrücken, wie wir uns auseinandersetzen und äußern[15]. Worte und Gedanken wollen und sollen raus, wie das immer bei einer »6« angesagt ist. Sag, was Du denkst und was Dich drückt! Meistens zeigt die »Schwert-6« eine Reise an. Bei Konflikten fährt man gern weg, aber kläre, ob die Reise die Aussprache wirklich überflüssig macht! Wer schreiben möchte, erfährt bei dieser Karte, daß es veröffentlicht wird.

Liegt die »Schwert-6« umgekehrt – peilt man mit der Umschulung ein neues Ufer an. Manchmal steigt man selbst in dieses Boot, manchmal bestimmt der Fährmann – der Boß oder die Chefin – wo es lang geht. Eine Reise oder Aussprache läuft anders als geplant oder wird abgesagt.

[14] Sie gehört zu den »VI. Liebenden« – die Karte für Beziehung und Entscheidung.

[15] Alle 6 er Karten zeigen die Bewegung nach außen an.

Beziehungen

Schlüssel: Reise. Aussprache. **Zusammensein:** Man macht gern Reisen zusammen. Gemeinsame Reise. Allgemein: Hier müssen die Dinge offen auf den Tisch![16] (uk): Ortsveränderung. **Problem:** Aussprache. (uk): Eine Aussprache bringt im Moment wenig. **Trennung:** Man fährt weg. (uk): Keine Aussprache möglich. Veröffentlichung bezüglich Scheidungsrecht beachten! **Partnertyp:** Reiselustig. Gern oder viel unterwegs. (uk): Macht eine Umschulung. Verreist nicht gern. **Kommt es zur Beziehung?** Nein. Jeder zieht wieder seiner Wege. Das kleine **Kind** lernt den Weg zu... kennen und alleine gehen. (uk): Sprachfehler. Undeutliche Aussprache. **Reise/Urlaub:** Die Reise findet statt. Man ist im Urlaub viel unterwegs. (uk): Die Reise findet anders statt, verschiebt sich o.ä., bzw. man fährt an einen anderen Ort. Auch: Die Reise wird abgeblasen.

Aktivitäten – Arbeit

Schlüssel: Dienstreise. Veröffentlichung. **Situation:** Man peilt neue Ufer an. Überbrückungsmaßnahme. Dienstreise. **Entscheidung:** Reise. **Plan:** Veröffentlichung, auch als Broschüre oder Buch. (uk): Man kehrt zum Ausgangspunkt zurück und steckt die Fährte ab. **Mitarbeiter:** Außendienst. (uk): Will oder kann nicht unterwegs sein. Umschulung. **Jobsuche:** Man wird in eine neue Tätigkeit eingearbeitet. **Berufswahl:** Fahren. Reisen. Touristik. Veröffentlichung. Bootsbau o.ä. (uk): Umschulung[17].

Kauf und Verkauf

Schlüssel: Unterwegs, um Objekte zu finden. Testbericht. (uk): Sage klar, was Du möchtest! **Auto:** Transporter. (uk): Untauglich für lange Strecken. Abschleppdienst. **Gerät:** Mobil. Fahrzeug. **Immobilie:** Ortswechsel.[18] (uk): Probleme mit Straße oder Weg. **Wohnungsvertrag:** Der Umzug findet statt. Spedition. **Vertrag:** Sachbezogene Veröffentlichung. (uk): Ohne Aussprache?

Gesundheit

Diagnose: Bein. **Behandlung:** Bewegungstherapie. **Psyche:** Dinge offen ansprechen. (uk): Reiseangst (mit »XII. Gehängter« oder »XVIII. Mond«)

---

[16] Die Zahl »6« zeigt die Bewegung nach außen an.

[17] Vgl. »V. Hierophant«: Weiterbildung, Ausbildung, Qualifizierung.

[18] Vgl. »Kelch-6«: auf dem Land; »XXI. Welt«: anderes Bundesland oder Ausland.

Ein guter Trick!

Er schleicht sich auf leisen Sohlen aus dem Zeltlager, die Soldaten schlafen noch ahnungslos. Er macht große Schritte. Weil sie ihn verfolgen werden, läßt er ihnen ein paar Schwerter zurück, damit sie ihm nicht so schnell auf die Spur kommen. Er ist mit allen Wassern gewaschen! Die roten Schuhe und der hohe rote Hut zeigen den Gaukler und seine hohe Willensstärke, der krause Besatz warnt vor »krausen« Methoden. Er muß nicht böse sein! Er entwaffnet seine Gegner, aber nicht ganz! Er läßt ihnen zu wenig, um gefährlich zu werden, aber genug, um das Gesicht zu wahren! Das ist Diplomatie! Ein Schachzug! Die fünf Schwerter im Arm bedeuten, daß er weiß, was er tut – und daß er an seine Sache glaubt.[19]

Wer die Karte zieht, bekommt die indirekten Wege empfohlen. Sei listig und pfiffig, diplomatisch und strategisch – aber nicht hinterlistig! Stell Dein Denken auf Erfolg ein, wie sich das bei der »Sieben« immer empfiehlt.

Liegt die »Schwert-7« umgekehrt – ist man tückisch oder hat mit solchen Menschen zu tun. Warum? Man will immer siegen und schätzt dabei die anderen als stärker ein! Das würde sich bei mehr Selbstvertrauen ändern – und wenn man darüber nachdenkt, was das wirklich bringt!

---

[19] Die Zahl »2« bedeutet Weisheit à la : »II. Hohepriesterin«, die »5« Glaube und Wissen à la »V. Hierophant«.

Beziehungen

Schlüssel: Ausweichen. List. **Zusammensein:** Diplomatischer Umgangston. Man verfolgt eine Strategie. Man geht sich aus dem Wege. (uk): Trick. Austricksen. **Problem:** Man weicht aus. Statt sich der Frage zu stellen, entzieht man sich. Auch: Man plant die Liebe wie ein Feldherr und entwickelt Strategien – und wundert sich, wenn es nicht klappt! Logisch, weil die andern ja ihre Rolle nicht kennen! Das tut man nur, weil man Erfolg haben will! **Trennung:** Die beiden weichen sich aus. Tricks bei Absprache und Regelung. **Partnertyp:** »Tricky«. Raffiniert. Geht es durch die Hintertür an. (uk): Hinterlistig. Trickst andere aus. **Kommt es zur Beziehung?** Dafür taktiert man zu lange. (uk): Ausgetrickst. Das **Kind** entzieht sich. Es wendet Tricks an. Scheidungskind: Leidet darunter, wenn man ihm ausweicht oder austrickst. Es muß List und Hinterlist unterscheiden lernen. Bei Klärung der Vaterschaft. Trick! **Reise/Urlaub:** Umwege. Im Urlaub schleicht man sich von den anderen weg. (uk): Vorsicht! Üble Tricks!

Aktivitäten – Arbeit

Schlüssel: Strategie. **Situation:** Erfordert eine kluge Strategie und List. **Entscheidung:** Diplomatisch. Ergebnis: Indirekt. Trick! **Verhandlung:** Diplomatisch. (uk): Übler Trick. **Plan:** Strategie festlegen. Indirekt möglich. »Trick 17«. (uk): Unlautere Tricks. **Mitarbeiter:** Gewieft. Pfiffig und listig. Kluger Stratege. (uk): Trickst andere aus. **Jobsuche:** Ist noch nicht das, was Du willst, aber fürs erste okay. **Berufswahl:** Diplomatie. Ein sinnvoller Umweg. Man wird diese Laufbahn später ändern.

Kauf und Verkauf

Schlüssel: Vorsicht vor Tricks! **Auto** oder **Gerät:** Reparatur notwendig. Ausstieg. Tür. **Immobilie:** Seitenausgang. Nebenstraße. **Vertrag:** Trickreich! (uk): Man wird über den Tisch gezogen. Auch: Prüfe Deine unzulässige List!

Gesundheit

Die Behandlung ist ein Umweg. Krank, um sich zu entziehen. Auch: Golf für Bewegung und Konzentration. Medikament hält nicht, was es verspricht! **Psyche:** Übe, strategisch zu denken und werde diplomatischer! (uk): Was erreichst Du mit den Tricks wirklich? Mit dem Planspiel im Kopf?[20]

---

[20] Alle 7er Karten thematisieren Wege und Kräfte, die zum Erfolg führen.

Mir sind die Hände gebunden!

Eine Frau wurde mit Stricken gefesselt, die Augen wurden ihr verbunden. Der Boden ist voller Pfützen, man spürt die Kälte in die Knochen kriechen. Die Schwert-Reihe zeigt Kriegserfahrungen: Eine Frau wird gefangen genommen, sie fügt sich, was bleibt ihr anders übrig. Aber ihr Lebenswille ist ungebrochen (Farben Rot und Braun im Kleid), vielleicht hat sie eine aktive Rolle gespielt, so könnte man das rote Kleid deuten. Nur in Gedanken ist sie frei und kann auf das Schloß, von dem sie mit Waffengewalt ferngehalten wird. Das Denken gibt ihr Kraft[21]! Bei der »Schwert-8« erlebt man sich als Opfer[22]. Das Bild bietet keine Lösung an, es sei denn, man rettet sich in Phantasien. Orientiert man sich an der Symbolik der Zahl – findet man einen Weg. Bei allen Schwerterkarten liegt die Lösung im Denken. Die »8« rät dazu, die Kraft der Intelligenz zu nutzen ...[23]

Zieht man die »Schwert-8«, kann man im Moment nichts tun, die Hände sind einem gebunden. Die Hindernisse sind vorläufig zu groß! In Beziehungen ist man befangen und fühlt sich gelähmt. Es ist auch die Karte für das Handicap.

Liegt die »Schwert-8« umgekehrt – achte man auf die Gesundheit. Die Frage oder Situation »liegt in der Pfütze«...

---

[21] Diese Aussage erkennt man an der Zahl »8«. Alle 8er-Karten thematisieren die Kraft

[22] Die »Schwert-8« thematisiert die Illusion vom »XVIII. Mond«.

Beziehungen

Schlüssel: Befangen. Phlegma. Lahm. **Zusammensein:** Man fühlt sich ohnmächtig in der Gegenwart des anderen. In einer neuen Beziehung ist man seltsam befangen, selbst wenn man verliebt ist.[24] In einer festen Partnerschaft ist eine/r von beiden phlegmatisch. Das wirkt lähmend. **Problem:** Man fühlt sich ohnmächtig und spielt das Opfer. Man kann in Gedanken Kraft schöpfen – aber nicht konkret bewirken! **Trennung:** Man ist wie gelähmt. (uk): Man reagiert mit gesundheitlichen Beschwerden. **Partnertyp:** Spielt Opfer. Befangen. Lahm. (uk): Partner mit einem gesundheitlichen Handicap. **Kommt es zur Beziehung?** Nein. Befangenheit oder Hindernis sind zu groß. **Kind:** Faulheit. Mangelndes Interesse. Wecke seine Neugierde[25]. (uk): Das gesundheitliche Problem ist bekannt und muß behandelt werden[26], zumindest muß man es im Auge behalten. **Reise/Urlaub:** Hindernisse, falls sie überhaupt stattfindet. Befangen unter den Mitreisenden. (uk): Paß im Urlaub auf die Gesundheit auf.

Aktivitäten – Arbeit

Schlüssel: Hindernisse. Lahmgelegt. **Situation:** Es geht nicht vor und nicht zurück. Eine lähmende Situation. **Entscheidung/Plan:** Hindernisse sind momentan[27] zu groß. Arbeit bleibt unerledigt liegen. **Mitarbeiter:** Bequem. Faul. (uk): Für die Stelle gesundheitlich ungeeignet. **Jobsuche:** Es geht nicht! **Berufswahl:** Man kann sich nicht entfalten. Auch: Zu faul. (uk): Wegen eines gesundheitlichen Handicaps ungeeignet. Ungesund.

Kauf und Verkauf

Schlüssel: Lahmgelegt. **Auto** bzw. **Gerät:** Lahmt. **Immobilie:** Ungesund. Die Fertigstellung ist ungesichert. Ein Erbe wird nicht freigegeben. Unterlagen bleiben ungeöffnet. **Vertrag:** Unmöglich. Bleibt unerledigt.

Gesundheit

»Schwert-8« ist *die* Karte für gesundheitliche Vorsorge, wenn sie umgekehrt oder auf einem Krankheitsfeld liegt. Das Symptom ist bereits bekannt. Reagiert man sofort, verhindert man eine Krankheit.

---

[23] Schau Dir dazu die »VIII. Kraft« an!

[24] Im Partnerhoroskop beachte man den Spannungsaspekt mit Saturn.

[25] Die Zahl »8« symbolisiert die Begegnung mit fremden Welten oder Bereichen.

[26] Die Karte daneben sagt es genauer: z.B. »Schwert-6« an den Beinen etc.

[27] Es muß nicht lange dauern, aber ist jetzt so!

Es ist einfach trostlos

Die Hände vors Gesicht geschlagen, sitzt sie im Bett und grübelt. Schlaflos, die Probleme halten sie wach. Neun Schwerter über ihr – alles schlägt über ihr zusammen. Die Griffe sind ineinander verflochten – das zeigt, wie ein Problem das nächste ergibt, ein sorgenvoller Gedanke den anderen. Die Wand ist schwarz. Sie sieht keinen Ausweg. Aber – die Bettdecke ist als Patchwork aus astrologischen Zeichen und Rosen gearbeitet. Es gab bessere Zeiten und wird sie wieder geben. Die Planeten und Sternzeichen auf den blauen Flecken sagen, daß sich im komplexen Auf und Ab des Lebens Weisheit verbirgt. Die Rosen auf den gelben Feldern zeigen Lebenskraft und Intelligenz. In das Bett sind kämpfende Figuren geschnitzt – vielleicht trauert sie um Menschen, die ihr nahe stehen.

Wenn man die »Schwert-9« zieht, hat man Sorgen und Kummer. Wer für seine Frage ein gutes Ergebnis erwartet, bekommt ein klares: »NEIN! Negativ!« Wie geht man mit einer so trostlosen Prognose um? Indem man sich auf die Haltung besinnt. Die Zahl »9« motiviert zur Denkhaltung des »IX. Eremiten«. Statt in Gedanken nur die Probleme zu beleuchten, beleuchte man die Art und Weise, wie man darüber denkt! Diese Besinnung bringt Klarheit und Ruhe – und hat den guten Nebeneffekt, daß man wieder ruhig schlafen kann! Auch, wenn die Sorgen wirklich groß sein sollten!

Liegt die »Schwert-9« umgekehrt – deutet sie große Verzweiflung an. Wähle im Streit Deine Worte sorgfältig, noch besser, halte den Mund, damit nichts Unversöhnliches zurückbleibt.

Beziehungen

Schlüssel: Kummer. **Zusammensein:** Bei einer neuen Beziehung stellen sich bald Kummer und Sorgen ein, die das Scheitern der Beziehung ankündigen. Das muß nicht heißen, daß man sich trennt. In einer intakten Partnerschaft drücken gemeinsame Sorgen. Unglücklich über das gemeinsame Zusammenleben. Auch Freunde bereiten sich Kummer, der einen wach hält. (uk): **Probleme:** Die »Schwert-9« ist die Karte für Probleme! Es sieht also schlimm aus. Wer wissen will, ob Sorgen eine Rolle spielen werden, bekommt sie hier leider »schriftlich« bestätigt. Bei aktuellen Problemen wäre es besser, die Denkweise zu beobachten und sich im Gespräch zurückzuhalten[28]. Das gleiche Problem ruft bei jedem andere Gedanken und Worte hervor! **Trennung:** Eine schwere Zeit. Sie läßt sich nicht rückgängig machen. **Partnertyp:** Problematisch. Auch: Krank. (uk): Macht sich immer Sorgen. **Kommt es zur Beziehung?** Nein. Und wenn ja, wäre es eine kummerbeladene Beziehung. **Kind:** Es hat Kummer. Finde die Ursache für die Schlafstörungen. (Sprich mit ihm, lasse es eine Karte ziehen!) Negative Atmosphäre. (uk): Im Streit fallen Worte, die das Kind nicht vergessen kann. **Reise/Urlaub:** Mehr Kummer als Freude. (uk): Krankheit im Urlaub. Reise wegen einer schweren Sorge. Schlafstörungen.

Aktivitäten – Arbeit

Schlüssel: Problematisch. Negativ. **Situation:** Die Lage ist sehr ernst und bereitet große Sorgen. **Entscheidung:** Negativ. **Plan:** Gelingt nicht, und wenn, zieht er Probleme nach sich. **Mitarbeiter:** Hat Probleme oder bereitet welche. (uk): Kranker Mitarbeiter. Negativ eingestellt. **Jobsuche:** Erfolgslos. Bringt Probleme. **Berufswahl:** Ungeeignet. Bereitet Kummer.

Kauf und Verkauf

Schlüssel: Nein! Vom Kauf wird abgeraten, egal ob **Auto**, **Gerät** oder **Immobilie.** Materialien und Unterlagen sind fehlerhaft. Ein **Abschluß** wäre problematisch.

Gesundheit

»Schwert-9« ist *die* Karte für Krankheit, wenn man das gezielt abfragt. (uk): Die Krankheit ist nicht mehr so schlimm, aber noch nicht auf dem Weg der Besserung. **Psyche:** Was »bringt« Dir der Kummer? Woher kommt diese Programmierung? Kannst Du Deine Gedanken sehen und Deine Worte hören?

---

[28] Die Zahl »9« symbolisiert den Weg nach innen, die Schwerter nutzt man am besten mit »Denken«.

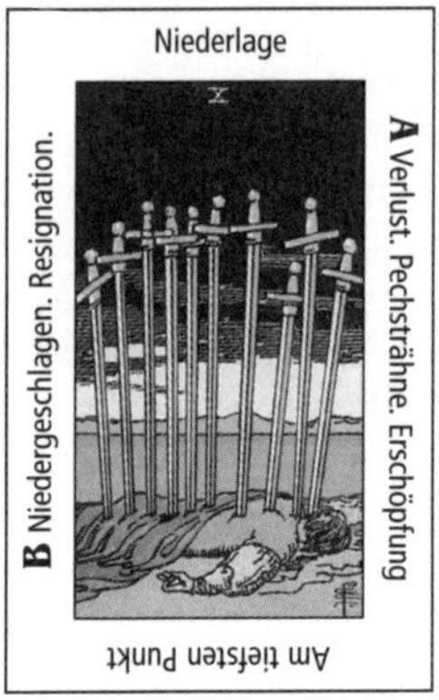

Schlechter kann es nicht werden!

Erschlagen von zehn Schwertern, liegt der Mann am Meer. Das Blut überzieht ihn wie eine Decke – sein Leben ist vorbei. Der Himmel ist schwarz, über dem Horizont glüht die untergehende Sonne. Waite sagt zu dieser Karte, daß man nicht immer eines gewaltsamen Todes stürbe. Also, um ehrlich zu sein, das ist eigentlich nie der Fall! Wenn man diese Karte zieht, sind Probleme und Sorgen so erdrückend, daß man davon ganz erschlagen ist.

Für eine konkrete Frage wird eine klare Niederlage angesagt. Eine Beziehung kann so nicht weitergehen. Man ist in schlechter Verfassung und resigniert. Es ist ein Tiefpunkt im Leben – von da aus kann es nur besser werden!

Die »Schwert-10« entspricht dem unteren Punkt des Rades beim »X. Rad des Schicksals«. Aber es dreht sich weiter, aufwärts! In die eine oder andere Richtung!

Bei einer Niederlage oder einem Verlust kreisen die Gedanken wie Hamster im Rad um das »leidige« Thema. Das hält Dich am Boden, das drückt Dich nieder! Sage einfach: »Stop! Habe ich alles schon gedacht... Es gibt es nichts Neues mehr dazu zu sagen!« Denke lieber was Anderes, was wirklich Neues – bewußt, einfach was anderes! Ersetze die niederschmetternden Gedanken bewußt! Dann hebt sich der Kopf, und Du sieht einen Lichtstreifen am Horizont!

Liegt die »Schwert-10« umgekehrt – ist man am tiefsten Punkt angelangt, sozusagen am Boden zerstört. Resignation. Akzeptiere die Niederlage, aber rede sie Dir nicht weiter ein!

Beziehungen

Schlüssel: So kann es nicht weitergehen. Niedergeschlagen. **Zusammensein:** In einer neuen Beziehung merkt man schnell, daß man nicht zusammenpaßt. In einer längeren Partnerschaft oder Freundschaft ist klar, daß es *so* nicht weitergehen kann. Die bedrückende Erkenntnis kann bewirken, daß man anders miteinander umgeht! (uk): **Problem:** Resignation. Man resigniert auch bei kleineren Problemen. Häufig niedergeschlagen. »Verlierermentalität«. **Trennung:** Meistens ja. Man erlebt die Zeit niedergeschlagen. Manchmal ist es aber auch so, daß man sich keine andere Lösung vorstellen kann und die Trennung propagiert. Kaum wird es konkret, besinnt man sich anders. Als müßte man erst diesen Tiefpunkt erreichen! **Partnertyp:** Depressiv. Niedergeschlagen. Pechmarie. Macht es sich selbst schwer. Erlebt eine schwere Zeit. (uk): Hält an der Niederlage fest. **Kommt es zur Beziehung?** Nein. Ein verlorenes Spiel. **Kind:** Es erlebt sich als Verlierer. Es muß verlieren lernen! (uk): Pechsträhne. Mach ihm Mut, sonst wird es zum Verlierer abgestempelt! (Von wem hätte es das?) **Reise/Urlaub:** Eine unnötige Reise. Man liegt platt auf der Nase (uk): Mehr Resignation als Urlaubsstimmung.

Aktivitäten – Arbeit

Schlüssel: Niederlage. **Situation:** Niederlage. Pechsträhne. **Entscheidung:** Negativer Ausgang. Man geht als Verlierer hervor. **Plan:** So kann er nicht ausgeführt werden. Unerledigt. **Mitarbeiter:** Pech. (uk): Niedergeschlagen. **Jobsuche:** Abzuraten! **Berufswahl:** Keine. (uk): Berufliche Pechsträhne.

Kauf und Verkauf

Schlüssel: Verlust beim Kauf. Rat: Nicht kaufen! Zwangsverkauf. **Auto** oder **Gerät:** Kaputt oder bald kaputt. Funktioniert nicht. **Immobilie:** Verkauf gelingt nicht. Zum Kaufen oder Mieten ganz und gar ungeeignet. Alles mögliche kann schief laufen! Beim Bau ist die Fertigstellung fraglich. Sicher ist eins: Die Wohnung oder das Haus bringt Pech! **Vertrag:** Ärger. Man verliert dabei. Falls es sein muß: Klauseln und Garantien für später auftretende Schäden einbauen.

Gesundheit

In schlechter Verfassung. Erschöpfung. Ausgelaugt. Schwierige und langwierige Phase. **Diagnose:** Erschöpfung. Auch: Kaputt. Bei einem Zahn ist etwas endgültig erkrankt, der Zahn selbst, die Wurzel o.ä. Neben »Kelch-4« ist der Nerv nicht mehr lebensfähig usw.. **Behandlung:** Schlecht! Geht so nicht. **Psyche:** Resignation. Versagensängste. Man »spielt« den Verlierer. (uk): Bei längeren und wiederholten depressiven Phasen wäre eine Therapie hilfreich.

Den Erfolg in der Hand

Wieder durchbricht eine von Licht umstrahlte Hand die Wolken und hält eine Münze. So riesig wie im Märchen oder in einer Vision. Durch die blühende Landschaft führt ein Weg zum Rosenbogen und weiter hinaus zu den blauen Bergen. Die Karte verspricht Erfolg und Zufriedenheit für eine aktuelle Frage oder als Lebensweg im Sinne von Beruf und Berufung (Berge).

Das Tarot nennt das Geheimnis für Erfolg EINKLANG. Das »Münz-As« heißt wörtlich übersetzt: Handlung und geistige Absicht stimmen überEIN. Das AS hat den Zahlenwert »1«. Das entspricht der Haltung des »I. Magiers«, dem Gesetz von »A und O«: Wie wir etwas beginnen, so wird es geschehen! Kläre, was Du wirklich willst. Räume ihm Priorität ein! Mache alles – Wichtiges und »Unwichtiges« – mit vollem EINsatz! Erfolgreiche Menschen identifizieren sich mit ihrem Ziel und setzen sich dafür ein wie für sich selbst![29]

Liegt das »Münz-As« umgekehrt – ist man mit der Situation nicht in Einklang. Es ist nicht schlecht, aber auch nicht zufriedenstellend. Vielleicht hat man sich verändert oder das Außen ist anders. Trotzdem sollte es gern machen, *weil* und solange man es tut! Dann wird das Ergebnis gut und kann im weiteren die Voraussetzungen schaffen, das zu bekommen, wovon man wieder sagen kann: Es ist mEINS.

[29] Dominieren Zweifel, wird das Ergebnis zweischneidig. Wie der Anfang, so das Ende!

Beziehungen

Schlüssel: Interesse. Elan. **Zusammensein:** Eine lebhafte Beziehung oder Freundschaft mit gemeinsamen Interessen. **Problem:** Wird pragmatisch und unkompliziert gelöst. (uk): Einer ist mit dem Beruf unzufrieden. Auch: Einer handelt anders, als er (oder sie) eigentlich will. Das muß nicht sein! **Trennung:** Sie ist aus Vernunftgründen noch nicht ratsam. **Partnertyp:** Erfolgreich. Geschäftstüchtig. Bekommt, was er will. (uk): Nimmt jedes Wort für bare Münze. **Kommt es zur Beziehung?** Ja, aber prüfe Dein Motiv! **Kind:** Erfolgserlebnis. Tastsinn beim Baby. Die Berufsfrage beim älteren Kind. (uk): Das Kind ist immer noch unter den Besten. Auch: Fachwechsel, Leistungskurs. **Reise/Urlaub:** Buchung. Urlaub verläuft positiv. Man beschäftigt sich auch da mit beruflichen Fragen. (uk): Man arrangiert sich und findet eine zufriedenstellende Lösung.

Aktivitäten – Arbeit

Schlüssel: »Münz-As« ist *die* Karte für Beruf, Geschäft und Erfolg. **Situation:** Sehr gut. (uk): Erfolg läßt nach.[30] Büro: CD, Disketten. **Entscheidung /Plan:** Erfolg. (uk): Das Ergebnis ist relativ gut. Ein **Mitarbeiter** arbeitet gern und gut! (uk): Kann sich mit der Tätigkeit wenig identifizieren. Keine Lust und arbeitet dennoch gut. **Jobsuche:** Klappt hervorragend! **Berufswahl:** Wirtschaft. Kaufmann. Goldschmied. Selbständig. (uk): Der Beruf gefällt einem nicht mehr.[31]

Kauf und Verkauf

Schlüssel: Optimale Kaufgelegenheit. **Auto, Gerät:** CD-Player. **Immobilie:** Erfolg für Käufer und Händler. Schließe den **Vertrag** ab! (uk): Relativ gut. Tip: Nimm jedes Wort im Vertrag für bare Münze und ändere gegebenenfalls den Text.

Gesundheit

Keine Probleme (mehr) sichtbar. Evtl. Beschwerden kommen von geschäftlichen Sorgen. Die Tablette, Pille. (uk): Harmlose Nebenerscheinung vom Medikament. **Psyche:** Leg nicht jedes Wort auf die Goldwaage!

---

[30] Neben »Münz-4« (uk) oder dem »XVI. Turm« kündigt sich die Geschäftsaufgabe an.

[31] Liegt »Münz-7« dabei, sollte man dennoch dabei bleiben und sich interessante Beschäftigungen suchen. »Münz-8« oder »XX. Gericht« empfiehlt dagegen die Veränderung.

Spielerisch und locker

Der junge Mann singt und tanzt und jongliert die Münzen mit dem Seil. Der hohe Hut und die Kleidung zeigen den Hanswurst. Er ist in sein Spiel vertieft und deshalb locker. Im Hintergrund steuern bei stürmischer See zwei Schiffe aufeinander zu, da lockert sich an Bord, was nicht fest ist.

Die »Münz-2« rät zur Haltung der »II. Hohepriesterin«. Handle intuitiv, weise und liebevoll und vor allem gelassen! Das ergibt eine spielerische Haltung im Umgang mit praktischen Fragen. Die Zwei bringt Dualität: Wie wirken zwei Menschen, Mensch und Gegenstand, zwei Gegenstände aufeinander? Ergänzend? Verbindend? Trennend? Bewegen sie sich aufeinander zu oder voneinander weg? Das Seil bildet eine liegende Acht, das Symbol der Unsterblichkeit, für das ewig gleiche Spiel – ein Hin und Her, ein Auf und Ab! Erfolgsmenschen sind auch Spieler.

Die »Münz-2« hat sehr verschiedene Bedeutungen: die sorglose und lockere Haltung. Sie kündigt eine Nachricht an (sie verbindet zwei Menschen). Da gibt es die berühmte Doppelbotschaft, jemand redet mit zwei Zungen oder ist etwas boshaft.

Liegt die »Münz-2« umgekehrt – ist man selbst unzuverlässig oder man muß damit rechnen! Nachrichten bleiben aus oder passen einem nicht. Man ist boshaft oder ärgert sich darüber, lügt oder wird angelogen.

Beziehungen

Schlüssel: Locker. Nachricht. **Zusammensein:** Man ist locker, leger und spielerisch. Man bekommt eine Nachricht. In der Liebe telefoniert man mehr, als daß man sich trifft. Gesellschaftsspiele, Zeitungslesen. Junge Paare lernen sich über eine Anzeige kennen. (uk): **Problem:** Lügen. Boshafte Anspielungen. Unzuverlässigkeit. Eine Nachricht bleibt aus. **Trennung:** Man nimmt sie relativ locker. Man trifft sich nicht persönlich, man verkehrt schriftlich oder per Telefon miteinander. (uk): Lügen. **Partnertyp:** Locker. Sorglos. (uk): Drückt sich doppeldeutig aus. Leicht boshafte Bemerkungen. **Kommt es zur Beziehung?** Nein, es bleibt eine Spielerei. **Kind:** Spiele. Kinderspiele. Phantasie im Spiel fördern. Geschicklichkeit. Balance. Boshaftigkeit. (uk): Lüge. Das Kind darf nicht angelogen werden. **Reise/Urlaub:** Information, Katalog, Inserat. (uk): Die angegebenen Informationen stimmen nicht!

Aktivitäten – Arbeit

Schlüssel: Alle Arten von Nachrichten: Briefverkehr, Telefon, Fax, Post und E-mail. **Situation:** Entspannte Lage. Man muß ein wenig jonglieren. (uk): Eine Nachricht bleibt (noch) aus. Es rächt sich bald, wenn man zu sorglos ist! **Entscheidung:** Es wird clever jongliert. **Plan:** Wichtige Information. Auch: Anzeige, Annonce. (uk): Eine Nachricht bleibt aus. Unzuverlässige Erledigung. Oder: Die Anzeige bringt nicht so viel. **Mitarbeiter:** Locker. Gut für Pressearbeit, Anzeigen etc.. (uk): Unzuverlässig. Aussage stimmt nicht ganz. Bekommt wichtige Nachrichten nicht. **Jobsuche:** Über Anzeige. **Berufswahl:** Man spielt alle Möglichkeiten durch. Nachrichtensektor. Anzeigen, PR.

Kauf und Verkauf

Schlüssel: Kaufinformation. Anzeige. **Auto/Gerät/Immobilie** per Anzeige. Informationsaustausch[32] oder Benachrichtigung von Käufer und Verkäufer. (uk): Wichtige Information wird vorenthalten. **Vertrag:** Ist nicht spruchreif! Es fehlen Informationen. (uk): Enthält eine mißverständliche Passage.

Gesundheit

Mach Dir keine Sorgen um die Gesundheit. **Diagnose:** Benachrichtigung. (uk): Unrichtige Information. **Psyche:** Wo bist zu wenig spielerisch, wo verspielt? Kläre, welche Rolle die Doppelbotschaft für Dich spielt.

---

[32] Personenkarten in der Linie von »Münz-2« sagen, von wem die Information kommt.

Die erfolgreiche Präsentation

Ein Bildhauer wird bei seiner Arbeit von seinen Auftraggebern besucht. Der Abt des Klosters und der Baumeister – es könnte auch eine reiche Stifterin sein – zeigen sich zufrieden und besprechen mit ihm anhand des Plans die weiteren Arbeitsschritte. Das Bild zeigt Ehrgeiz. Spricht man ihn heute bei der »Münz-3« an, wehren nur noch ältere Frauen ab, weil sie nicht als verbissen gelten wollen. Die jüngeren verstehen darunter die Lust am kreativen Prozeß, die Freude daran, wie etwas entsteht. Die »III. Herrscherin« gibt das Leitmotiv an: »Lasse bei dem, was Du schaffst, neue Impulse zu!« So wird die Besprechung oder Präsentation anregend. Ehrgeiz hat nichts mit Geiz zu tun, es ist Streben nach Erfolg, ohne ein Streber zu sein. Streber sind nämlich nicht lustbetont!

Auch in der Liebe gibt es Ehrgeiz. Da liebt man jemanden, weil man jemanden als repräsentativ empfindet. In anderen Fällen will man sich nicht öffentlich zeigen – und hat ein Problem damit, daß man trotzdem liebt. Wenn Du über diese Vorbehalte nicht hinwegkommst, mißverstehst Du die »3« – Du bist nicht die Mama[33], jeder wirkt für sich allein!

Liegt die »Münz-3« umgekehrt – liegt der Ehrgeiz auf dem falschen Punkt. Statt sich auf die Sache zu konzentrieren, hat man eine Person im Kopf – oder umgekehrt. Wenn man seine Gedanken zurechtrückt, geht die Sache wieder gut voran.

---

[33] Die »III. Herrscherin« bedeutet auch »Mutter«.

Beziehungen

Schlüssel: Gesellschaftliches Prestige. **Zusammensein:** Freunde und Paare verfolgen ehrgeizig ihre Pläne und unterstützen sich darin. Man zeigt sich gern in der Öffentlichkeit. Wichtig ist das Prestige! Schön, wenn man gemeinsam etwas macht und bespricht. (uk): **Problem:** Ehrgeiz. Einer will sich ungern mit dem anderen in der Öffentlichkeit zeigen. **Trennung:** Faire und erfreuliche Regelung. Man tritt aus gegebenem Anlaß noch gemeinsam auf. **Partnertyp:** Prestige ist wichtig. Geht die Liebe ehrgeizig an. **Kommt es zur Beziehung?** Na ja, Dich treibt mehr Ehrgeiz als Liebe. **Kind:** Das ambitionierte Kind. Es will vorführen, was es getan hat und sich über Lob freuen. Die Arbeit wird besprochen und vorgezeigt. (uk): Das Kind konzentriert sich auf den falschen Punkt, auf eine Person, wenn es um die Sache geht und umgekehrt. Deswegen kommt es nicht voran! **Reise/Urlaub:** Beruflich bedingte Reise. »Repräsentativer« Urlaub. (uk): Falscher Ehrgeiz verhindert die Entspannung. Urlaub auf die lange Bank schieben.

Aktivitäten – Arbeit

Schlüssel: Erfolg. Beförderung (uk): Falscher Ehrgeiz. **Situation:** Gute Lage. Man stellt sich dar. **Entscheidung:** positiv. **Plan:** Er wird vorgelegt und gemeinsam besprochen. Präsentation. Vorlegen einer Mappe. (uk): Betone den richtigen Schwerpunkt! **Mitarbeiter:** Beförderung. (uk): Übersieht aus Ehrgeiz, worauf es ankommt. Begreift Anregung als Kritik. **Jobsuche:** Vorstellung. Bewerbungsmappe. Baldige Beförderung. **Berufswahl:** Talent für Präsentation. Kreativer Handwerksberuf.

Kauf und Verkauf

Schlüssel: Positiv. Prestigeobjekt bei **Auto, Gerät** und **Immobilie.** (uk): Falscher Ehrgeiz führt zu einer unüberlegten Kaufentscheidung: beachte Funktion *und* Image! **Immobilie:** Repräsentative Lage oder Architektur. Bürogebäude. (uk): Mehr Optik als Qualität. Ein guter **Vertrag**! (uk): Nach Vertragsabschluß stellt sich heraus, daß man unwichtige Punkte beachtet und wichtige übersehen hat. Also: Noch mal neutral lesen!

Gesundheit

Gesundheit. **Diagnose:** Nach einer Krankheit wieder arbeitsfähig. **Behandlung:** Gut. Wird unter den Ärzten abgesprochen. Auch: Man empfängt wieder Leute. (uk): Laß den Ehrgeiz und warte geduldig auf die Besserung. **Psyche:** (uk): Übe, rechtzeitig zu erkennen, worauf es wirklich ankommt. Dein Ehrgeiz nimmt Dir Freude!

Sicherheit

Der Bürger als König – er hockt geradezu auf dem Geld. Die Füße auf die Münzen gestellt, eine schwebt ihm über der Krone, beide Arme um die Münze geschlungen, die er an sein Herz drückt. Das Gewand des Mannes ist rot – er setzt seine volle Energie für den »Besitz » ein. Ihm gehört die Liebe, wie wir am blauen Saum sehen. Er braucht materielle Sicherheit, um sich wohl zu fühlen. Die Stadt könnte in der Toskana stehen: Kirchen und Häuser haben einen Hauch von Geschichte und Kultur, Gemütlichkeit und Lebensart. Da spielt er dank seines Geldes eine wichtige Rolle. Das Kinn ruht auf dem Arm, er hat es geschafft. Oder? Der Blick verliert sich in der Ferne. Wovon träumt ein Mensch, der alles hat? Die »Münz-4« steht dem »IV. Herrscher« nahe: Man beherrscht die Materie und handelt selbständig. Das macht selbstbewußt. Wer das genossen hat, wird reif für den »IV. Herrscher«: Besitz ist Macht. Aber seine wahre Macht liegt in der Selbstbeherrschung und Würde. Vielleicht ahnt auch dieser Mensch es ...

Die »Münz-4« rät zur Selbständigkeit und bedeutet eine gesicherte Existenz. Sie sichert jeder Frage ein gutes Ergebnis zu.

Liegt die »Münz-4« umgekehrt – geht Sicherheit über alles. Selbst bei einem prall gefüllten Konto leidet man unter Existenzangst. In Beziehungen wird geklammert. Kläre, wo Du geizig oder habgierig bist oder mit solchen Menschen zu tun hast.

Beziehungen

Schlüssel: Sicherheit. **Zusammensein:** Sicherheit steht im Vordergrund – sowohl materiell als auch emotional. Die stabile Partnerschaft von einem Paar oder unter Freunden. In der Familie auch das Erbe nach einem Todesfall. **Problem:** Es renkt sich wieder ein! (uk): Existenzangst. Besitzergreifendes Verhalten, man klammert sich an, um den andern nicht zu verlieren. Wenn das nicht aufhört, wird genau das geschehen! **Trennung:** Bei Liebeskummer oder bei Eheproblemen trösten die Wahrsager – und es ist wahr! – »Liebe und Geld kommt zurück!« Man ist gut abgesichert. (uk): Einer hockt auf seinem Geld. **Partnertyp:** Bietet Sicherheit. Selbständig. (uk): Klammert sich an Menschen, Zustände etc.. Existenzangst, auch unbegründet. Geizig. **Kommt es zur Beziehung?** Ja, sie bietet Sicherheit. **Kind:** Der sichere Rahmen. Das Kind zeigt stolz, was es hat. (uk): Existentielle Verunsicherung. Wer bringt ihm (unbewußt) bei, daß Loslassen mit Gefahr verbunden sei? **Reise/Urlaub:** Sicher. Urlaub in der Luxuskategorie.

Aktivitäten – Arbeit

Schlüssel: Gesicherte Verhältnisse. Selbständig. **Situation:** Die sichere Existenz. Kapital. (uk): Die Existenz ist bedroht.[34] **Entscheidung:** Klappt ganz sicher. **Plan:** Nimmt konkrete Formen an und gelingt. (uk): Man hält zu sehr an einer bestimmten Form fest. **Mitarbeiter:** Selbständig. Eigener Verantwortungsbereich. (uk): Existentielle Sorgen. **Jobsuche:** Klappt. Bringt eigenen Wirkungskreis. **Berufswahl:** Selbständigkeit. Zumindest muß man selbständig agieren können, z.B. im Franchise.

Kauf und Verkauf

Schlüssel: Solide. **Auto, Gerät** und **Immobilie:** Sicherheit und Wertbeständigkeit. (uk): Kein Verkauf, weil man innerlich am Objekt festhält! **Immobilie:** Wertvolle, sichere Kapitalanlage. Auch: Immobilie als Erbe. (uk): Firma des Bauhändlers steht »wackelig« da. Auch: Probleme bei der Statik. Ein finanziell lohnender **Abschluß.** (uk): Immer noch relativ gut. Nur sehr selten klappt es nicht, weil der Verkäufer das Objekt nicht losläßt.

Gesundheit

Stabile Verfassung. **Diagnose/Behandlung:** Abgesichert. **Psyche:** Woran hältst Du fest? (uk): Existenzangst. Welche Rolle spielt Geiz? Klammern?

---

[34] Neben dem »XVI. Turm« : Konkurs.

Not

Zwei Bettler kämpfen sich, in dürftige Lumpen gehüllt, durch den Schneesturm, ohne richtige Schuhe. Die bloßen Zehen schauen heraus – Kälte, Verlassenheit und Hunger bestimmen die Szene. Es müßte ein Wunder geschehen, wenn die beiden den Weg in die Gesellschaft zurück fänden. Der Platz der Bettler ist *vor* der Kirche[35], in der es wenigstens geschützt wäre. *Drinnen* sitzen »anständige« Bürger. Das ist für Obdachlose auch heute nicht anders.[36] Sie sind zwar durch die Kleiderkammer besser angezogen – arm und ausgestoßen sind sie allemal. Bei einer 5er-Karte geht es hier um das Vertrauen in das Äußere. Arme müssen auf Hilfe vertrauen, und ohne Vertrauen ist der reichste Mensch arm dran! In der Not verliert man den Glauben oder hält sich gerade damit aufrecht! Daher die Kirche auf dem Bild. Wenn man diese Karte zieht, muß man nicht auf der Straße leben, aber man fühlt sich arm dran und ausgeschlossen.

Dann ist mangelndes Vertrauen das psychologische Problem. Prüfe, woher das kommt. Steckst Du beruflich in der Sackgasse, nutze die »5« auch als Hinweis auf das konkrete Wissen. Verschaffe Dir das Know-how, schau, was Du lernen kannst.

Liegt die »Münz-5« umgekehrt – wird man ausgenutzt, weil man zu viel für jemanden tut. Widerstehe dem ersten Impuls und frage Dich, wie groß die Bedürftigkeit wirklich ist! Dann tu, was wirklich (!) nötig ist!

---

[35] Die »Münz-5« gehört zum »V. Hierophanten«, der Glaube und Wissen bedeutet.

[36] Bei politischen Auslagen zeigt das Bild die Flüchtlinge und Vertriebenen.

Beziehungen

Schlüssel: Armut. Ehebruch. Ausgeschlossen sein. **Zusammensein:** Man fühlt sich als »Bettler«, Zeichen der Zuneigung werden wie Almosen verteilt. Die Beziehung steckt in einer Sackgasse oder Schmalhans ist Küchenmeister. **Probleme:** (uk): Ehebruch. Man fühlt sich ausgenutzt. Einer fühlt sich ausgeschlossen oder als Außenseiter. Vor die Tür setzen. **Trennung:** Unterhaltsfragen. Alimente. **Partnertyp:** Arm. Außenseiter. (uk): Arbeitslos, lebt von »Stütze«. Fühlt sich (zu) schnell ausgeschlossen. **Kommt es zur Beziehung?** Nein. Das **Kind** in oder aus ärmlichen Verhältnissen. Kontakt mit Armut. Zurückgesetzt oder ausgeschlossen. Schlüsselkind. Straßenkind. (uk): Alimente beim unehelichen Kind[37]. Unterhalt beim Scheidungskind. **Reise/Urlaub:** Man bleibt auf der Reise stecken. Geld reicht nicht. Von der Gruppe ausgeschlossen.

Aktivitäten – Arbeit

Schlüssel: Notlage. Entlassungen. **Situation:** Projekt oder Firma in Not. Einsparungsmaßnahmen. Entlassungen. Man wird von der **Entscheidung** ausgeschlossen. Führt zum Engpaß. »Zur Not...«. **Plan:** Man wird übergangen. Kein Geld da! (uk): Führt in eine Sackgasse! **Mitarbeiter:** Arbeitslos. (uk): Entlassung. **Jobsuche:** Man bezieht weiter Arbeitslosengeld oder Sozialhilfe. Bekommt man eine Stelle, ist man sie bald wieder los[38]. **Berufswahl:** Streetworker o.ä.. Bei dem befragten Beruf sitzt man irgendwann auf der Straße.

Kauf und Verkauf

Schlüssel: Kauf führt in Not oder geschieht aus Not. (uk): **Auto/ Wohnung:** Zu eng. Mit einem **Gerät** hat man seine liebe Not. (uk): Kann man wegwerfen. **Immobilie:** Im sozialen Problemgebiet. Zwangsräumung, wenn die Frist für den Auszug abgelaufen ist. Ein **Vertrag** ist nicht ratsam: er zieht einen Engpaß nach sich. Es wird zu knapp.

Gesundheit

Man ist elend dran. **Behandlung:** Kein Geld. **Diagnose:** Im Körper ist etwas zu eng, eine Vene o.ä.. **Psyche:** Kläre vielleicht in einer Therapie, warum Du Dich ausgeschlossen oder arm fühlst. Dein Selbstvertrauen hängt zu sehr davon ab, was Du hast oder bekommst – statt davon, was Du bist!

---

[37] Im Tarot ist das uneheliche Kind das »heimliche«: »Kelch-7« neben Page oder Maid.

[38] Vgl.: Bei »Münz-8« würde man wieder wechseln, bei »Münz-5« wird man entlassen.

Geben und Nehmen

Ein reicher Mann verteilt Almosen unter den Armen. Einer hält die Hand dankbar hin und bekommt ein paar Münzen. Der andere schaut flehend zu und schielt zur Waage, ob das Geld gerecht gespendet wird. Er ist nicht an der Reihe und muß einfach warten und es dem anderen gönnen (blauer Kittel). Mantel und Hut des »Wohltäters« verraten Wohlhabenheit, das blau-weiß gestreifte Gewand zeigt Einsicht und Mitgefühl, die Waage in der linken Hand das Bedürfnis, gerecht zu handeln.

Die »Münz-6« gehört zu den »VI. Liebenden«: Sie lehrt Beziehungsfähigkeit im Umgang mit Geld. Denke darüber nach, wie Geld uns verbindet und welche Rolle es in dieser Welt spielen könnte. Es geht nicht um Almosen, es geht um gerechte Verteilung. Dazu gehört, daß wir teilen, geben *und* auch nehmen. Schau, in welcher der drei Figuren Du Dich erkennst. Wo liegt Deine Stärke, wo die Schwäche? Im Geben, Annehmen, Teilen, Sichbeteiligen, Gönnerhaft-Sein? In der Großzügigkeit? Gönnt man anderen ihr Glück? Kann man dankbar sein oder fühlt man sich dann »minderbemittelt«?

Liegt die »Münz-6« umgekehrt – geht man leer aus. Prüfe, warum man anderen nichts gönnt, warum man immer denkt, man gehe leer aus. Sieh das Bild wie in der Traumdeutung: Jede Figur ist ein Teil der Persönlichkeit! Wo bist Du reicher und kannst jemandem etwas geben, wo kann man Dich unterstützen?

Beziehungen

Schlüssel: Ausgaben. Geschenk. **Zusammensein:** Freunde und Paare helfen sich im Alltag. Einer reicht dem anderen die Hände. *Die* Karte vor Weihnachten – sie thematisiert das Geschenk. (uk): Geben und Nehmen halten sich nicht die Waage. Man muß die Arbeiten – meistens im Haushalt – besser teilen und sich an die Regelung halten! **Problem:** Statt nachzufragen, spekuliert man ins uferlose. (uk): Man unterschlägt etwas. Hohe Ausgaben[39]. Man hadert mit einem Geschenk. **Trennung:** Finanzen: Abfindung. Zahlungen. Gefühl: Sie/Er ist einem weggenommen worden. (uk): Unzureichende Abfindung. Zahlung bleibt aus. **Partnertyp:** Freigiebig. (uk): Reicht die Hand und gibt den kleinen Finger. **Kommt es zur Beziehung?** Nein. **Kind:** Geschenke. Das Kind lernt teilen. (uk): Wo kommt das Kind zu kurz? Teeny: Klauen. Ladendiebstahl. **Reise/Urlaub:** Reise als Geschenk. (uk): Pack Deine Sachen gut weg: Diebstahl.

Aktivitäten – Arbeit

Schlüssel: Rechnung. Spende. **Situation:** Ausgaben. Buchhaltung. Ausgabe von Materialien. (uk): Unterschlagung. Buchhaltungsfehler. **Börse:** Vorsicht! Fehlspekulation (auch aufrecht!). **Entscheidung:** Zuteilung. (uk): Man bekommt es nicht. **Mitarbeiter:** Buchhaltung. Verteiler. Abrechnung. (uk): Unterschlägt etwas. **Jobsuche:** Man bekommt eine Stelle, die nicht sicher ist. (uk): Spekuliere nicht damit! **Beruf:** Buchhalter. Kreditberater.

Kauf und Verkauf

Schlüssel: Rechnung. Spekulativer Kauf. Informiere Dich ausführlicher! Die Rechnung. (uk): Fehlkalkulation. Prüfe die Rechnung! **Kredit:** Zinsen. **Auto:** Rechnungen. **Gerät** ist nicht genug getestet. (uk): Folgekosten zu hoch! Auch: Ware aus Diebstahl! **Eigentumswohnung:** Wohngeld. Ausgaben. (uk): Fehlspekulation. Zinsänderung! (uk): **Mietwohnung:** Man bekommt sie. (uk): Man bekommt sie nicht. **Immobilie:** Spekulationsobjekt. **Vertrag:** Zu spekulativ. (uk): Etwas unterschlagen – wichtige Infos, Geld etc.

Gesundheit

Ausgaben. Selbstbeteiligung. **Diagnose:** Reine Spekulation! Verabreichung von Arzneimittel. (uk): Medikamentierung ändern. **Psyche:** Übe Geben *und* Nehmen. (uk): In seltenen Fällen auch die Kleptomanie.[40]

---

[39] Neben »Münz-9« (uk): Die Ausgaben sind höher als die Einnahmen.

[40] Neben »XII. Der Gehängte« als Zeichen der Krankheit

Kontinuität und Aufbau

Ein junger Mann stützt sich auf den Stab und schaut seinen Weinberg an, der ein altes Symbol für Besitz ist. Die reifen Trauben sind als sieben Münzen dargestellt, eine davon liegt zwischen dem linken Fuß und dem Stecken. Der Mann trägt zweierlei Stiefel. Der schlammgrüne steckt im Laub, der braune Stiefel im Wasser: Dieser Mensch nutzt die Ressourcen und scheut die Drecksarbeit nicht. Er weiß, daß sie dazugehört, wenn man sich etwas aufbauen will. Das ist auch gelungen, wie man sieht. Nun schaut er, ob er damit zufrieden ist und wie es weitergehen könnte. Ob er einen zweiten Weg einschlagen soll oder es ganz bei diesem belassen.

Bei den Münzen motiviert die Zahl »7« zu Erfolg in materiellen Fragen. Wer eine Frage lösen möchte, handle demnach erfolgsorientiert. Wem das schwer fällt, hole sich den »VII. Triumphwagen« dazu und sehe sich als siegreichen Wagenlenker! Die Münzen sagen: Handle konkret – im Sinne von Aufbau, Kontinuität und Zuverlässigkeit. Wenn es um Veränderung geht, erwünscht oder nicht – ist man da, wo man jetzt ist, besser aufgehoben. Zumindest für jetzt und die nächste Zeit.

Liegt die »Münz-7« umgekehrt – schau die Münze an, die abseits liegt. Es sind nur interne Veränderungen angesagt – vielleicht kommt etwas dazu, vielleicht tust Du etwas weg. Die Hauptlinie bleibt gewahrt. Was man bisher aufgebaut hat, sollte sich nur minimal verändern.

Beziehungen

Schlüssel: Berufliche Fragen. Aufbau der Beziehung. **Zusammensein:** Der Beruf steht im Vordergrund, bei dem Paar oder unter Freunden. Die »Münz-7« zeigt, daß man sich über den Beruf kennt. Zuverlässigkeit und Kontinuität in der Liebe. **Probleme:** Man prüft, was man bisher in der Beziehung erreicht hat. (uk): Berufliche Probleme belasten die Partnerschaft. Im Moment ist es nicht gut, wenn man sich Geld leiht. **Trennung:** Man denkt darüber nach, was man gemeinsam aufgebaut hat und fragt sich, ob man sich wirklich trennen will. **Partnertyp:** Zuverlässig. (uk): Will, daß alles immer bleibt, wie es ist. **Kommt es zur Beziehung?** Ja. Eine Beziehung, in welcher der Erfolg wichtig ist. **Kind:** Baukasten o.ä. für das Kleinkind. Bei Versetzungsgefahr schafft das Schulkind den Sprung in die nächste Klasse. Es bleibt an der Schule. Berufliche Perspektiven für das Schulkind. (uk): Interne schulische Veränderung. **Reise:** Beruflicher Anlaß. (uk): Halb beruflich und halb privat. Die Abfolge ändert sich minimal.

Aktivitäten – Arbeit

Schlüssel: Kontinuität. **Situation:** Die solide Firma bzw. Lage. Kontinuierlicher Aufbau – Schritt für Schritt. Analyse dessen, was man bisher aufgebaut hat. **Entscheidung:** Führt zur Anstellung und daß es an Kontinuität gewinnt. **Plan:** Klappt zuverlässig. Wichtig, um das Erreichte zu wahren. Kontinuierlich Schritt für Schritt. **Mitarbeiter:** Zuverlässig. Angestellte/r (uk): Interne Veränderung. **Jobsuche:** Wenn man eine Arbeit hat, bleibe man dort[41]. (uk): Man kann sich in der Firma intern verändern! Wenn man keine Arbeit hat, bekommt man eine feste Anstellung. **Beruf** in fester Anstellung[42].

Kauf und Verkauf

Schlüssel: Gut. Zuverlässiges, ausgereiftes Objekt. (uk): Kreditprobleme. Man müßte es umtauschen, tut es aber meistens nicht. **Auto/Gerät:** Ersatzteil. Modul. Reparatur möglich. Hält lange! Bei Frage, ob das alte noch taugt: Ja! **Mietwohnung:** Man kann bleiben. (uk): Veränderung im Haus. **Immobilie:** (uk): Kreditschwierigkeit! **Vertrag** : Solide. (uk): Minimale Änderung.

Gesundheit

Gesund und arbeitsfähig. (uk): Neben Krankheitskarten oder bei gezielter Frage: Berufskrankheit. **Psyche:** Probleme am Arbeitsplatz. Auch: Belastende Kredite!

---

[41] »Münz-8« rät dagegen zum Wechsel!

[42] Vgl. »IV. Herrscher« oder »Münz-4«: die selbständige oder freie Tätigkeit

Veränderung

Ein Steinmetz bearbeitet ein Pentakel, wie man die Münzen auch nennt. Fünf sind schon fertig und wie Trophäen aufgehängt. Da die Zahl Fünf das Wissen darstellt, kann man davon ausgehen, daß er sein Handwerk gelernt und sein Gesellenstück hinter sich hat. Die drei anderen Münzen liegen zur Bearbeitung am Boden. Die Drei bedeutet Kreativität und neue Impulse: Er verbessert und feilt am Detail, möglicherweise arbeitet er auch an einer Kopie. Die Zahl Acht thematisiert Kraft und Toleranz in konkreten Dingen. Das bedeutet neben der körperlichen Stärke auch die Bereitschaft, in bisher fremde Gefilde vorzustoßen, um herauszufinden, wie man es anders machen kann[43]. Dafür gingen Gesellen einst auf Wanderschaft.

Wer die »Münz-8« zieht, wird sich verändern. Die Karte bedeutet generell, etwas besser zu machen. Eine Arbeit wird verbessert, ein Gegenstand ausgebessert, an der Beziehung wird gearbeitet, damit sie besser wird. Im Beruf empfiehlt sich ein Stellenwechsel oder eine andere Tätigkeit. Ob das langfristig gut ist, ist damit nicht ausgesagt. Dafür warte man ab oder – ziehe eine Karte.

Liegt die »Münz-8« umgekehrt – stellt sich die Veränderung als nicht so gut dar, wie man es erhofft hat oder – sie klappt noch nicht. In Beziehungen kann man sich nicht auf Versprechen verlassen.

[43] Siehe auch die Große Karte: »VIII. Kraft«.

Beziehungen

Schlüssel: Die Beziehung muß sich ändern. Berufswechsel. **Zusammensein:** Einiges muß besser werden und wird es, wenn man es einfach besser und anders macht! Eine berufliche Änderung beherrscht das Gespräch. Man feilt an bestimmten Verhaltensweisen, damit es wieder besser wird! **Probleme:** (uk): Man kann sich auf Zusagen und Abmachungen nicht verlassen. Ein Versprechen wird nicht gehalten. **Trennung:** Es folgt eine berufliche Veränderung. (uk): Vereinbarungen werden nicht eingehalten. **Partnertyp:** Verändert sich öfter. (uk): Wortbrüchig. Hält keine Verabredung. **Kommt es zur Beziehung?** Nein, statt dessen ändert man sich beruflich. (uk): Ein »Heiratsversprechen« wird zurückgenommen. **Kind:** Verbesserung bei den Schularbeiten. (uk): Es leidet unter einem gebrochenem Versprechen. Schul- oder Fachwechsel. **Pubertät:** Teeny hält die Zusage nicht ein. Geplatzte Verabredung. **Reise/Urlaub:** Berufliche Reise mit Änderungen. (uk): Die Zusage wird gebrochen.

Aktivitäten – Arbeit

Schlüssel: Berufliche Änderung. Stellenwechsel. **Situation:** Was kann man besser machen? **Entscheidung:** Ändert sich. (uk): Wird nicht eingehalten. **Plan:** Einiges muß ausgebessert werden! **Mitarbeiter:** Arbeitsplatzwechsel. (uk): Hält Versprechen nicht. Verbessert Fehler nur flüchtig. **Jobsuche:** Wer eine Stelle hat, kann sich an einer neuen verbessern! Wer keine hat, bekommt eine und wird sich nochmals verändern. **Beruf :** Reparaturdienst. Ausbesserungsarbeit. Berufsbild wird sich ändern! **Arbeitsvertrag:** Achte auf das Kleingedruckte. (uk): Bestätige mündliche Vereinbarung schriftlich, sie wird sonst nicht eingehalten!

Kauf und Verkauf

Schlüssel: Das Kaufobjekt bedarf der Nachbesserung. Achte auf die Details! (uk): Zusagen werden nicht eingehalten. **Auto/Gerät:** Das verbesserte Modell. **Immobilie:** Nachbesserung nötig. Änderungen. (uk): **Vertrag** ist positiv. (uk): Mündliche Vereinbarung wird nicht eingehalten.

Gesundheit

Besserung. **Diagnose:** Es ist nur eine Kleinigkeit. Der psychosomatische Hintergrund ist eine »neue bzw. andere Arbeit«. (uk): Wenig Besserung. **Psyche:** Man leidet unter geplatzten Verabredungen – entweder hält man selber nicht, was man verspricht oder erlebt das mit anderen. Spiele zur Klärung mit dem Begriff »anders machen«. Kläre, wann es ein Problem ist und wann man seine Pläne *ändern* darf. Dann kann man *anders* damit umgehen.

Anerkennung

Eine Dame wartet in ruhigem Stolz mit dem Vogel auf ihrem Handschuh. Sie wird sich an der Jagd beteiligen, dem Freizeitvergnügen des Adels, und ist wohl eine für die damaligen Verhältnisse emanzipierte Frau. Das Kleid erinnert an den Stil der Renaissance, einer kulturellen Blütezeit. Die Blumen kann man auch als florierendes Dasein deuten. Alles spricht dafür – der Landbesitz, riesige Gärten und das Herrenhaus. Ihre rechte Hand liegt auf sechs Münzen, der Zahl für Beziehung und Entscheidungsfähigkeit. Zur linken liegen die anderen drei – sie zeigen kreatives Talent und Offenheit für neue Impulse. Verhalte Dich so – bei allen materiellen Fragen. Ruhig und klug. Geld beruhigt zwar – seelische Ruhe ist eine andere Dimension[44]. Es macht nicht glücklich, aber gibt Raum, wenn man genug davon hat – für sich selbst, für diverse exklusive Hobbys und kulturelle Interessen.[45] Die Eintrittskarte kostet – das Erlebnis selbst ist kostbar!

Zieht man die Karte für eine bestimmte Frage oder Situation, spielen Anerkennung und Respekt die zentrale Rolle; im Beruf das Einkommen, dessen Höhe anzeigt, wie hoch die Arbeit anerkannt wird.

Liegt die »Münz-9« umgekehrt – mangelt es an Anerkennung – durch kühles Verhalten oder durch unzureichende Entlohnung.

[44] Siehe auch: »IX. Eremit«.

[45] Vgl. dazu das Bild der »Münz-4«: Da hat man das Geld im Herzen und im Kopf.

Beziehungen

Schlüssel: Anerkennung. Respekt. **Zusammensein:** Man respektiert sich, der Umgangston ist freundlich distanziert. Selten: Sich kostspielige Interessen leisten. (uk): **Problem:** Man bekommt oder gewährt keine Anerkennung. Kühl bis hartherzig. Beziehungsspiel: Man fühlt sich wie der Spatz in der Hand. Wer ist die Taube auf dem Dach? **Trennung:** Das Geld wird reichen. (uk): Falsche Angabe über Einkommen. Es wird nicht ganz reichen! **Partnertyp:** »Respektabel«. Vielseitig interessiert. Lebensmotto: Geld beruhigt. (uk): Kühl. Hart. Stolz. **Kommt es zur Beziehung?** Man wird respektiert, nicht so sehr geliebt. (uk): Man bleibt unbeachtet zurück. **Kind:** Lob und Anerkennung fördern das Kind. Auch: Taschengeld, Verdienst. (uk): »Supercool« in der Pubertät[46] . **Reise/Urlaub:** Eine nette Reise! (uk): Sie stellt sich als »leerer« Wunsch heraus.

Aktivitäten – Arbeit

Schlüssel: Einnahmen. Gehalt. Lohn. **Situation:** Man steht gut da. Gute Erträge. (uk): Einnahmen lassen nach. Sie decken die Ausgaben nicht.[47] **Entscheidung:** Bringt Anerkennung bzw. Geld. (uk): Bringt wenig ein. **Plan:** Findet Anerkennung. (uk): Ist nur ein Wunsch. Bringt nichts ein. **Behörde:** Amtliche Anerkennung. Bestätigung. (uk): Teilweise anerkannt. **Mitarbeiter:** Anerkannt. Gehalt. Lohn. Einkommen, Honorar. (uk): Geringer Lohn. Kein Lob. **Jobsuche:** Man erntet Anerkennung. Sag, wieviel Du möchtest! (uk): Man verdient weniger. **Berufswahl:** Das zu erwartende Gehalt entscheidet. (uk): Wenig geachteter Beruf. Gering bezahlt.

Kauf und Verkauf

Schlüssel: Kauf: Man kann es sich leisten. Auch: Man will daran verdienen. Verkauf: (uk): Man bekommt das Geld nicht oder zu spät. **Auto oder Gerät:** Harter Lauf. **Immobilie:** Lohnt sich. Eigentum: Mieteinnahme. (uk): Miete bleibt aus. **Kredit:** Rechne mit geringerem Einkommen! **Vertrag:** Bestätigung. (uk): Erfüllt die Wünsche nicht. Bringt keinen Verdienst.

Gesundheit

Knoten, Knubbel, Verhärtung. Anerkennung bei Rente, Krankenkasse etc.. (uk): Krankengeld. **Psyche:** Sei kühl im Kopf, aber weich im Herzen!

---

[46] Vgl. knallhart beim »XV. Teufel«.

[47] »Münz-9« (uk): neben »Münz-6«

Wohlstand und Tradition

Das Paar unterhält sich unter dem Torbogen. Das Kind greift neugierig nach dem Hund, hält sich aber sicherheitshalber am Rockzipfel der Mama fest. Die beiden Hunde begrüßen einen alten Mann im Lehnstuhl, durch den Umhang und die Lehne wirkt er wie ein Teil der Umgebung – er ist der Großvater und Ahnherr der Familie. Er könnte auch der gute »Hausgeist« sein. Am Wappen erkennt man die alte Tradition und gesellschaftliche Bedeutung. Was es damit auf sich hat, erklärt die Aufteilung der Münzen: Vier Münzen unten bedeuten Reichtum und Macht, sechs Münzen oben sind das Symbol für die sichere Gemeinschaft. Zehn Münzen, ein gutes Schicksal nicht nur in finanzieller Hinsicht. Das Vermögen entstand von Generation zu Generation – den Kreislauf des Geldes in der Welt nutzend[48].

In diesem Sinne thematisiert die Karte die Tradition, Familienbesitz ist nur ein Teil davon. Bei Vermögensfragen geht es um den Bestand, spielen Wertpapiere und Dokumente eine Rolle, Unterlagen und »Papierkram«.

Liegt die »Münz-10« umgekehrt – hat man dennoch Erfolg und geht nur ein kleines Risiko ein. Für offizielle Anlässe sind die Papiere nicht in Ordnung, sind unvollständig, unzureichend oder fehlen. Das kann ein Verfahren erheblich behindern!

---

[48] Siehe dazu das »X. Rad des Schicksals«

Beziehungen

Schlüssel: Familientradition, -vermögen. **Zusammensein:** Die Familie ist gut situiert. Das zufriedene Paar. Alte Freunde. Aktuelle Themen: Soziale Herkunft. Familien- oder Wertpapier. Vermögensfragen. Testament. **Problem:** (uk): Standesunterschied. Generationsproblem. Auch: Probleme wegen wichtiger Papiere. Beim Testament rechne man mit Schwierigkeiten! (uk): **Trennung:** Man beweist Verantwortung für die Familie oder den Familienbetrieb. Gemeinsames Vermögen. (uk): Manipulierte Papiere. **Partnertyp:** Traditionell. Klassischer Typ. Aus »guter« Familie. (uk): Zu traditionell. Standesdünkel. **Kommt es zur Beziehung?** Ja. Es wird eine gute und sichere Beziehung. Manchmal: Partner aus »besserer« Familie. **Kind:** Schulzeugnis. »Standesgemäße« Erziehung. Auch: Das Kind und die verschiedenen Generationen. **Reise/Urlaub:** Paß. Visum. Unterlagen. (uk): Achte auf Papiere bzw. Paß: verloren, vergessen, ungültig.

Aktivitäten – Arbeit

Schlüssel: Betriebsvermögen. **Situation:** Gesicherte Lage. (uk): Man tastet das Grundkapital an. **Entscheidung/Plan:** Sehr gut. (uk): Man kann es wagen, nur kleine Abstriche.[49] **Verlauf:** Gut in jeder Phase. (uk): Mangelhafte Unterlagen. **Mitarbeiter:** Firmentreue. (uk): Möchte weg, fühlt sich aber gebunden. **Jobsuche:** Erfolg. Selbständigkeit. **Berufswahl:** Geschichte. Börse. (Papier-) Handel o.ä.. Auch: Familientradition. (uk): Ungenügende Arbeitspapiere oder Zeugnisse.

Kauf und Verkauf

Schlüssel: Gut. Dokument. Kaufunterlage. (uk): Leichte Wertminderung. **Auto/Gerät:** Klassisch solide. (uk): Fehlerhafte Papiere! **Immobilie:** Historisches Gebäude. Klassizistisch. Mit »Kelch-As«: Familienbesitz. Wertvolle Einrichtung, Antiquität. **Kredit** oder **Vertrag:** Alles in Ordnung. (uk): Papiere, Belege stimmen nicht!

Gesundheit

Gesundheit. (uk): Probleme mit Krankenakte, Beleg, Versicherungspapier[50] etc.. **Psyche:** (uk): Die Störung kommt aus der Familiengeschichte. Kläre, welche Rolle »Tradition« für Dich spielt. Wo zu viel? Wo zu wenig?

---

[49] Vgl. »Münz-6«: Vermeide das Risiko, es ist zu hoch! Fehlspekulation.

[50] Vor allem neben »XI. Gerechtigkeit«

Tarotpraxis

Anleitung – Meditation und Mischen

Das Tarot gibt die Antwort aus dem eigenen Unterbewußtsein. Es übersetzt das innere Wissen mit dem Bild der Karte. Wir kommen in Kontakt mit der Intuition, wenn wir in die Stille treten und von Gedanken und Gefühlen loslassen. Dann erfahren wir, ob das, was wir denken und fühlen, hilfreich ist und stimmt.

1. **Die Entspannungsphase:** Wie man sie gestaltet, bleibt jedem selbst überlassen. Wichtig ist nur, daß man sich tief entspannt. Nimm Dir Zeit dafür! Wenn Du nur fünf Minuten wirklich tief atmest und auf Deinen Atem hörst, bist Du schon recht gut entspannt.
2. **Die Motivationsphase:** Vergegenwärtige Dir, warum Du das Tarot befragen willst und daß Du die Antwort von Deinem Unterbewußtsein bekommst. Manche nennen es auch Seele. Sprich zu ihm: »Du bist der Teil in mir, der die Frage und Antwort kennt, der den Plan meines Lebens kennt, Vergangenheit, Gegenwart und Zukunft. Du kennst die Wege, die für mich gut sind, und den tieferen Sinn meiner Frage!«
3. **Konzentrationsphase:** Um Gedanken und Gefühle abzuschalten, spüre, wo der Atem den Körper betritt. Spüre jedes Ein- und Ausatmen. Wie kühl die Luft ist, wenn Du einatmest, und wie warm sie ist, wenn Du ausatmest. So lange, bis Du wirklich Ruhe spürst, eine Art von Selbstvergessenheit!
4. **Meditation:** Stelle Dir über Deinem Kopf eine Pyramide aus Licht vor – lasse Licht strömen. Es fließt aus dem Sonnenzentrum durch die Spitze der Pyramide – fließt durch Deinen Scheitelpunkt in Deinen geistigen Körper. Es vitalisiert alle geistigen Zellen und ordnet sie neu. Lasse zu, daß sich alte Muster und Blockaden auflösen.
5. **Übergang zum Mischen:** Spüre die Ruhe, die Du gewonnen hast, und vertiefe sie mit ein paar Atemzügen. Spüre die Mitte Deiner Stirn (Drittes Auge) und sammle Dich dort. Oder ca. 10 cm über Deinem Kopf auf der Mentalebene. Spüre Deine Hände, bis sie sich mit Energie angereichert haben. Fühle die Lider auf den Augen und öffne sie langsam – aber nur halb.
6. **Mische die Karten** – langsam wie in Trance.
7. Lege sie nach dem von Dir gewählten Auslagemuster aus.
8. **Deutung:** Je nach System. Gehe immer von der Karte aus, die Dir ins Auge fällt.

Die Tarotauslage

Eine Tarotkarte ist wie ein »Foto« aus dem ganz persönlichen Lebensbuch! Lege Dir die Karte vor, als wärst Du schon Jahre weiter und sage Dir: So war das im Jahre ...! Damals hatte ich die Frage ... So habe ich empfunden ... Mit dieser Haltung war ich gut beraten ...

1. Die erste und spontane Begegnung mit dem Bild – ohne Bedeutung und ohne Buch! Lasse das Bild auf Dich wirken – schau es unbefangen an. Eigentlich schaut es Dich an! Eine Karte wirkt jedesmal anders. Wie erkennst Du Dich heute darin? Spüre Dich in die Haltung ein ... Welcher Teil des Bildes zieht Dich an? Schließe die Augen und warte, welche Gedanken kommen – welche Bilder – vielleicht ist es eine Reaktion, vielleicht schon eine Antwort!

2. Vertiefung der Aussage – Orientiere Dich zunächst am Grundbegriff *über* dem Bild. Beispiel: Beim »0. Narren« frage Dich, ob Du spontan bist, welche Beziehung Du dazu hast und wieso Dir jetzt Spontaneität weiterhilft. Schließe die Augen und warte, was es in Dir anspricht! Denk darüber nach!

3. Präzisierung der Aussage – Jetzt schau die Deutungsvorschläge bei B oder A nach – je nachdem, ob Du eine Frage im Bereich »Beziehungen« hast oder eine im Bereich Aktivitäten – Arbeit. Diese Begriffe sind Formulierungshilfen für die Deutung. Sie variieren den Grundbegriff, übertragen die Aussage auf den Themenbereich und bieten spezielle Begriffe an. Die Schlüsselbegriffe bringen die Antwort auf den Punkt und haben sich in meiner Praxis seit zwanzig Jahren bewährt.

Erstmalig kann man auf den ersten Blick sehen,
ob »ICH und meine Haltung«, ob »Beziehungen« oder »Aktivitäten – Arbeitsbereiche« das Thema sind.

Tip: Lege die Karte spontan längs oder quer hin. Liegt die Karte aufrecht, spielt das Thema generell eine wichtige Rolle. Liegt sie quer, ist das Thema vor allem in dem Bereich wichtig, der oben liegt.

Anfänger beginnen am besten mit einer Karte!

Sie zeigt die Situation oder Antwort – meistens beides! Beispiel an der Karte »Stab-As«:

1. Die Situation erfordert eine Initiative. Lies dazu im Buch den Text unter der Karte.
2. Beziehungsfrage: Es gibt gemeinsame Interessen. Mach einen Vorschlag und geh auf den anderen zu!
3. Frage für Aktivität – Arbeit: Die Situation ist die Chance! Antwort: Ergreife die Initiative! Pack die Gelegenheit beim Schopf!

Bald steigert man sich zu zwei Karten!

Sie zeigen ein Gegenüber oder ein Nacheinander. Die Auslagefelder unter den Karten sind Vorschläge. Man kann sie auch selbst der Frage anpassen.

Pro	Kontra
Vergangenheit	Gegenwart
Gegenwart	Zukunft
Situation	Entwicklung
Problem	Lösung
Ich	Du
einerseits	andererseits
entweder	oder
Entwicklung	Ergebnis
Innen	Außen

Spiele die Beispiele als Übung durch – Stelle die Bilder gegenüber und lasse den Assoziationen freien Lauf. Nutze die Schlüsselbegriffe und spiele die Antwort für Beziehungen oder für Aktivitäten – Arbeit oder Kauf und Verkauf durch.

Ein Grundmodell mit 3 Karten

1	2	3
So **fühlt** man unbewußt Motiv	**reale** Situation oder Ergebnis	So **denkt** man bewußt darüber
spricht dagegen Vergangenheit Ausgang	spricht dafür Zukunft Überraschung?	Ausgang Gegenwart Ziel

Man kann jede klassische Auslage präzisieren, wenn man für jedes Feld drei Karten legt und kann erkennen: So denkt und fühlt man – aber so ist die Realität!

Eine Auslage mit 3 mal 3 Karten

1 Das war das Motiv.	2 So **war** es.	3 So dachte man darüber.	**Vergangenheit**
4 So **fühlt** man jetzt unbewußt.	4 So **ist** es.	6 So **denkt** man jetzt.	**Gegenwart**
7 Nächstes Motiv	8 So **wird** es sein. **Fazit**	9 So wird man denken.	**Zukunft** 10 Extra Tip!
Unbewußt	**Real**	**Bewußt**	

Die folgenden Auslagen beziehen sich auf die Themenbereiche, wie sie im Buch stehen. Das erleichtert das Finden der Bedeutung. Die Schlüsselbegriffe formulieren die Karte für bestimmte Themenschwerpunkte.

Auslage für Aktivitäten – Arbeit

1 Ergebnis Schlüssel oder Thema	2 Situation So sieht es für mich aus.	3 Berufswahl langfristig
4 Jobsuche Vorstellung Erstes Ergebnis	5 Schlüssel So ist es objektiv.	6 Entschei- dung
7 Mitarbeiter Angestellte	8 Vertrag (siehe Kauf u. Verkauf)	9 Plan

Anleitung: Lege die Karten nach der Entspannung und dem Mischen – wie in Trance! – in dieser Reihenfolge aus. Lasse das Bild erst auf Dich wirken. Beginne mit der Karte, die Dir zuerst ins Auge fällt. Schau, was die Schlüsselbegriffe sagen und schlage dann im Buch bei der Karte nach, die auf dem Feld liegt. Suche unter dem dort angegebenen Thema/Feld die Antwort. (Wende den »Tip« auf der nächsten Seite auch hier an!)

Auslage für Beziehungen

1 **Schlüssel** oder Thema Darum geht es.	2 **Zusammen-sein** Qualität	3 **Partnertyp**
4 **Problem**	5 **Kommt es zur Beziehung?**	6 **Trennung?**
7 **Reise/ Urlaub**	8 Beruf siehe Aktivitäten Arbeit	9 **Erziehung Kind** Auch: Wer erzieht wen?

Anleitung: Siehe Seite vorher! Tip aus der Praxis: Lege für jedes Feld drei Karten aus. Dann zeigt die linke Karte die Reaktion von Dir oder der fragenden Person, die rechte die vom Partner oder der Partnerin. Die Karte in der Mitte sagt, was dabei herauskommt. Bei Beziehungsauslagen ist es ratsam, die Bedeutung als Frage zu formulieren! Lege nach der Auslage die Karten mit B nach oben – dann kannst Du es gut ablesen. Wenn Aktivitäten – Arbeit sowieso oben lag, berücksichtige es als Hinweis, daß Beruf oder Pläne in die Beziehungsfrage mit hinein spielen.

Auslage für Kauf und Verkauf

1 **Schlüssel** Allgemeiner Tip	2 Kaufobjekt
3 **Vertrag** Entschei- dung	4 **Bedeutung** für Fragen- den nach dem Kauf / Verkauf

Zur Auslage: Hier sind die Schlüssel-Bedeutungen besonders wichtig! Weil sie zeigen, ob es überhaupt zum Kauf kommt, ob etwas dazwischen kommt usw.

Tip: Wenn man sich zwischen mehreren Objekten entscheiden möchte, kann man die Auslage beliebig erweitern, indem man Feld 2 so oft auslegt, wie es Objekte gibt. Nimm in diesem Fall noch eines dazu, das Dir sagt, ob nicht noch etwas anderes bzw. besseres kommt! Aber generell ist es am besten, wenn man sich die Zeit nimmt und die Objekte ausführlich und einzeln abfragt. Notiere Dir die Auslage und vergleiche am Schluß!

Kaufgeschichten sind so eine Sache! Meine Erfahrung ist, daß man die Hinweise des Tarot nur dann akzeptiert, wenn sie dem eigenen Wissensstand entsprechen. Das ist einerseits verständlich, andererseits befragt man das Tarot, um bei einer Entscheidung auch Strömungen zu berücksichtigen, die man noch nicht sehen kann!

Die »Schicksal – Zufall – Auslage« mit den Anraths-Waite-Karten

1. Lasse die Augen geschlossen und mische die Karten mit dem Bild nach oben. Breite sie evtl. noch etwas aus und lasse sie liegen. Öffne die Augen.
2. Deutung: Ist die fragende Person eine Frau, suche »SIE«, die »Königin der Kelche« . Ist es ein Mann, suche »ER«, den »König der Kelche« .
3. Schau, welche Karten *vor* der Personenkarte liegen: Das steht unmittelbar bevor, das betrachtet man. (Hier: Die Frau überlegt, wie gut es mit der kessen Tochter und der Schule geht.)
   Die Karten *hinter* der Personenkarte: Davon wendet man sich ab, das liegt gerade hinter einem, das geschieht hinter dem Rücken etc.. (Das Klima im Heim stimmt wieder.)
   Die Karten *unter* der Personenkarte: Das ist die Basis. Die Karte(n), zeigt Erlebnisse, die weit zurückliegen. Je weiter weg von der Personenkarte:, desto weiter liegt der Zeitpunkt zurück. (Entfremdung zur Tochter als Sorgenkind etc.. Diese hat aber eine ganz gute Beziehung zur Mutter der »Königin der Kelche«. Oma und Enkelin machen in der Familie viel gemeinsam. Weil das A bei der »Kelch-10« betont ist, sieht man, daß sie sich nicht nur mögen, sondern gemeinsam aktiv sind.)
4. Liegt die Karte quer, liegt entweder Beziehungen oder Aktivitäten – Arbeit oben. So weiß man auf den ersten Blick, ob das Thema privat oder beruflich wichtig war bzw. sein wird! (»Dame der Kelche« liegt mit A oben – es kommt Besuch! Der »V .Hierophant« berührt mit A die »Maid der Schwerter«. Sie kommt in die berufliche Ausbildung.)
   Das ist ja ganz einfach, weil aus Deiner Perspektive die Schrift nur auf einer Seite aufrecht zu lesen ist!
   Für Fortgeschritte: Deutet man andere Personen in der Auslage, nimmt man die Seite, die zur Person liegt, und liest sie von ihrer Richtung aus.
   Beispiel: Die Mutter sieht auf B der »Kelch-10«: Sie beschäftigt sich mit der eigenen Familie. Da lief einiges, das man plante, unentschieden (»Kelch-4« – A).
   Probiere selbst weiter!

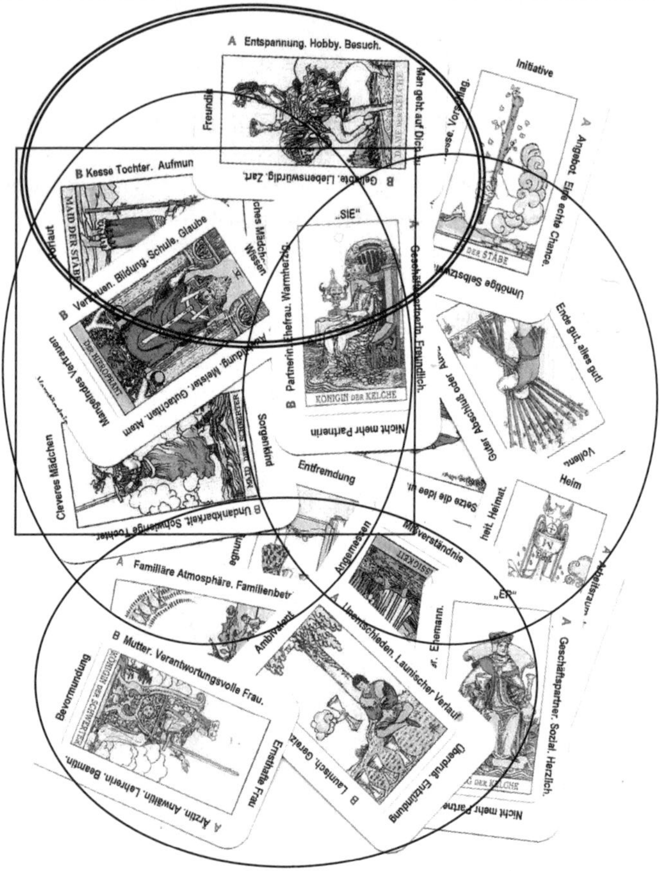

Tips für die Deutung einer komplexen Auslage: 1. Suchen Sie sich die Personenkarte »Sie« oder »Er«. 2. Ziehen Sie mit ihren Augen einen Themen-Kreis um die Karte, wie es das Beispiel oben zeigt. 3. Deuten Sie die Karten. 4. Danach gehen Sie zur nächsten Personenkarte oder Themenkarte oder ziehen dort einen Kreis usw. 5. Die Karte im Zentrum zeigt, was bei der fragenden Person im Mittelpunkt steht! 6. Wenn Sie mit dem Auge gerade Linien zwischen der Person und dem Thema ziehen können, spielt sich in diesem Bereich etwas konkret ab. Die Karten, die auf dieser Linie liegen, sagen, was im einzelnen geschieht. Gibt es keine Verbindung zwischen der Karte für die fragende Person und der Karte für die Frage, geschieht eben nichts!

Weitere Titel aus dem Königsfurt Verlag

Evelin Bürger & Johannes Fiebig:
Tarot für Einsteiger/innen.
140 Seiten, 13. Aufl., ISBN 3-927808-19-9

Tarot – Wege des Glücks.
Die Bildersprache des Waite-Tarot.
240 Seiten, ISBN 3-927808-00-8.

Tarot – Wege der Wandlung.
Die Symbolsprache des Crowley-Tarot.
240 Seiten, ISBN 3-927808-16-4.

Laura Hermes:
Träumen wie die alten Römer.
Antike Traumsymbole von A-Z.
ISBN 3-89875-055-8.

Klausbernd Vollmar:
Handbuch der Traum-Symbole.
Verschiedene Ausgaben. Auch mit CD-ROM.

Vollmars Welt der Symbole.
Lexikon, 640 Seiten, ISBN 3-89875-087-6.

Klausbernd Vollmar & Johannes Fiebig:
Traum und Traumdeutung
erleben und verstehen.
140 Seiten, ISBN 3-933939-01-1.

Frederik Hetmann:
Märchen und Märchendeutung.
erleben und verstehen.
140 Seiten, ISBN 3-933939-02-X.

Madru. Das Märchen vom Baumtarot.
ISBN 3-933939-08-9. Auch als Kartenset.

KÖNIGS FURT